Helmut Kolitzus · Die Liebe und der Suff ...

Inhalt

- **Einleitung**   9

    »Die Liebe und der Suff regen die Menschen uff«   9
    Ein Bayer im Himmel – Es kommt auf die
    Perspektive an   16
    Die »Suchtkarriere« im Mobile   21

- **Das Suchtdreieck**   22

    Der Mensch – sein Erbe und sein Charakter   23
    Die Bedeutung von Familie, Freundeskreis und
    Arbeitsplatz   25
    Welche Droge passt zu mir?   27

- **Gesellschaftliche Bedingungen – Der Kreis um das Suchtdreieck**   30

- **Die Stadien der Suchtkarriere**   39

    1. Es wird alles besser: Die Pseudoharmonie   39
    2. Kritische Gewöhnung   40
    3. Die Sucht: Das Kind ist in den Brunnen gefallen   41
    4. Abbau und Zusammenbruch   43

- **Das Mobile – Sucht ist nie ein Einzelschicksal**   44

- **Die drei Phasen der Co-Abhängigkeit**   47

    1. Beschützen und Erklären   47
    2. Kontrolle   47
    3. Anklage   49

- **Der humanere Weg: Hilfe durch Konfrontation und Konsequenz** — **50**

  Von der Sucht, gebraucht zu werden — 51
  Sind »Erwachsene Kinder von Alkoholikern« (EKAs) wirklich anders? — 56

- **Die Rollenfächer in einer Suchtfamilie** — **65**

  Held/Heldin — 68
  Der Sündenbock — 70
  Was bleibt schon übrig? – Das verlorene Kind — 71
  Das Baby oder Maskottchen — 72
  Was ist mit Einzelkindern? — 73

- **Strukturen von Suchtfamilien** — **78**

- **Die Therapiekette** — **90**

  Kontakt, Motivation und Diagnostik — 90
  Die Entgiftung — 102
  Die Entwöhnung – Selbsthilfegruppen und Psychotherapie — 104
  Nachsorge – Das Geheimnis langfristiger Abstinenz — 108
  Suchttherapie – ein Jungbrunnen? — 111

- **Alkohol am Arbeitsplatz – Dienst ist Dienst und Schnaps ist Schnaps** — **113**

- **Psychotherapie – Das Kernstück der Entwöhnungsphase** — **123**

  Gruppenpsychotherapie — 134
  Gefühle stehen im Mittelpunkt – wie unangenehm! — 136
  Die Psyche süchtiger Menschen — 141
  Borderline – Grenzgänger zwischen Neurose und Psychose — 146
  Süchtige – Stiefkinder der Psychiatrie und Psychotherapie — 150

Narzissmus – Zwischen Grandiosität und Minderwertigkeitsgefühl	150
Ärger und Wut: missverstandene Gefühle	168
A wie Angst und A wie Alkohol – ausgeliefert sein	180
Scham – ein Gefühl, das niemand mag	185
Liebe, Sexualität und Sucht – eine brisante Mischung	194
Depression, Sucht und Selbstmord	199
Schicksalsgemeinschaft Suchtfamilie – Schicksalsgemeinschaft Gruppe	208
Rückfall – ein Bestandteil der Krankheit	212
Schicksalsgemeinschaft Suchtfamilie – ein Beispiel	228
Raus aus dem Trichter, hinein ins volle Leben!	234

- **Prävention – eine Aufgabe unserer Gesellschaft**   243

- **Dank**   260

- **Anmerkungen**   261

- **Literatur**   267

- **Hilfreiche Adressen**   276

Einleitung

> Die Realität ist eine Halluzination, die durch den Mangel an Alkohol hervorgerufen wird.
> *Irischer Spruch*

»Die Liebe und der Suff regen die Menschen uff«

Millionen von Familien leiden schwer unter den Auswirkungen von Suchtkrankheiten:
In Deutschland gibt es mindestens 2,5 Millionen Alkoholabhängige, rund 6 Millionen Raucher, 1,4 Millionen Medikamentensüchtige und ca. 120.000 Drogenabhängige,[1] dazu jeweils noch fünf bis 10 Prozent Missbraucher bzw. Gefährdete. Wenn wir uns – realistisch – vorstellen, dass jeder Kranke und Gefährdete direkt und indirekt fünf bis zehn weitere Menschen mitleiden lässt, so kommen wir auf enorm hohe Zahlen. Natürlich gibt es Überschneidungen zwischen der Gruppe der Suchtkranken und derer, die man seit einigen Jahren als Co-Abhängige bezeichnet, denn viele, wenn nicht die meisten Süchtigen kommen wiederum aus Suchtfamilien.
Auch wenn wir hier das Rauchen weitgehend außer Acht lassen, da es nicht so katastrophale soziale Auswirkungen hat, sind Suchtkrankheiten das größte gesundheitspolitische Problem unserer Gesellschaft. Alle Bemühungen um Prävention, um die Verhütung von Krankheiten, laufen letzten Endes auf die Bekämpfung von Sucht hinaus. Leider wird das nicht deutlich genug beim Namen genannt. Welcher Gesundheitspolitiker konfrontiert schon gern seine Wähler mit deren »schlechten Angewohnheiten«, welcher Arzt wagt es wirklich, z.B. die peinliche Diagnose Alkoholismus zu stellen?
»Die Liebe und der Suff regen die Menschen uff«, sagt ein Berliner Sprichwort. Die Witzseiten der Zeitschriften sind voll von alkohol-

getränktem Galgenhumor, nach dem Motto: »Zwischen Leber und Milz passt immer noch ein Pils«, was sich fortsetzen lässt in: »Wenn die Leber zusammengesoffen ist, trinken wir auf der Milz weiter.« Weniger komisch dann die Feststellung des Kranken: »Erst die Leber, dann das Leben.« Wir leben im »Zeitalter der Sucht« (vgl. das gleichnamige Buch von Anne Wilson Schaef). Das irreführende Motto lautet: Konsumiere – und du bist glücklich!

Die Ausstellung »Rausch und Realität – Drogen im Kulturvergleich« hat eindringlich beschrieben, dass es keine Gesellschaft ohne Drogen gibt. Der ritualisierte Drogengebrauch dient dem Zusammenhalt und dem Gemeinschaftsgefühl von Menschen. Erst die Loslösung vom Kult, von religiösen und anderen gesellschaftlichen Riten und Ritualen ruft das Problem Suchtkrankheiten hervor, wie wir in den letzten Jahrzehnten etwa in den Entwicklungsländern beobachten konnten. Der Gebrauch von Suchtmitteln ist (in der Regel) gemeinschaftsfördernd, Missbrauch und Abhängigkeit sind dagegen gemeinschafts- und persönlichkeitszerstörend.

Es geht mir in diesem Buch *nicht* um die lustfeindliche Bekämpfung des Genusses der bei uns integrierten Drogen, sondern um die klare Identifizierung und Bekämpfung der krank machenden Auswüchse des Konsums. Ich glaube nicht an eine asketische »drogenfreie Gesellschaft«. Der Rausch hat noch immer seinen Platz gehabt – aber als singuläres Ereignis, nicht als Dauerzustand. Mir kommt es manchmal so vor, als würde man in unserer Gesellschaft handeln wie in dem Alkoholikerwitz: Stehen zwei Betrunkene an der Bar. Lallt der eine den anderen an: »Du musst unbedingt was gegen dein Trinken unternehmen! Du schaust schon so verschwommen aus.«

Lange hat man sich fast ausschließlich um die identifizierten Kranken gekümmert, die Süchtigen – und darüber vergessen, dass die Kinder trinkender oder drogenabhängiger Väter und Mütter, die Partner, Eltern und die Arbeitskollegen von Süchtigen mitleiden und dabei durch eigene spezifische krankhafte und krank machende Verhaltensweisen Schäden davontragen. In den letzten Jahren hat sich daran einiges geändert – vor allem durch das Konzept der Co-Abhängigkeit. So wie die Drogenwelle der 60er- und 70er-Jahre in den USA uns – verzögert und abgeschwächt – erfasste, so erreichten uns von dort auch die ersten Veröffentlichungen zur Hilfe für

Co-Abhängige, formuliert aus dem Kreis von Betroffenen, die nun in Helferberufen (z.b. als Sozialarbeiter, Ärzte, Psychotherapeuten) tätig sind – und dort die Gefahr erkennen, wieder den typischen Mechanismen zu erliegen, die letzten Endes den geheimen Zweck erfüllen, eigenes Leiden und das der Süchtigen fortzuführen bis zum meist bitteren Ende.

Noch bevor die ersten Übersetzungen auf den deutschsprachigen Markt kamen, schenkte mir eine amerikanische Kollegin den Millionenbestseller von Melody Beattie, *Co-Dependent No More* (nicht mehr co-abhängig.). Dieses Buch habe ihr unendlich viel geholfen, mit sich selbst und ihrer »verrückten Familie« (das sagen die meisten Kinder von Süchtigen so!) zurechtzukommen: der Vater – Arzt – polytoxikoman, die Geschwister zum Teil selbst suchtmittelabhängig, zum Teil arbeitssüchtig. Beatties Buch heißt bei uns – und damit haben wir eine Definition der Co-Abhängigkeit: *Die Sucht, gebraucht zu werden.*

Der Untertitel des Originalverlags lautete: »Wie höre ich auf, andere zu kontrollieren, und wie fange ich an, mich um mich selbst zu kümmern?« Genau dazu möchte ich mit meinem Buch einen Beitrag leisten, denn mit der *Aufgabe falscher Hilfe* und der *Sorge um die eigene Gesundheit* helfe ich allen am besten. Wenn ich etwas verändern will, so lautet ein alter Spruch, fange ich am besten bei mir selbst an. Das gilt im Bereich der Sucht ganz besonders. Die häufig geäußerte Behauptung, Co-Abhängige seien noch (!) schwerer für eine Therapie zu gewinnen als Süchtige, halte ich für falsch, selbst wenn sie sich zu Beginn oft mit dem Hinweis »wehren«: »Aber *ich* brauche doch gar keine Therapie – mein *Partner* trinkt doch!«

Ein typischer Ausschnitt aus einem ersten Telefonat in meiner Praxis lautet: »Hier ist Frau B. Ich bin ganz verzweifelt: Mein Mann trinkt seit Jahren, er macht uns das Leben zur Hölle. Und jetzt machen mir die Kinder auch noch Vorwürfe, dass ich ihn nicht rausschmeiße – bzw. mich nicht vor Jahren schon getrennt habe. Sagen Sie mir doch – wie bringe ich meinen Mann in Therapie?« »Wahrscheinlich gar nicht! Wie geht es *Ihnen* denn dabei?« »Ich bin doch unwichtig. Wie kann ich meinem Mann helfen? Darf ich nicht mit ihm zu Ihnen kommen?« »Gern, schauen wir, ob er mitmacht. Noch mal: Wie geht es denn *Ihnen*?« – »Hm, also, um es klar zu sagen, natürlich bescheiden!« – »Okay, vielleicht sollten wir das mal in Ruhe besprechen.«

Daraus entwickelt sich in der Regel eine Therapie – mit positiven Folgen für die Co-Abhängigen wie für die gesamte Umgebung. Denn im System Familie gibt es keine einseitigen Veränderungen. Mit dem Bild des Mobiles lässt sich beschreiben, dass wir Menschen immer ein Gleichgewicht anstreben. Das kann sehr wohl, wie in der Politik gut zu beobachten, pathologisch sein. In der Zeit des Kalten Krieges war jeder Block peinlich darauf bedacht, genau die gleiche Zahl Atomsprengköpfe etc. zu besitzen wie der andere. Der Sinn dieser Bemühungen wurde mehr und mehr verdrängt, das schreckliche Ende schien vorprogrammiert – bis ein gewisser Herr Gorbatschow kam und zunächst *einseitig* abrüstete, ein Vorgehen, bei dem schließlich *beide* gewannen ...

Viele für die Politik benutzten Begriffe können auf Suchtfamilien übertragen werden: »Kalter Krieg« herrscht in vielen Familien und schlägt nicht selten in heiße Phasen um. Das Gleichgewicht des Schreckens, der Angst, Scham und Verzweiflung endet oft in »Vernichtung« und Verstrickung, aus denen keiner mehr einen Ausweg weiß, bis schließlich *einer* bereit ist, Hilfe von außen zu suchen. Das ist kein Zeichen von Schwäche, sondern von Stärke und führt, um im Bilde zu bleiben, über einseitige Abrüstung – das kann auch Kapitulation sein: »Ich kann so nicht mehr weiter!« – zu ganz neuen, gesünderen Zusammenhängen. Dieser Prozess, der in diesem Buch an vielen Einzelbeispielen beschrieben wird, braucht Zeit, Mut und Kraft – von *allen* Beteiligten.

Natürlich wende ich mich ebenso an Süchtige, die Hilfe suchen. Leider geschieht das häufig erst, wenn der Leidensdruck massiv geworden ist. Nach meiner Erfahrung suchen die meisten dann nach therapeutischer Hilfe, wenn die direkten und indirekten Folgen der Suchtkrankheit den *Arbeitsplatz* gefährden. Dieser Schritt erfolgt oft erst, wenn die Sucht bereits acht bis zehn Jahre besteht.

Die meisten Süchtigen sind erleichtert, wenn sie mit all ihren Schuldgefühlen, ihrer Scham, ihrer Angst und ihrer Wut auf jemanden treffen, der die Probleme nicht nur erkennt, sondern sie ganz normal behandelt. Zu Beginn einer seiner ersten Behandlungsstunden witzelte einmal ein Patient: »Der Delinquent wird abgeführt.« Oder die Therapie wird mit dem Gang zum Zahnarzt verglichen, den die meisten erst aufsuchen, wenn es wehtut. Und wie der Zahnarzt oft nicht nur *einen* defekten Zahn entdeckt, so haben die meisten Süchtigen mehrere gravierende Probleme, häufig auch mehrere Süchte, von denen sie nur die ihrer Ansicht nach schlimmste kuriert haben möchten. Viele Süchtige haben mir im Verlauf ihres Heilungsprozesses beschrieben, dass sie gern irgendeine Sucht hätten, mit der sie »ungefährdet glücklich« sein könnten.

Viele verweisen zu Beginn der Therapie auch darauf, dass ihre Probleme doch einen ganz anderen Ursprung hätten, dass sie eine fürchterliche Ehefrau, einen gemeinen Chef und widerspenstige Kinder hätten – und einen Lebenslauf, mit dem sie geradezu suchtkrank hätten werden *müssen*. Daran ist natürlich einiges wahr: Niemand wird primär süchtig, sondern immer auf dem Hintergrund innerer und äußerer Probleme. Aber es ist fatal, sich auch im akuten Stadium der Sucht auf diese Position zurückzuziehen. Wenn Alkohol das Problem ist, ist zunächst Alkohol das Problem. Jeder vernünftige Suchttherapeut wird sich mit dem Gesamtzusammenhang, dem Hintergrund der Suchtkrankheit beschäftigen, aber immer unter der Voraussetzung, dass das oder die Suchtmittel als Manipulation und Selbstheilungsversuch bei der Bearbeitung der Probleme aus dem Spiel sind. Und sie müssen sofort wieder zum Brennpunkt Sucht zurückkehren, wenn eine Verlagerung stattfindet, z.B. vom Alkohol zur Kaufsucht, zum Essen, zum Rauchen, zum Spielen etc., oder gar die Suchtgewohnheit direkt wieder aufgenommen wird.

Im Suchtbereich hören wir z.B. von trockenen Alkoholikern nicht selten berechtigte Vorwürfe gegenüber früheren »Helfern«, etwa auch Ärzten und Psychotherapeuten: »Warum haben Sie alle gemeinsam mit mir das Problem verleugnet, mich nicht ernsthaft konfrontiert? Jetzt habe ich so viel Zeit verloren und wäre fast gescheitert ...« Was bringen Vitamine und Leberschutzpräparate oder die Aufarbeitung von Kindheitstraumata, wenn die »Suchtkarriere« mehr oder minder »lustig« weitergeht?!

Viele Suchtpatienten, wahrscheinlich sogar die Mehrheit, kommen selbst aus Suchtfamilien, gehören also zur großen Gruppe der Co-Abhängigen. Die Erkenntnis, dass ein Elternteil süchtig war oder ist, ergibt sich oft erst im Verlauf der Therapie, selbst wenn ich, wie viele Suchttherapeuten, von Beginn an intensiv danach gefragt habe. Das Eingeständnis, aus einer dysfunktionalen, aus einer gestörten Familie zu kommen, fällt uns allen schwer und bedeutet oft Schuldgefühle gegenüber der Familie und Scham gegenüber der Umwelt. Dabei unterbleiben wichtige Schritte in der Therapie von Co-Abhängigen und Süchtigen, solange die Familiengeheimnisse bewusst oder unbewusst gehütet werden. Es ist eine alte Weisheit, dass wir dazu verurteilt sind, Geschichten über Generationen zu wiederholen, wenn wir unsere familiäre Vorgeschichte nicht kennen. Durch einen Heilungsprozess, der letzten Endes den Ausstieg aus dem Suchtsystem bedeutet, kann der verhängnisvolle Kreislauf unterbrochen werden.

Last, not least wende ich mich mit meinem Buch an meine Kolleginnen und Kollegen im engeren und weiteren Sinn, an alle Menschen in Helferberufen, an Krankenschwestern und Pfleger, an Sozialarbeiter, Psychologen und Ärzte, aber auch an Lehrer, die sich mit gestörten Jugendlichen aus Suchtfamilien in zunehmendem Maße auseinander setzen müssen. Die große Mehrheit der in Helferberufen Tätigen stammt ebenfalls aus dysfunktionalen Familien, oft aus Suchtfamilien. Den meisten ist der Zusammenhang mit ihrer heutigen Tätigkeit gar nicht bewusst. Sie können also über sich selbst ebenso etwas erfahren wie über die Menschen, mit denen sie täglich zu tun haben.

In der Therapie ist es mir u.a. wichtig, bei den Co-Abhängigen die süchtigen Anteile herauszufinden und zu bearbeiten sowie bei den Süchtigen die co-abhängigen Mechanismen. Nicht selten entsteht dabei das Henne-Ei-Paradox: Was war zuerst?

Hilfe ist möglich. Das will dieses Buch vermitteln. Auch wenn es keine Perspektive zu geben scheint: Jeder, der sich in geeignete Therapie begibt, kann Hoffnung auf Heilung haben: Von den Therapiewilligen haben etwa zwei Drittel gute Chancen, von einer Therapie zu profitieren. Das zeigen die Ergebnisse internationaler Suchttherapie-Forschung, so genannter Katamnesen oder Follow-up-Studien, die den weiteren Lebensweg Süchtiger untersuchen. Nicht nur die Selbsthilfegruppen, sondern auch die Medien sollten

Hoffnung vermitteln. Sucht – und auch Co-Abhängigkeit – ist nicht gelebtes Leben! Selbst kurze Abschnitte eines Lebens ohne Suchtmittel können ungeheuer wertvoll sein. So berichtete mir vor kurzem eine Frau, dass ihre Mutter, inzwischen 72 Jahre alt, nach Jahrzehnten der Abhängigkeit von Beruhigungsmitteln nun seit einigen Monaten »clean« sei. Früher hätte sie zusammen mit der ganzen Familie immer überlegt, was mit der Mutter denn nun los sei. Jetzt könne sie zum ersten Mal seit ihrer Kindheit klare, ernste und direkte Gespräche mit der Mutter führen. Es sei für beide ein wunderbares Geschenk.

Mein Therapieansatz ist eklektisch, d.h. ich integriere Elemente aus verschiedenen Methoden. Das ist in fast allen Suchteinrichtungen üblich, auch wenn sie sich offiziell nach dieser oder jener Schule benennen. Psychotherapie muss individuell angepasst sein. Da kann es manchmal mehr um die Aufarbeitung aktueller Probleme gehen, dann wieder um die Entschlüsselung der geheimen Botschaften aus der Erziehung, die uns leiten, ohne dass uns das bewusst ist. Letzten Endes müssen Süchtige, aber auch Co-Abhängige ihre Lebensgeschichte umschreiben, da sie sonst auf eine Tragödie zuläuft. Das bedeutet auch eine Suche nach Lebenssinn, was eine spirituelle Orientierung einbezieht.

Gerade die Suchtkrankheiten und ihre Therapie sind in den letzten Jahren ein Feld scharfer ideologischer Auseinandersetzungen geworden, bei denen die üblichen pathologischen Widerstände eine große Rolle spielen. Da wird idealisiert und entwertet, das Böse projiziert, das Gute für sich reklamiert. Ich möchte mich auf diese Diskussion nicht einlassen, sondern energisch darauf verweisen, dass wir alle gegen den gleichen Feind kämpfen, so wie früher in der Medizin gegen die Pest, die Syphilis, die Tuberkulose oder andere Infektionskrankheiten gekämpft wurde. Natürlich habe ich mir meine eigene Meinung gebildet und vertrete diese auch mit aller Energie. Ich behaupte aber nicht, den Stein der Weisen gefunden zu haben. Nach diesem wird bekanntlich noch nach Jahrhunderten gefahndet ...

Wenn es mir gelingt, mit diesem Buch Angehörigen, Suchtkranken oder professionellen Helfern Denkanstöße in die richtige Richtung zu geben, würde ich mich freuen. Menschliche Hilfe im Suchtbereich beruht nicht nur auf gesundem Menschenverstand und womöglich Ideologie, sondern auf Sachkenntnis und tiefem menschlichen Verständnis, das sich sehr wohl auch mit theoretischen Konzepten auseinander setzt.

Ein Bayer im Himmel – Es kommt auf die Perspektive an

Treffender als mit der folgenden Zeichnung des Sohnes der Familie G. kann man das Thema Alkohol in der Familie kaum umreißen.

Der Familienvater sitzt auf »Wolke sieben«, er freut sich seines Bieres, genauer gesagt seiner sieben bis zehn Biere, jeden Abend ... Er, ein intelligenter, früher vielseitig interessierter, musisch begabter Mann in den besten Jahren, blockiert mit seinem Suff buchstäblich das Wohnzimmer, leert stumpf vor sich hin schauend – er nennt es »philosophieren« – seine Flaschen, bis er am Tisch einschläft. Er vertreibt mit seiner schrecklichen Laune und Unzugänglichkeit die anderen Familienmitglieder, die sich dann in der Küche treffen oder sich stumm auf ihre Zimmer verziehen. Das Gewitter, das er mit seinem Verhalten auslöst, kümmert ihn nicht: Am stärksten leidet seine Frau, die ihn nach wie vor liebt (jedenfalls in den Zeiten, in denen er nicht trinkt). Hilflos hebt sie ihre Arme, das Gesicht schmerzlich verzerrt. Die Tochter, die ihrem Vater bis zur Pubertät sehr nahe stand, ist das kleinere Abbild der Mutter. Nur der Sohn, der die Skizze angefertigt hat, hat sich in Sicherheit gebracht. Zwischen Vater und ihm steht nicht nur als Puffer die Mutter – er schützt sich auch durch einen Regenschirm. Sein Gesicht sieht im Vergleich zu den anderen etwas entspannter aus, zumindest neutral.

Wer kam zuerst in die Psychotherapie? Natürlich die Ehefrau. Jahrelang hatte sie ausgehalten, hatte versucht, ihren Mann zu kontrollieren und zu bessern – vergeblich. Weil sie glaubte, ihn durch Mittrinken mäßigen zu können, war sie fast selbst zur Alkoholikerin geworden. Immerhin hatte sie schon einiges an Gewicht zugelegt – Kummerspeck, der allerdings nicht die Ausmaße hatte wie der klassische Bierbauch ihres Alkoholikers. »Wäre ich doch nur fünf Jahre früher zu Ihnen gekommen!«, sagte sie am Ende ihrer relativ kurzen Therapie. Hilfe hatte sie zuerst bei ihrem Hausarzt gesucht, dem ihr Mann über Jahre ausgewichen war. Nicht einmal seine Leberwerte hatte er überprüfen lassen wollen.

Frau G. zeichnet die Situation so:

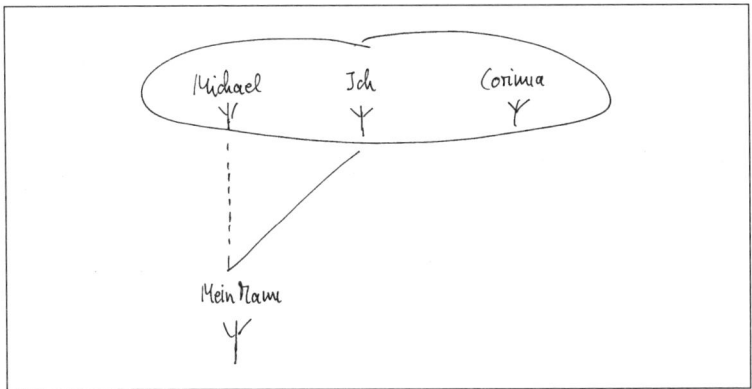

Ganz typisch ist der enge Zusammenhalt der übrigen Familie gegenüber dem Suchtkranken. Dieser fühlt sich zu Recht isoliert – und hat einen weiteren Grund, noch mehr zu trinken.

Die Tochter Corinna schließlich zeichnete dieses traurige Familienbild:

Strichmännchen ohne Gesichter, die Arme hilflos weggestreckt. Der Vater ist doppelt so groß wie die übrigen Familienmitglieder.

Über Herrn G.s Ursprungsfamilie erfahre ich nur etwas über seine Frau: Sein Vater hielt sich aus der Familie raus, ging lieber zum Stammtisch. Er war ein begabter Musiker, recht leichtlebig. Zu Hause stand er »völlig unter dem Pantoffel seiner Frau«. Er ließ sich sogar dazu überreden, Briefe gegen die Heirat seines Sohnes mit seiner jetzigen Frau aufzusetzen. Wir kommen zu seiner Mutter: »Sie konnte – von der Natur her – ihn nicht umarmen, obwohl er von ihr verwöhnt wurde.« Mit der »Natur« dürfte das weniger zu tun haben, hier spielt vielmehr die Erziehung und der Charakter der Mutter eine Rolle. Vielleicht hat sie durch ihre Verehrung ein fast größenwahnsinniges Kind geschaffen. Offenbar gab sie ihm die Botschaft mit: »Aus dir wird einmal etwas Besonderes!«, andererseits versagte sie ihm die emotionale Unterstützung. Das allein gelassene und ratlose Kind schwankte zwischen Größenwahn und Minderwertigkeitsgefühlen, weil es nicht lernte, sich selbst und andere realistisch einzuschätzen. Dazu fehlte auch die korrigierende Unterstützung durch den Vater. Die Mutter kontrollierte ihren Sohn bis ins Detail. Was sie genau mit ihrem Sohn vorhatte, blieb unklar, da seine Talente, all seine Vorlieben letzten Endes nur »Teufelszeug« gewesen seien. Er musste sich alles erkämpfen. Ganz schlimm wurde es, als er begann, Freundinnen zu haben. Natürlich war keine der Mutter recht, sie wollte ihren Sohn für sich behalten.

Trotz aller Verwicklungen gründete der »besondere« Sohn eine eigene Familie. Es kamen zwei Kinder. Viele Jahre lief alles relativ normal. Aber beruflich gab es für Herrn G. Spannungen. Er konnte sich schlecht einfügen und bekämpfte seine Spannungen mit vermehrtem Alkoholkonsum. Als die Tochter in die Pubertät kam, wandte er sich plötzlich von ihr ab. Nun begann der jahrelange, mehr oder weniger stumme Leidensweg der Familie. Die Kinder forderten ihre Mutter auf: »Warum verlässt du ihn nicht? Er wird sich nie ändern. Es wäre viel schöner ohne ihn ...« Frau G. verteidigte ihren Mann lange. Sie versuchte es mit Druckmitteln, verweigerte sich sexuell. Sie zählte die leeren Flaschen, hielt sie ihm vor. Aber die Anschuldigungen prallten von ihm ab. Abends wartete sie auf ihn: Wie kommt er heim? Welche Laune hat er? Hat er schon getrunken? Wie zu Beginn beschrieben: Alles dreht sich um den inzwischen Suchtkranken. Er allein bestimmt die Atmosphäre. Selbst wenn er nicht da ist, lauert ängstliche und verhalten wütende Erwartung.
»Keiner liebt mich!« Diese Feststellung von Herrn G. trifft jetzt tatsächlich zu. Dabei hat er doch nichts getan. Er trinkt doch nur sein Bier, was ihm auch schließlich zusteht ... Ganz übersehen hat er, dass sein massives Trinken am Arbeitsplatz nicht ohne Folgen geblieben war, obwohl ihn niemand offen konfrontiert hatte. Trotz überdurchschnittlicher Fähigkeiten waren Beförderungen ausgeblieben, was sich zu einem erheblichen Verlust für das Familieneinkommen summiert hatte. – Kommentar seiner Frau: »Niemand will ihn haben.«
Frau G. lernte in der Therapie, konsequent auf sich selbst zu achten. Erst jetzt fiel ihr auf, wie sehr sie ihr ganzes Leben auf ihn ausgerichtet und dabei sich und die Kinder vernachlässigt hatte. Nach und nach entwickelte sie mehr Selbstbewusstsein, unternahm mit Freunden etwas, machte sich von seinem Trink-Schlingerkurs unabhängig. Sobald er sich wieder mit seinem Bier niederließ, verließ sie konsequent den Raum. »Ja, er trinkt weiter. Aber wenigstens hat er ein schlechtes Gewissen. Ganz so froh ist er nicht mehr.« Natürlich sei sie manchmal sehr traurig, dass vom Familienleben nur die kurzen Trockenperioden übrig geblieben seien, die ihr Mann zuließe. Aber sie habe eingesehen, dass sie ihn nun einmal nicht ändern könne. Von mir angebotene Paargespräche lehnte Herr G. konsequent ab.

Frau G. glaubte lange Zeit, finanziell von ihrem Mann abhängig zu sein. Nur mit einiger Mühe ließ sie sich überreden, hierzu konkrete Informationen einzuholen. Danach war sie erleichtert. Auch ohne ihn würde sie nicht Hunger leiden müssen.
Die Kinder tarnen den Zustand des Vaters nicht mehr gegenüber Freunden, die jetzt wieder gelegentlich das Haus betreten. (Früher wurde das mit vielen Ausreden vermieden.) Herr G. muss sich anhören: »Vater, du hast wieder getrunken. Ich möchte nicht mit dir reden!« Nur wenn er nüchtern ist, teilen sie ihm gelegentlich ihre Gefühle von Wut, Trauer und Angst mit. Die Tochter Corinna, die den Vater früher so geliebt hatte, nahm indirekt an der Psychotherapie der Mutter teil, erschien auch einmal zu einem gemeinsamen Gespräch. Traurig erkannte sie, dass sie sich als Freund ebenfalls einen psychischen »Pflegefall« gesucht hatte, der ihr so viel weniger gab als sie ihm. Schon bald nach Beginn einer eigenen Therapie trennte sie sich von ihm.
Für ihre Mutter bleibt die Lage in mancher Hinsicht verzweifelt: Bald muss sie sich zwischen Ehemann und Kindern entscheiden, die ausziehen wollen, sobald sie die Schule bzw. das Studium beendet haben. Das traurige Ende einer zu Beginn durchaus glücklichen Familie.
Frau G. in der vorerst letzten Therapiestunde: »Es geht mir gut, sehr gut sogar! Ich danke Ihnen. Ich habe das Kämpfen aufgegeben – nach fünf Jahren. Mein Mann verhält sich übrigens hochanständig, solange der Alkoholpegel nicht zu hoch ist. Er frisst mir aus der Hand. Früher war ständig Wut auf beiden Seiten. Wir spielten dieses verdammte Retter-Verfolger-Opfer-Spiel, wie Frau Beattie es in ihrem Buch so präzise beschrieben hat. Damit ist jetzt Schluss. Ich habe nur *ein* Leben – das will ich genießen.«

Die »Suchtkarriere« im Mobile

Familie G. hat uns exemplarisch viele Mechanismen einer von Sucht geprägten Gemeinschaft vor Augen geführt. Bei allem Unabhängigkeitsstreben des modernen Menschen leben wir alle in Abhängigkeiten. Das bedeutet: In das Schicksal eines Einzelnen werden immer mehrere andere mit hineingezogen – im Positiven, aber auch im Problematischen. Das gilt ganz besonders für die Suchtkrankheiten vom Alkoholismus über die Medikamenten- bis zur Drogenabhängigkeit. Bevor ich das durch konkrete Schicksale näher veranschauliche, zunächst ein theoretisch orientierter Blick auf das, was man als »Suchtkarriere« bezeichnet.

In einer süchtigen, konsumorientierten Gesellschaft sind wir alle vermehrt gefährdet, einer oder mehreren Süchten zu verfallen. Suchtmittel und süchtiges Verhalten aller Art dienen letztlich einem gemeinsamen Zweck: Wir wollen unsere Gefühle manipulieren, die als angenehm empfundenen steigern, die unangenehmen dämpfen. Dazu kommt, dass wir alle unter dem Druck stehen, immer »gut drauf sein« zu müssen. Das versuchen wir mit allen Mitteln zu erreichen. Gesellschaftliche Institutionen, vor allem aber auch professionelle Helfer (Ärzte, Krankenschwestern, Psychologen, Sozialpädagogen usw.) sollen uns dabei helfen, Leid von uns fern zu halten und uns glücklich zu machen.

Gefühle lassen sich auf wenige Grundformen reduzieren: *Angst, Wut* (Ärger, Groll), *Scham, Schuld, Freude, Liebe, Lust, Trauer, Schmerz.* In der modernen Sprache taucht kaum mehr ein direkter Bezug zu unseren Gefühlen auf: Da hört man Aussagen wie »Stress«, »Das nervt!«, die im Prinzip nichts aussagen. Auf die Routinefrage »Wie geht's?« antworten wir mit einem ebenso routinierten »Gut!« oder »Geht so!« Die Distanz zu den eigenen Gefühlen ist ein Kennzeichen des modernen Menschen, ist aber bei Suchtkranken ganz besonders ausgeprägt. Wir werden darauf immer wieder zurückkommen, nicht zuletzt, weil jeder Süchtige im Rahmen seines Heilungsprozesses wieder lernen muss, mit schwierigen Gefühlen zurechtzukommen, und zwar ohne das Suchtmittel als Stütze.

Das Suchtdreieck

Aus welchen Gründen werden welche Menschen mit welchen Folgen suchtkrank?
Diese Frage wird zu Recht immer wieder gestellt. Wenn in unserer Gesellschaft z.B. ca. 80 Prozent der Erwachsenen regelmäßig Alkohol konsumieren (nur etwa fünf Prozent leben alkoholabstinent, 15 Prozent trinken selten), warum wird dann nur ein vergleichsweise geringer Prozentsatz, nämlich drei Prozent alkoholkrank im engeren Sinne?
Mit eindimensionalen Modellen ist diese Frage nicht zu beantworten. Am besten wird das Entstehen und der Verlauf einer Suchtkarriere erklärt durch das Zusammenwirken der Faktoren im so genannten Suchtdreieck. Dessen eine Ecke bildet der Mensch mit seinen angeborenen und erworbenen Eigenschaften, seinem genetischen Erbe, seiner Sozialisation und seinem Charakter. Dieser Mensch lebt in sozialen Verbänden und tritt mit ihnen in Wechselwirkung, vor allem mit der Ursprungsfamilie, den Arbeitskollegen und dem Freundeskreis. Diese sozialen Gruppen bilden die zweite Ecke des Suchtdreiecks. Sowohl diese Gruppen wie auch das Individuum selbst suchen sich schließlich ihre passenden Drogen oder süchtigen Verhaltensweisen – und werden wiederum von ihnen beeinflusst. Diese Zusammenhänge gelten im Prinzip für alle möglichen Süchte ebenso wie der Kreis, der dieses Suchtdreieck umschließt: Er stellt die gesellschaftlichen Rahmenbedingungen dar, wie sie sich in Geschichte, Kultur und Religion herausgebildet haben. Diese bestimmen auch darüber, ob ein Suchtmittel legal oder illegal ist, leichter oder schwerer zugänglich und billiger oder teurer.

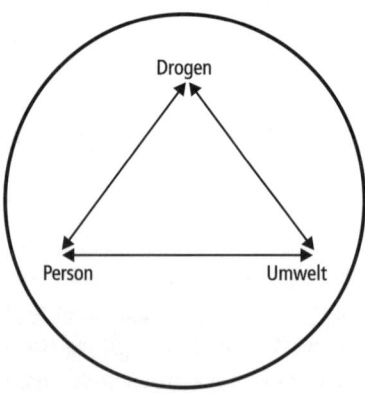

Das Suchtdreieck, eingebettet in gesellschaftliche Rahmenbedingungen

Der Mensch – sein Erbe und sein Charakter

Zur Vulnerabilität, d.h. Anfälligkeit für Alkoholmissbrauch bzw. -abhängigkeit gibt es inzwischen zahlreiche interessante Studien, die klar eine genetische, familiär übertragene Disposition belegen, wie sie schon bei Aristoteles und Plutarch beschrieben wurde: Aus Alkoholikerfamilien gehen überdurchschnittlich häufig wiederum Alkoholiker hervor. Auch Missbrauch und Abhängigkeit von anderen Substanzen sind häufiger, ebenso andere psychische Störungen, z.B. schwere Depressionen und Angst. Gleichzeitig stellt gerade Angst, vor allem im Umgang mit anderen Menschen (die so genannte soziale Phobie) einen Risikofaktor für Alkoholismus dar im Sinne einer Selbstmedikation: Alkohol reduziert sozialen Stress.
Plausibel erscheinen Untersuchungen zur Frage, wie sich Alkoholkonsum bei verschiedenen Menschen auswirkt. Jeder weiß, dass die individuelle Verträglichkeit stark variiert. Unter männlichen Jugendlichen steigt das Sozialprestige geradezu mit der Alkoholtoleranz. (Vgl. hierzu das Lied der »Prinzen«: »Sechs kleine Jägermeister bei der Bundeswehr – sie tranken um die Wette, den Besten gibt's nicht mehr.«)
Unglücklicherweise sind genau die Menschen, die subjektiv eher positive Auswirkungen des Alkohols erleben und weniger negative, wesentlich anfälliger für eine spätere Sucht. Umgekehrt gilt: Eine geringe Verträglichkeit für Alkohol stellt einen Schutzfaktor gegenüber dem Alkoholismus dar. Wer also weniger »schwankt« nach Alkoholkonsum, die negativen Wirkungen weniger sowie den Stressabbau stärker spürt und sich schneller erholt, muss bzw. müsste mit Alkohol sehr aufpassen!
Natürlich kann man genetische Disposition und soziale Komponenten kaum getrennt betrachten. In Suchtfamilien kommen meist mehrere Risikofaktoren zusammen: Die Kommunikation ist gestört, es tritt vermehrt körperlicher und sexueller Missbrauch auf. In einem Teufelskreis potenzieren sich die negativen Einflüsse z.B. mit der Folge erhöhter Hyperaktivität, Delinquenz und verminderten Bildungschancen bei Kindern aus Suchtfamilien. Elterliche Disharmo-

nie endet häufiger mit Scheidungen – und den entsprechenden Folgen für die Kinder.
In einer Studie zur Spezifität von Risikofaktoren wurde deutlich, dass »... der Alkoholismus des Vaters über Stress und familiäre Beziehungsstörungen hinaus einen spezifischen Risikofaktor zur Vorhersage von Alkoholgebrauch darstellt.«[2]
In den 60er- und 70er-Jahren unseres Jahrhunderts wurden unter dem Einfluss der Fortschritte der Testpsychologie in den USA einige inzwischen klassische empirische Studien zur prämorbiden Persönlichkeit von Suchtkranken publiziert, also zu ihrer Persönlichkeitsstruktur, wie sie sich *vor* Ausbruch der eigentlichen Suchtkrankheit darstellt. 1973 erschien bsp. eine Studie von Kampenmeier, Hoffmann und Loper mit dem noch heute gebräuchlichen MMPI (= Minnesota Multiphasic Personality Inventory). Dabei wurden Männer untersucht, die wegen Alkoholismus in eine amerikanische Klinik aufgenommen worden waren. Durch einen günstigen Zufall lagen von diesen Männern Vergleichsergebnisse der Persönlichkeitstestbogen vor, die 13 Jahre zuvor während ihrer Studienzeit erhoben worden waren. Verglichen mit den Testergebnissen bei nach Zufall ausgewählten Klassenkameraden zeigte die Alkoholikergruppe schon während der Studienzeit signifikant erhöhte Werte im Bereich der Skalen »Hypomanie« und »Psychopathie«, die sich jetzt bei der Nachuntersuchung als konstant erwiesen. Man schloss daraus, dass Prä-Alkoholiker impulsivere, geselligere und weniger konformistische Persönlichkeiten seien als ihre Klassenkameraden, jedoch »nicht weniger sozial angepasst«. Interessant war in diesem Zusammenhang das 1977 veröffentlichte Ergebnis aus den Untersuchungen von Goldstein und Sappenton: Dort zeigte sich zusätzlich ein erhöhter Wert auf der Skala »Hysterie« und ein niedrigerer Wert auf der Skala »Ich-Stärke« (was so viel bedeutet wie Ausprägung der erwachsenen Persönlichkeit).
In neueren Untersuchungen wurde versucht, die Fragestellung nicht retrospektiv, d.h. rückblickend, sondern prospektiv zu mehreren Untersuchungszeitpunkten zu klären. Bei Drogenabhängigen wurde z.B. schon *vor* Beginn ihres Drogenmissbrauches eine geringere Wertschätzung für konventionelle Institutionen sowie erhöhte Kritik an der Gesellschaft und Toleranz für Gesetzesübertretungen

festgestellt. Spätere Problemtrinkerinnen waren während der Schulzeit eher empfindlich, kontaktarm, reizbar und abhängig. Dies lässt sich gut in Verbindung bringen mit einer überdurchschnittlich hohen Alkoholismusquote bei Menschen, die als Kinder durch Hyperaktivität aufgefallen sind.

Auf keinen Fall sollte man simplifizierend schließen, Suchtkrankheit, insbesondere der Alkoholismus, werde »vererbt«. Nationalsozialistische Pseudo-Theoretiker wollten in einem Rückgriff auf einen primitiven Darwinismus »ausmerzen«, was sie für »krankes Erbgut« hielten, und schickten Alkoholiker zur Vernichtung in Konzentrationslager.

Kehren wir zurück zu einem differenzierteren Denkmodell: Ebenso, wie es Familien gibt mit dem gehäuften Auftreten von körperlichen Erkrankungen wie Diabetes (Zuckerkrankheit), Allergien, bestimmten Krebsarten usw., sollten sich Menschen aus Alkoholikerfamilien als eine Risikogruppe betrachten, die darauf bedacht sein muss, weitere Gefahrenmomente im Rahmen des Suchtdreiecks zu vermeiden. Niemand muss zwangsläufig medikamenten-, drogen- oder alkoholabhängig werden, nur weil er oder sie aus einer suchtbelasteten Familie stammt. Aber es sollte zu denken geben, dass z.B. mindestens ein Drittel der männlichen Alkoholiker einen alkoholkranken Vater hat.

Die Bedeutung von Familie, Freundeskreis und Arbeitsplatz

In der Familie wirken verschiedene Faktoren auf die Kinder ein: Erziehungsstil(e), sozioökonomischer Status der Familie, Interaktion zwischen den Geschwistern etc. Besonders wichtig ist sicher das »Lernen am Modell«. Erfahrene Kindergärtnerinnen weisen zu Recht immer wieder darauf hin, dass die abstrakte Vorgabe von Erziehungszielen viel weniger effektiv ist als das gelebte Modell. Leider lernen Kinder auch am möglicherweise schlechten Modell der Eltern. Jeder Erwachsene, der ehrlich zu sich selbst ist, hat sicher schon häufig festgestellt: Gerade *diese* Verhaltensweise wollte ich doch nun unbedingt vermeiden, wie habe ich das bei meinem Vater bzw. meiner Mutter gehasst! Oder wer hat sich als Vater oder Mutter nicht schon einmal geschämt oder gelacht, wenn die eigenen Kinder mit typischem Gestus und Sprachgebrauch unsere eigenen Marotten imitieren?!

Auch bezüglich der Erziehungsstile und Modelle der Eltern gibt es keine eindeutigen Zusammenhänge. Aus den später folgenden Fallgeschichten wird die ganze Spannweite möglicher Hintergründe deutlich. Tendenziell beobachten wir bei älteren Patienten in der Vorgeschichte häufiger einen autoritär-unterdrückenden Erziehungsstil, bei jüngeren oft das, was man als Luxus-Verwahrlosung bezeichnen könnte: Solide Wertmaßstäbe werden von den Eltern nicht vermittelt, mangelnde Zuwendung wird durch materielle Verwöhnung kompensiert. Waren nach dem Krieg alle Kräfte auf den Aufbau konzentriert, wissen die nachfolgenden Generationen oft nicht mehr recht, warum sie sich anstrengen sollten, zumal sie die emotionalen Defizite in aller Schärfe wahrnehmen, die durch ausschließliche Konzentration auf pflichtbewusstes Arbeiten entstehen. Nicht wenige jüngere Suchtkranke kommen aus arbeitssüchtigen Elternhäusern.

Im Buch *Wir Kinder vom Bahnhof Zoo* ist eindrucksvoll beschrieben, wie wichtig der Freundeskreis für Entstehung und Verlauf einer Sucht sein kann. Viele Menschen, die das Buch nicht kennen und nur den plakativen Film gesehen haben, der sich gleich begierig auf die Abgründe der Sucht stürzt, wissen nicht, dass Heroin erst am Ende der Karriere von Christiane F. steht. Ihr eigentlicher Einstieg war die Suche nach Geborgenheit und Zugehörigkeit zu einer Clique. Besonders in der Pubertät sucht man dabei nach Vorbildern: »Der stärkste Typ in unserer Klasse war ein Mädchen. Sie hieß Kessi. Sie hatte schon einen richtigen Busen. Sie sah wenigstens zwei Jahre älter aus als wir anderen und war auch erwachsener. Sie wurde von allen voll anerkannt. Ich bewunderte sie. Mein größter Wunsch war, dass Kessi meine Freundin würde. Ich kratzte alles Geld zusammen, um mir Zigaretten kaufen und in die Raucherecke gehen zu können. Kessi ging in jeder Pause in die Raucherecke, und als ich dann auch immer in die Raucherecke kam, da merkte ich, dass Kessi mich immer mehr akzeptierte.«[3] Die »Einstiegsdroge« – ein Reizwort in unendlich vielen Diskussionen – ist hier der Wunsch nach Nähe, nach Zugehörigkeit, der dann zur Zigarette führt, erst später zu Alkohol, Medikamenten und schließlich zu Heroin. (Eine gelungene Darstellung der Suchtproblematik bei Jugendlichen ist bsp. das Buch *Sucht und Drogen und wie man Kinder davor schützt* von Rolf Wille.)

Um in die Gesellschaft der Männer aufgenommen zu werden, müssen männliche Jugendliche häufig das Alkoholtrinken inklusive erster Rausch-Erfahrungen lernen. Dagegen wäre im Prinzip wenig einzuwenden, wenn nicht auch der Spruch gelten würde: »Wer früh anfängt, ist früh fertig.« Es gibt zwar keinen signifikanten Zusammenhang zwischen Beginn des Konsums von Alkohol und späterer Alkoholkarriere, wohl aber zwischen Zeitpunkt des ersten *Rausches* und späterer Sucht.

Auch der Arbeitsplatz hat wesentlichen Einfluss auf unser Verhalten. Traditionell wird an bestimmten Arbeitsplätzen mehr, an anderen weniger getrunken. Leider herrscht in vielen Bereichen noch heute die Unsitte, dass Jugendliche z.B. in einer Lehre nicht nur ihren Beruf, sondern auch das Trinken erlernen, selbst wenn sie zuvor eine eher kritische Haltung gegenüber dem Alkohol einnahmen. Sehr wichtig ist die »Griffnähe«. So wird in der Alkoholproduktion und -verteilung, also bsp. in der Gastronomie, mehr getrunken als im Durchschnitt. Aber es kann in allen Firmen »Nasszellen« oder auch »Feuchtbiotope« geben, wo meist aufgrund der »Vorbild«-Funktion von Vorgesetzten vermehrt getrunken wird.

Welche Droge passt zu mir?

Die Spitze des Suchtdreiecks bildet die Droge selbst, hier als Oberbegriff für alle suchterzeugenden Substanzen und Verhaltensweisen gebraucht. Wie können wir unseren persönlichen Gefühlshaushalt am besten steuern? Welche Gefühle belasten uns, welche wollen wir vermeiden? Suchen wir uns dazu eher dämpfende oder eher anregende Substanzen? Polytoxikomane, also Mehrfachabhängige, teilen die psychotropen, d.h. auf die Seele Einfluss nehmenden Substanzen ein in »uppers« und »downers« (siehe Schaubild unten). In der Medizin gibt es dazu die Begriffe »Sympatho-« oder »Parasympathomimetika« – je nach Auswirkung auf das autonome Nervensystem, das unserem willentlichen Einfluss entzogen ist. Vereinfacht beschrieben steigern die Sympathomimetika unseren Wachheitsgrad und unsere Aufmerksamkeit, können aber in Überdosierung zu Angst- und Fluchtreaktionen, manchmal auch zu Psychosen führen, während die Parasympathomimetika (oder »downers«) dämpfend in Richtung auf einen Zustand wirken, wie wir ihn etwa in einer angenehmen Verdauungsphase nach dem Essen empfinden. Die Herzfrequenz steigt unter dem Einfluss von »uppers« und sinkt entsprechend z.B. unter der Wirkung von Alkohol.

Parasympathomimetika »downers«	Sympathomimetika »uppers«
Alkohol	Kaffee
Tranquilizer	schwarzer Tee
Heroin	Amphetamine
andere Opiate	Haschisch (THC)
	LSD
	Kokain/Crack

Vielleicht überlegen Sie selbst einmal: Was liegt Ihnen selbst näher, z.B. Alkohol, Zigaretten, Tranquilizer oder Kaffee? Es gibt kaum noch Menschen, die auf alle diese Substanzen verzichten. Die meisten von uns beginnen morgens mit Sympathomimetika in Form von Kaffee oder schwarzem Tee, frischen sich im Laufe des Tages erneut auf, um über die von der Natur eigentlich vorgesehenen Tiefs und Ermüdungsphasen hinwegzukommen. Der Drogencharakter von Kaffee wird oft erst dann wahrgenommen, wenn keiner zur Verfügung steht, wenn es also zu Entzugserscheinungen kommt. Sympathomimetika stehen oft im Zusammenhang mit einer Arbeitssucht. In Seminaren mit Ärzten (die ebenfalls zu dieser Art süchtigen Verhaltens neigen) rate ich manchmal, gezielt einen Tag »auf Entzug« zu gehen. In einer Veranstaltung zum Thema »Alkohol am Arbeitsplatz« wies ich einmal hinter dem Rücken der Teilnehmer die Küchenleitung an, die Ausgabe des Kaffees in der Nachmittagspause bewusst zu verzögern. Die Teilnehmer mussten hinterher lachen, als sie bemerkten, wie heftig und aggressiv sie schon auf eine Viertelstunde Verzögerung bei der »Drogenausgabe« reagiert hatten.

Abends greifen die meisten Menschen unseres Kulturkreises dann gern zum Alkohol, um den Stress (Sympathikus-steigernd) abzuschütteln und eine mehr oder minder starke schlaffördernde Wirkung zu erzielen.

Einige Süchte von A – Z:

- Alkohol
- Arbeit
- Auto
- Essen
- Fernsehen
- Haschisch
- Kaffee
- Macht
- Medikamente
- Sex / Beziehung
- Sport
- Zigaretten

Gesellschaftliche Bedingungen – Der Kreis um das Suchtdreieck

Der Traum von einer drogenfreien Gesellschaft ist eine Vorstellung weltfremder Asketen, den kaum jemand mitträumen möchte. Wie schon betont: In Rituale eingebundener Drogengebrauch ist ausgesprochen gemeinschaftsfördernd und steigert unsere Lebensfreude. Aber schon in den ältesten Gesetzen – etwa beim babylonischen König Hammurapi – finden wir Hinweise auf die Probleme, die auch die jeweils eingeführten und ausdrücklich sanktionierten Drogen mit sich bringen können.

Die engen Zusammenhänge zwischen Rhythmen des Lebens, Religion, Sexualität und Drogen in verschiedenen Gesellschaften sind hervorragend beschrieben, z.B. in den zwei Bänden *Rausch und Realität. Drogen im Kulturvergleich*. Hier wird auch deutlich, wie sehr Geschichte und Wirtschaft ganzer Länder letztlich durch Drogen bestimmt wurden und werden. Für bayerische Verhältnisse findet sich eine detaillierte Darstellung bei Simon Aiblinger: *Vom echten bayerischen Leben. Bräuche, Feste, Zeitvertreib*.

Der Kreis um das Suchtdreieck verweist u.a. auf die Frage, ob eine Droge in der jeweiligen Gemeinschaft integriert ist oder nicht, ob sie legal oder illegal ist. Ein kurzer Blick auf die Geschichte zeigt, dass wir schon so einiges im Laufe der Jahrhunderte aus anderen Ländern und Kontinenten übernommen haben, mit positiven wie negativen Folgen. Die »Kaffee-Kantate« Johann Sebastian Bachs widmet sich ironisch dem damals illegalen Kaffee, dem die Kaffeeschnüffler Friedrichs des Großen auf der Spur waren (in Lüneburg soll sogar einmal die Todesstrafe auf Kaffeebesitz gestanden haben!). Der Tabak kam durch Kolumbus' Matrosen nach Europa, zunächst an die Fürstenhöfe – siehe z.B. das »Tabakskollegium« von Friedrich Wilhelm I. Man zelebrierte den Genuss der teuren Droge, bis sie dann »gemein« wurde, also unter das Volk kam. Der Kampf gegen eine Droge ist in dem Moment verloren, wenn der Staat Steuern dafür einzieht. (Darauf komme ich im Kapitel über

Prävention nochmals zurück.) Weiterhin sollten wir an Tee und Kakao denken – und nicht zuletzt an die vielen Drogen, die uns letztlich die Chemie und die Pharmazie beschert haben. Kokain und Heroin waren auch einmal legal – als Anästhetikum bzw. Schmerzmittel. Es lohnt sich also, einen Blick in die Suchtmittel-Geschichte zu werfen: Heroin wurde als ungefährlicher Ersatz für Morphium eingeführt. Es gab Werbung, die Heroin als harmloses Hustenmittel neben Aspirin platzierte!

Die Diskussion über die Legalisierung weiterer Drogen ist wahrlich ein »weites Feld«, bei dem wir vor allem eine Überlegung im Auge behalten sollten: Welche Auswirkungen sind mittel- und langfristig auf die Gesundheit der Bevölkerung zu erwarten? Steigt oder sinkt damit der Pro-Kopf-Konsum?

Projektion – eine Form der Abwehr

Momentan hat sich die Öffentlichkeit, d.h. wir alle, die Politiker und die Massenmedien, im Sinne einer Projektion eingeschossen auf die illegalen Drogen und ihre Konsumenten. Da werden Drogentote in peinlicher Manier gezählt und nummeriert (»Der 37. Drogentote ...«). In Wirklichkeit ist – gemäß einem Spontispruch – die Realität ganz anders: Hier wird abgelenkt von den eigentlichen Suchtproblemen unserer Gesellschaft, am krassesten mit der denkbar verlogenen Kampagne »Keine Macht den Drogen«, die nicht zufällig von unserem obersten Politiker mit initiiert wurde. Jeder, der sich – wie der Kanzler – mit Fußball beschäftigt, müsste wissen, dass auch hier nicht die illegalen, sondern die legalen Drogen das Problem sind, vor allem der Alkohol, dem schon genügend Fans, aber auch nicht wenige Fußballtrainer und -spieler zum Opfer gefallen sind. Der Zwiespalt, die Schizoidie unserer Gesellschaft zeigt sich unmittelbar, wenn ein Spiel von einem Bierproduzenten gesponsert wird, dessen Werbung an der Bande abwechselt mit dem »Keine-Macht-den-Drogen-Logo« – und die Kameras schwenken immer wieder auf Plakate origineller Fans mit der Aufschrift »Weizen(bier)killer Bolheim« oder »Kampftrinker Karlsruhe« ...

Schon seit den Zeiten der Germanen ist *Bier* das deutsche Hauptproblem, wie bereits bei Tacitus beschrieben: Es »gelte nicht als schändlich, Tag und Nacht durchzuzechen«. Martin Luther wetterte über den »Saufteufel« der Deutschen, bekannte aber auch: »Ich fresse wie ein Böhme und saufe wie ein Deutscher.« Unser Image ist über die Jahrhunderte offenbar gleich geblieben, wenn man z.B. an Postkarten denkt, auf denen Bierkrüge und der Schriftzug: »I like Germany« abgebildet sind.

Viel »Stoff« – viele Probleme

In der Suchtforschung lässt sich ein ganz einfacher Zusammenhang immer wieder reproduzieren: Es besteht eine direkte Korrelation zwischen der Menge an Suchtstoffen in einer Gesellschaft und den Problemen, die sie und ihre Mitglieder damit haben. Das nebenstehende Schaubild lässt erahnen, warum wir heute in Deutschland – aber nicht nur da – so unter Suchtkrankheiten und insbesondere Alkoholismus zu leiden haben.
Klar zu erkennen ist, dass der Pro-Kopf-Konsum an reinem Alkohol – vom Säugling bis zum Greis! – seit der Nachkriegszeit steil angestiegen ist. Jeder, der wie ich in diesen Jahrzehnten aufgewachsen ist, weiß von den Konsumwellen, die die Bundesrepublik nach den kargen Nachkriegsjahren überrollten. Da war die Rede von Fresswelle, Saufwelle, Italienwelle etc.
Über die Pro-Kopf-Konsum-Statistik könnten wir eine parallel verlaufende legen, die den Anstieg der im engeren Sinne Alkoholabhängigen demonstriert von ca. 500.000 in den alten Bundesländern während der 50er-Jahre auf heute mindestens 2,5 Millionen (einschließlich der neuen Bundesländer). Diese Zahl gilt für das neue Gesamtdeutschland. Interessant, dass die Konsumzahlen in der ehemaligen DDR zuletzt noch ca. einen Liter puren Alohol über denen der alten Bundesrepublik lagen. »Drüben« gab es vieles eben nicht, aber wenigstens genügend Stoff, um den Frust runterzuspülen ...
Mit dem Jahr 1968 ist für manche der Beginn einer neuen Zeitrechnung eingetreten. Tatsächlich begann damals mit dem Widerstand gegen die Notstandsgesetze und gegen den Vietnamkrieg eine neue

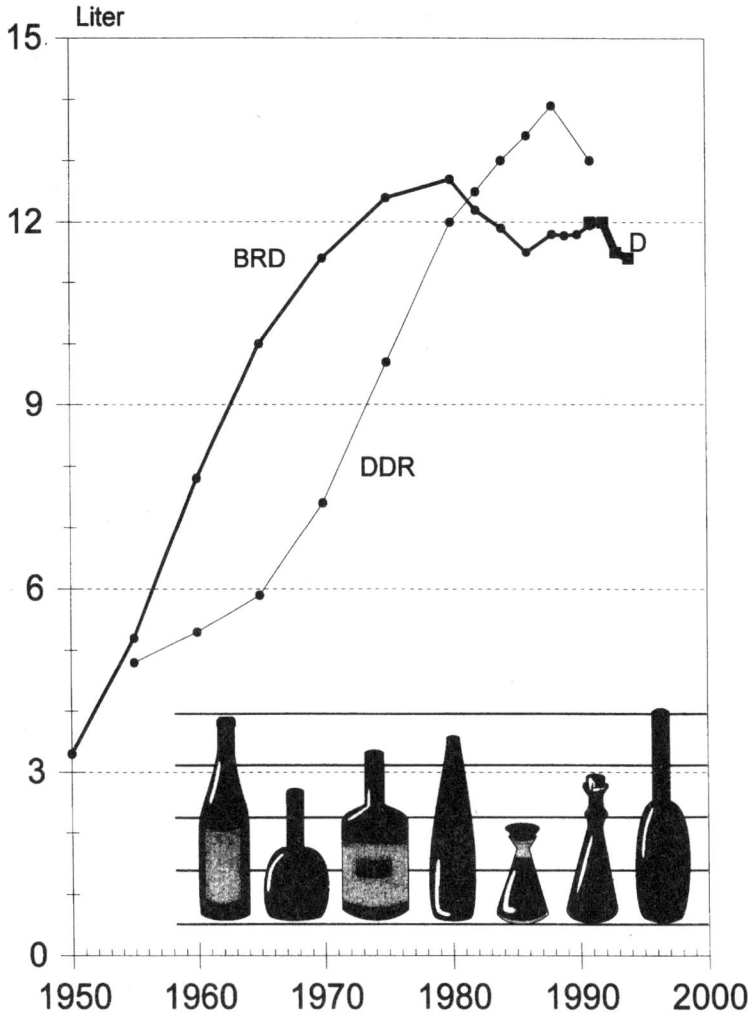

Verbrauch an reinem Alkohol pro Kopf der Bevölkerung Deutschlands, aus: Deutsche Hauptstelle gegen die Suchtgefahren (Hrsg.): J a h r b u c h   S u c h t '96, Geesthacht: Neuland 1995, S. 10

Ära, deren Sonnen- und Schattenseiten schon wieder in Vergessenheit zu geraten scheinen. Kaum jemand reflektiert darüber, dass in dieser Zeit neben dem Boom der neuen Psychotherapieschulen auch eine Suchtwelle einsetzte, die mit der Einführung von Valium, aber auch mit einer neuen Befindlichkeit zusammenhing. Der Protest war verknüpft mit Rockmusik, Flower-Power und stets viel Alkohol.

»I can't get no satisfaction«

Dieser Song der Rolling Stones von 1965 war eine Hymne jener Zeit, merkwürdig privat, wenn man die politischen Ansprüche überdenkt, die damals in Mode waren. Man durfte sich nach der Zeit des Wiederaufbaus, des Fleißes und der Disziplin, in der die Psyche, in der Gefühle nicht weiter gefragt waren, wieder sich selbst zuwenden. Trotz allen Reichtums, trotz aller neuen Konsummöglichkeiten, trotz der »sexuellen Revolution« war keine »satisfaction«, keine Zufriedenheit da. Das typisch süchtige Dilemma: Ich bekomme den Hals nicht voll, es ist nie genug. Künstliche Hilfsmittel müssen her, um das wohlige Gefühl der Zufriedenheit und Geborgenheit zu schaffen.
Das sei hier ganz beschreibend und neutral gesagt: Die 68er-Zeit hat uns als Erbe viele positive Dinge, aber auch einiges an Suchtproblemen hinterlassen. Nicht zufällig haben wir im Nachhinein von praktisch allen wichtigen Musikern und Literaten dieser Zeit erfahren, dass die Sucht oft lange Zeit im Mittelpunkt ihres Lebens und manchmal auch ihres Todes stand: Jimi Hendrix, Brian Jones; Janis Joplin und wie sie alle heißen. Es gab regelrechte Drogenhymnen: »Cocaine« von J.J. Cale oder »*L*ucy in the *s*kies with *d*iamonds« (= LSD!) von den Beatles. Diese gestanden ein, dass keine ihrer Platten ohne Marihuana, Hasch, LSD oder andere Drogen entstanden ist. Bei Joe Cocker, Eric Burdon und anderen wusste man nie, in welchem Stadium sie gerade sind. Das traurigste Beispiel ist wohl Elvis Presley: Bis zu seinem schrecklichen Ende – in seinem Leichnam sollen acht verschiedene giftige Substanzen gefunden worden sein – war der zunehmende Raubbau der Süchte an seinem Äußeren abzulesen: vom durchtrainierten Sexsymbol bis hin zum aufgeschwemmten Monster.

An diesen Exponenten einer Aufbruchszeit, die zum Teil noch immer im Geschäft sind (soweit sie ihre Sucht überlebt haben!), ließ und lässt sich auch die narzisstische Maßlosigkeit der Selbstdarstellung beobachten, die seitdem ungebrochen Mode geblieben ist.

Vorerst ist nicht absehbar, dass sich an der süchtigen und narzisstischen Gesellschaft etwas ändert. Wir haben uns deshalb einen eigenen Humor zugelegt, der genau ins Schwarze trifft. Da sieht zum Thema Gesundheitsprävention eine Rückenschule dann etwa so aus:

© Wolfgang Baaske Cartoon Agentur, München

Natürlich enthält Bier auch Mineralstoffe und Vitamine, hat geradezu wunderbare Wirkungen: Bier – »das Beste für einen schönen Busen. Das hat mir schon mein Großvater immer geraten. Je mehr Bier, desto voller wird er«, weiß Top-Model Eva Herzigova zu berichten. Leider trifft das auch für Männer zu, nämlich bei fortgeschrittener Leberzirrhose, wenn das sonst so tolerante Organ nicht mehr in der Lage ist, weibliche Hormone bei Männern abzubauen. Das Ende ist dann wahrlich ernüchternd und traurig:

© Wolfgang Baaske Cartoon Agentur, München

Grimmig der Humor, der zu dieser Illustration passen könnte: »Schnaps, das war sein letztes Wort, dann trugen ihn die Englein fort ...«

Wer zählt die Alkohol- und die Zigarettentoten?

Die wahre Bilanz unserer Suchtprobleme sieht ganz anders aus, als meistens von Politikern oder Medien vorgetäuscht. Würden wir abkommen von der angesprochenen Projektion, müssten wir uns folgende Statistik vor Augen führen (die ich in dieser Form noch nirgendwo gefunden habe): Gemessen an der schrecklichsten Folge, dem Tod, haben wir in Deutschland folgende Relation: ca. 100.000 (!) Zigarettentote, ca. 40.- 50.000 Alkoholtote (sehr vorsichtig geschätzt) und »nur« ca. 2.000 Drogentote (mit sinkender Tendenz). Außerdem müssen wir uns klarmachen, dass alle Drogenabhängigen über die legalen Drogen zu Heroin etc. gefunden haben – und bis zuletzt meist Alkohol und Zigaretten konsumieren.

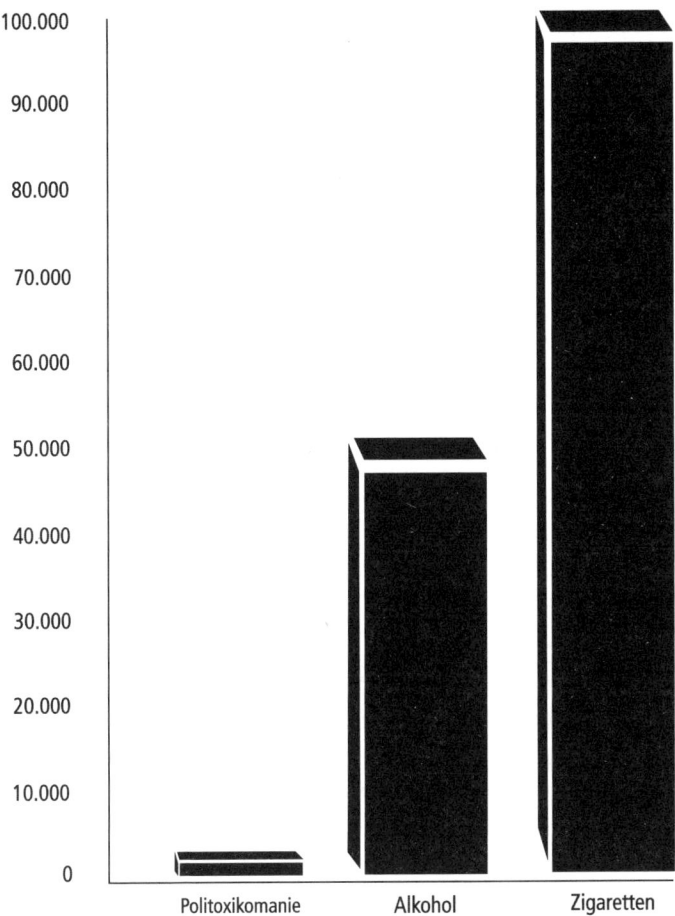

Drogentote in Deutschland pro Jahr

In den letzten Jahren scheint es sogar einen Anstieg in der Zahl der Alkoholkranken gegeben zu haben, wie z.B. die Studien von Manfred Fichter und anderen belegen,[4] die an Verlaufsstichproben feststellen mussten, dass etwa schwerer Alkoholmissbrauch bzw. -abhängigkeit innerhalb von fünf Jahren sich mehr als verdoppelt haben (von 1,86 auf 4,17 Prozent), dasselbe gilt bei leichtem Alkoholmissbrauch (von 2,09 auf 4,40 Prozent). Bronisch und Wittchen kamen in einer Studie an 455 Patienten im Alter zwischen 25 und 64 Jahren auf eine Alkoholabhängigkeit bzw. Alkoholmissbrauch im gesamten Leben von insgesamt 13 Prozent. Bei Männern waren es 21, bei Frauen 5,1 Prozent.

Der Kreis um das Suchtdreieck – geschichtlich wandelbar

In der neueren Geschichte können wir besonders an den Völkern der Dritten Welt sehen, wie destruktiv sich die Einführung neuer Drogen auswirken kann. Erst kam die Missionierung, dann kamen die Händler – und damit der Schnaps. An den elenden Resten mancher Indianervölker in den USA oder der Aborigines in Australien können wir die Folgen u.a. des angeblichen »Lebensgeistes« (aqua vitae) ablesen, der kräftig dazu beigetragen hat, ihnen Würde und Eigentum zu rauben.

Seit unsere Alkoholmärkte gesättigt sind (»Der Kanal ist wohl doch voll« ...), drängt die Alkoholindustrie in die Dritte Welt. Dort haben wir neben Hunger und Aids ein weiteres riesiges Problem durch – haltbaren – Alkohol, der dabei hilft, die lange bestehenden sozialen Strukturen im wahrsten Sinne des Wortes aufzulösen. Früher gab es zu Festen und den entsprechenden Ritualen z.B. Palmwein. Aber der, meist hergestellt von den Medizinmännern, war innerhalb kurzer Zeit ungenießbar. Wegen der erhöhten Griffnähe hatten dort früher allenfalls die Alkohol-Hersteller ein Alkoholproblem. Jetzt ist Whisky, Gin, oder was es in der schönen Palette alles gibt, jedermann zugänglich. Diese Art der Missionierung ist also auch nicht besser als die frühere, ist aber ebenso wenig rückgängig zu machen wie die Legalisierung von Kaffee oder Tabak in unserer Gesellschaft.

Die Stadien der Suchtkarriere

1. Es wird alles besser: Die Pseudoharmonie

Wahrscheinlich gäbe es keine Suchtkrankheiten, wenn nicht zu Beginn die angenehmen Wirkungen der Drogen überwiegen würden. Es findet eine scheinbare Entlastung von Problemen und von unangenehmen Gefühlen statt. Unter dem Einfluss von Alkohol lassen Angst, Ärger und Anspannung nach, wir werden kontaktbereiter. Je nach Dosierung und individueller Reaktion stellen sich Gefühle von Harmonie und Euphorie ein, bis hin zum Rausch. Wer Minderwertigkeitsgefühle hat, erlebt ein gesteigertes Selbstwertgefühl. Das leitet über zur möglichen negativen Entwicklung schon in diesem Anfangsstadium: Selbstüberschätzung und Größenwahn, Konfliktvermeidung im privaten und beruflichen Bereich, Vernachlässigung aktiver Freizeitgestaltung.
Der Drogenkonsum geht vom gelegentlichen zum regelmäßigen Gebrauch über. Wir finden Zugang zu Gleichgesinnten, erfahren Anerkennung und Statusgewinn. Privat und beruflich entsteht eine Pseudoharmonie. Dazu wieder Christiane F.:
»Die Leute in der Clique waren auf eine für mich ganz neue Art überlegen. Die waren nicht laut, sie prügelten sich nicht, sie gaben nicht an. Sie waren sehr still, ihre Überlegenheit schienen sie einfach aus sich selber zu haben. Sie waren auch untereinander unheimlich cool ... Zu Hause muss ich für meine Mutter und ihren Freund richtig angenehm geworden sein. Ich widersprach nicht, ich kämpfte nicht mehr mit ihnen, ich lehnte mich gegen nichts mehr auf, weil ich es aufgegeben hatte, für mich zu Hause irgendetwas zu verändern. Und ich merkte, dass dadurch die Situation einfacher wurde.«[5] Mit Hilfe der Drogen – sie konsumiert zu Beginn Zigaretten und Haschisch, vor allem viel Alkohol – kann sie die Probleme gut verdrängen. Sie »schwebt richtig cool durchs Leben«.

2. Kritische Gewöhnung

Ein ausgeglichener Mensch erlebt beim Konsum von Drogen vielleicht einen Rauschzustand. Er empfindet ihn als angenehm, akzeptiert ihn als eine Lebenserfahrung – aber er ist nicht lebensnotwendig. Ganz anders beim Suchtgefährdeten. Bei ihm wird das Suchtmittel nach und nach unverzichtbar. Als künstliche Charakterkrücke *braucht* er in bestimmten Situationen Medikamente, Alkohol, Haschisch oder Heroin, um sich nicht unwohl und unsicher zu fühlen. Suchtgefährdete gehen dazu über, schon prophylaktisch das Suchtmittel zu sich zu nehmen, um ja keine Angst oder Unsicherheit mehr spüren zu müssen. Besonders gefürchtet sind Begegnungen mit Menschen, die unangenehme oder auch angenehme, jedenfalls starke Gefühle auslösen könnten, sei es nun im Beruf oder in der Familie. Da z.B. die Wirkung von Alkohol (durch eine so genannte Enzyminduktion in der Leber) mit der Zeit nachlässt, ist in der Regel eine Dosissteigerung notwendig, um auch weiterhin die gleichen Wirkungen zu erzielen. Häufig werden dann in Kombination noch andere Mittel, z.B. Medikamente, konsumiert.

Die Kontrolle über das Suchtmittel ist in diesem Stadium noch vorhanden. Es gibt aber gelegentlich »Filmrisse«.

In der Persönlichkeit tritt nach und nach eine Veränderung ein. Die schon angedeuteten negativen Tendenzen nehmen zu: Selbst- und Fremdwahrnehmung sind gestört. Die Frustrationstoleranz gegenüber unangenehmen Gefühlen, d.h. psychischen Belastungssituationen aller Art, nimmt ab. Konflikte werden vermieden. Die Egozentrik steigt. Probleme werden verleugnet und in die Außenwelt projiziert: der blöde Chef, die böse Ehefrau, die schwierigen Kinder ...

Karikiert wird diese Situation in einer wunderschönen Szene des Theaterstücks *Mensch, ich lieb dich doch*, in der die Jugendlichen über die Ursachen der Sucht diskutieren. Jeder hat eine Antwort parat – nur mit ihnen selbst hat das alles nichts zu tun. Es fällt auch der Gemeinplatz: »Die Gesellschaft ist schuld!« Daraufhin schlagfertig ein anderer Jugendlicher: »Wenn ick die sehe, hau ick ihr eene runter!«

Der Suchtgefährdete engt seine Kontakte immer stärker ein auf Menschen, die ähnlich passiv, vielleicht auch resigniert und verhalten aggressiv sind: »Meine Freunde trinken auch alle!« In der Arbeit kommt es gelegentlich zu Problemen: Vermehrt »blaue« Montage, verpasste Termine und nachlassende Arbeitsleistung sind zu beobachten. Häufig wird das überkompensiert durch Überstunden und eine devote Überanpassung an Vorgesetzte, um die Fehler wieder gutzumachen.

3. Die Sucht: Das Kind ist in den Brunnen gefallen

Ebenso unmerklich wie der Übergang von der Pseudoharmonie in die kritische Gewöhnung ist für den Betroffenen der Übergang in die eigentliche Suchtkrankheit. Während er selbst noch immer meint: »Ich habe alles im Griff!« oder auch: »Ab morgen ist Schluss!«, kann die Umwelt oft schon schmerzlich wahrnehmen, in welchen Strudel der Süchtige geraten ist.

Suchtkrankheiten sind gekennzeichnet durch schwere körperliche, psychische und soziale Folgeerscheinungen. Die Dinge haben sich auf verteufelte Art umgekehrt: Nicht mehr der Süchtige benutzt das Suchtmittel, sondern das oder die Suchtmittel benutzen ihn, bestimmen sein ganzes Leben. Ein ganz wesentliches Kennzeichen ist der Kontrollverlust, der zu fast allen Formen der Sucht gehört (zu den Ausnahmen siehe Kapitel »Kontakt, Motivation und Diagnostik« auf den Seiten 90 ff.).

Nehmen wir als Beispiel wieder den Alkohol: Körperliche und psychische Entzugssymptome treten auf. Die Suchtkranken – nennen wir sie ab jetzt Patienten = Leidende – leiden z.B. morgens unter dem so genannten trockenen Kotzen oder einem starken Zittern der Hände. (Hierher passt der »Witz«: Fragt der Arzt den Alkoholiker: »Wie viel trinken Sie denn so?« »Wenig, wenig, Herr Doktor, das meiste verschütte ich.«) Die Abhängigen bekämpfen ihr Zittern mit erneutem Alkoholkonsum.

Begleiterkrankungen in verschiedenen Organbereichen treten auf. Die körperliche und geistige Leistungsfähigkeit lässt nach. Die Patienten sind reizbar, erfüllt von Selbsthass und Selbstmitleid. Sie traktieren ihre Umwelt mit Launen, schwanken zwischen Minderwertigkeitsgefühlen und Größenwahn. Die Schere zwischen Selbst- und Fremdwahrnehmung geht immer weiter auseinander. Der Süchtige vermeidet die Konfrontation mit sich selbst. Er möchte sich aus gutem Grund nicht mehr »nüchtern« betrachten. Auch sein Äußeres bietet oft nicht mehr viel Anlass, in den Spiegel zu schauen ...

Der Alkoholiker ist auf seine Droge angewiesen, muss ständig für Nachschub sorgen, um nicht in den Entzug zu kommen. Gegenüber der längst aufmerksam gewordenen sozialen Umwelt sind ständige Manöver erforderlich, um den Anschein der Normalität zu wahren. Der Süchtige kann sich selbst nicht mehr leiden – und muss von der Umwelt immer wieder erfahren, dass er wirklich ziemlich »unmöglich« ist.

Sozial droht deshalb der Abstieg mit finanziellen Schwierigkeiten, Trennung und Scheidung, Führerscheinentzug, beruflichen Problemen bis hin zur Entlassung.

Passend hierzu peinliche Lyrik, entdeckt in einem Gasthaus:

Säufers Nachtgebet

Müde bin ich, geh' zur Ruh',
decke meinen Bierbauch zu.
Vater, lass den Kater mein
morgen nicht so grausam sein!
Und dann schenk' mir neuen Durst,
alles and're ist mir Wurst.

4. Abbau und Zusammenbruch

Leider wird häufig erst dieses vierte Stadium für die eigentliche Suchtkrankheit gehalten. Dabei stellt es nur die Endphase dar, verbunden mit komplettem körperlichen, sozialen und psychischen Abstieg. Fast alle Süchte, sicher aber die stoffgebundenen, sind potenziell tödlich. War im Stadium davor vielleicht noch eine gewisse Fassade vorhanden, so fallen nun alle Schranken. Beim Alkoholiker bsp. kommt es zum Persönlichkeitsabbau, zum körperlichen und geistigen Verfall, eventuell auch zu Gewalttätigkeit und Eifersuchtswahn. Die Folgekrankheiten, z.B. eine Leberzirrhose, bewirken ein Nachlassen der Verträglichkeit, so dass schon geringe Mengen Alkohols katastrophale Wirkungen haben. In der sozialen Umwelt werden die Verhältnisse desolat: Verarmung und Verwahrlosung sind die Folge. Viele Süchtige sterben einen einsamen Tod.

> Manche haben zu leben früher aufgehört als angefangen.
> *Seneca*

Das Mobile – Sucht ist nie ein Einzelschicksal

Ob wir es wollen oder nicht – und süchtige und narzisstische Menschen möchten es erst recht nicht: Wir leben in Abhängigkeiten. Ein ausgezeichnetes Bild dafür ist das Mobile, das früher in der Kunst und im Kinderzimmer beliebt war. Zunächst werden wir in das Mobile unserer Ursprungsfamilie hineingeboren. Wir können nichts dafür, ob das eine intakte oder dysfunktionale Familie ist, ob wir erwünscht oder unerwünscht sind, welchen Platz wir in der Geschwisterreihenfolge einnehmen. Früher oder später verlassen wir dieses Mobile, bilden unser eigenes in Beziehung und Familie. Zusätzlich gibt es weitere Mobiles, in denen wir unseren Platz suchen und finden müssen: im Beruf, im Sportverein, in Fachverbänden, in der Partei usw.
In meinen Vorträgen und Seminaren benutze ich ein konkretes Mobile für die Darstellung von innerfamiliären Beziehungen – und bin immer wieder überrascht, dass gerade dieses Bild und die Überlegungen dazu bei vielen Menschen noch nach Jahren hängen geblieben sind, selbst wenn sie andere Details vergessen haben. Wenn wir ein Mobile betrachten, stellen wir zunächst fest, dass es an einem Punkt aufgehängt sein muss. Das kann man je nach Weltanschauung verschieden interpretieren, aber offenbar gibt es eine höhere Ordnung, der wir angehören. Beim Mobile spiegeln sich die Vorgänge bis in die sprachliche Wendung hinein: Alle Mitglieder des Mobiles hängen zusammen, hängen voneinander ab. Es gibt verschiedene Ebenen: Einige hängen höher, andere weiter unten, bilden vielleicht Untergruppierungen, wie die Kinder im Fallbeispiel zu Beginn des Buches.
Was Kinder und Künstler gleichzeitig am Mobile fasziniert: Es ist ständig in Bewegung. Der kleinste Lufthauch bewirkt eine feine Bewegung, ein Sturm – wie von einem Patienten einmal durch heftiges Pusten simuliert – wirbelt alles durcheinander. Wenn *eine* Person des Mobiles sich bewegt oder sich verändert, müssen sich

die anderen in irgendeiner Form mitbewegen. Jeder hat sein Gewicht, jeder hat seine definierten Abstände. Last, not least natürlich das Prinzip des Gleichgewichts. Die Homöostase oder das innere bzw. äußere Gleichgewicht scheint ein tief liegendes biologisches Prinzip zu sein. Wir verwirklichen es im gesellschaftlichen wie im persönlichen Rahmen bis hinein in das Mobile unserer Gefühle. Auch dort soll Gleichgewicht herrschen.

Schon wenn ich das Mobile aus der Schachtel nehme, kann ich häufig auf eine sprachliche Pointe hoffen: Das Ganze ist »verwickelt«. Das ist bei dysfunktionalen Familien immer der Fall. Die Ebenen und Grenzen der Generationen – Eltern oben, Kinder unten – sind in Unordnung geraten. Man kann nicht mehr frei miteinander umgehen, geht Koalitionen ein, bildet Blöcke.

Stellen Sie sich vor, ein Familienvater hat mit sich, seiner Frau, seinem Beruf, seiner Lebenssituation insgesamt Schwierigkeiten und trinkt vermehrt Alkohol. Er zieht sich zurück, schluckt seinen Frust runter und spült kräftig mit der Droge Alkohol nach. Vielleicht geht er zusätzlich zum Hausarzt und lässt sich gegen seine Schlafstörungen und seine »Depressionen« Tranquilizer verschreiben. Den Alkoholmissbrauch könnten wir repräsentieren durch einen Maßkrug, als ein beträchtliches Gewicht, das wir dem Familienvater anhängen.

Was passiert? Ihn »zieht es runter«, die Ehefrau wird nach oben katapultiert, es gerät alles in heftige Bewegung. Die Kinder wissen nicht recht, wie ihnen geschieht. Alle sind aufgeregt und durcheinander. Das alte Gleichgewicht ist verloren, ein neues Gleichgewicht muss sich einstellen. Das kann auf verschiedene Art und Weise geschehen. Die erste Lösung, die mir in Seminaren meist angeboten wird: Die Ehefrau trinkt mit, wie es in unserem ersten Beispiel der Fall war. Sie kann dadurch, aber auch durch zu viel Essen an Gewicht zunehmen – und damit einen Ausgleich für das Übergewicht des Mannes schaffen. Vielleicht übernimmt sie auch mehr Verantwortung, da ihr Mann zunehmend ausfällt.

Ein klassischer Vorgang in einer von Sucht geprägten Familie ist die Isolierung des Suchtkranken: Die Restfamilie rückt näher zusammen. Auch die Kinder, die zuvor dem Vater innerlich näher waren, bewegen sich mehr zur Mutter hin, so dass sie damit einen

Ausgleich herstellen. Natürlich kann auch eines der Kinder durch übermäßiges Essen zunehmen oder sich anderweitig ein dickes Problem zulegen: Es können Schulschwierigkeiten auftreten, Essstörungen, vielleicht sogar Drogen- oder Alkoholmissbrauch. Damit wäre der Vater von seinem Suchtproblem entlastet, die Familie würde von ihm abgelenkt: Eine Haschischzigarette eines Kindes löst oft mehr Aktion(ismus!) aus als jahrelanger Alkoholmissbrauch eines Erwachsenen.

Im weiteren Verlauf kann viel passieren. Die dramatischste Veränderung wäre die Aufsprengung des Mobiles: Die Partner trennen sich, die Familie bricht auseinander. Natürlich bedeutet auch der Tod ein Weggehen. Umgekehrt können Kinder dazukommen. Eventuell greifen auch Außenbeziehungen der Partner mehr oder minder unsichtbar in das Gleichgewicht des Mobiles ein.

Ein neues Gleichgewicht muss also gefunden werden, und wenn der Preis noch so hoch ist. Leicht kann man sich vorstellen, wie die Verhältnisse sind, wenn man dem Vater buchstäblich den Maßkrug, den Alkohol wegnimmt. Wieder gerät alles durcheinander. Dann versteht man auch den sarkastischen Kinderspruch: »Drei Tage war der Vater krank – jetzt säuft er wieder, Gott sei Dank!«

Die drei Phasen der Co-Abhängigkeit

1. Beschützen und Erklären

In der Familie wie in der Arbeitswelt spielen sich vergleichbare Prozesse ab: Das jeweilige Umfeld reagiert in einer typischen Weise, die von den Betroffenen – also den Süchtigen und Co-Abhängigen – genauso wenig durchschaut wird wie die Suchtkarriere. Am Anfang sind alle darum bemüht, für das krankhafte Verhalten des Süchtigen Entschuldigungen und Erklärungen zu finden. Man übernimmt Verantwortung, schirmt ab und bewahrt den Kranken vor den Konsequenzen seines Verhaltens. Ein Merkmal der Co-Abhängigkeit tritt hier besonders hervor: Co-Abhängige verstoßen gegen ihre eigenen Regeln, ihre eigene Ethik. Die Ehefrau z.B. lügt dem Chef etwas vor über die »Grippe« ihres Mannes, der Kollege im Büro murmelt dem Chef etwas zu von »verdorbenem Magen« usw. Die Mechanismen sind genauso vielfältig wie die des Süchtigen, sein eigenes Suchtverhalten zu verbergen und/oder zu rechtfertigen.
Die soziale Beweglichkeit des Mobiles nimmt ab, die Regeln werden starrer. Man verschließt sich nach außen, meidet den Kontakt mit Nachbarn oder am Arbeitsplatz mit anderen Abteilungen. Alle fühlen sich irgendwie unwohl mit dem Geheimnis der Sucht im Hintergrund.

2. Kontrolle

Neben dem Verstoß gegen eigene Überzeugungen ist die Kontrolle das entscheidende Kriterium der Co-Abhängigkeit. Da das Beschützen und Erklären keine Hilfe bringt (denken Sie an unser erstes

Fallbeispiel!), sondern im Gegenteil die Suchtkarriere indirekt fördert, schaltet das Umfeld irgendwann um auf *Kontrolle*. Da werden Flaschen gesucht und gefunden, der Inhalt weggekippt, Bierverschlüsse gezählt, Striche auf Schnaps- oder Weinflaschen gemacht. Allerdings ist das Ganze ein Spiel wie im Märchen vom Hasen und vom Igel: Der Alkoholiker hat noch immer einen Trick mehr parat, um sich der Kontrolle zu entziehen. Der Flachmann im Bücherregal wird vielleicht noch gefunden. Aber wer denkt an die Flasche hinter der Bettwäsche, unter dem Sofa, beim Reservereifen des Autos? Oder wer rechnet damit, dass (wie im Film *Das verlorene Wochenende*) der Alkoholiker eine Flasche an einem Faden aus dem Fenster gehängt hat und eine weitere in der Schale der Deckenlampe verborgen liegt? Einer meiner Patienten, Rektor einer Volksschule, bemerkte, dass seine Mitarbeiter Striche auf die grünen Flaschen seines geliebten Württemberger Weines angebracht hatten, um seinen Konsum zu kontrollieren. Er trank natürlich trotzdem, glich die verlorene Menge mit Wasser aus, so dass der Pegelstand unverändert blieb ...

Ein solches »Spiel« trägt für das soziale Umfeld hauptsächlich schlimme Züge in sich, die Angst, Ärger, Scham, Trauer und Wut hervorrufen. Der Süchtige wird deshalb unter Druck gesetzt, bedroht, worauf er entsprechend re-agiert. Er merkt, wann die leeren, weil folgenlosen Drohungen in ernsthaftere übergehen. Vielleicht demonstriert er mit einem Krankenhausaufenthalt oder einer Abstinenzzeit zu Hause, dass die Sache mit dem Alkohol ja »überhaupt kein Problem« sei. Irgendwann kommt es unweigerlich zum Rückfall, das Umfeld spricht erneut Drohungen aus usw. Das Spiel geht gerade beim Alkohol über Jahre hin und her, in Familien wie am Arbeitsplatz ca. fünf bis acht Jahre, bis die Tragödie dem Höhepunkt zustrebt.

Das Wechselspiel zwischen sozialem Umfeld und Alkoholabhängigem wird uns alle paar Wochen am Beispiel des bekannten Schauspielers Harald J. vorgeführt, der zugleich als Projektions- und Alibifigur dient. Das peinliche, zynische und im wahrsten Sinne des Wortes schamlose Schauspiel (auf beiden Seiten!) endet wohl erst damit, dass die Nation in großen Lettern von einer reich bebilderten Zeitung erfährt: »Harald tot!«

3. Anklage

Alle Bemühungen haben nichts genützt. Die Co-Abhängigen sind ausgelaugt und zunehmend aggressiv, vielleicht selbst inzwischen krank (Co-Abhängige sterben oft früher als Abhängige). Das Selbstvertrauen der Familie oder Arbeitsgruppe sinkt auf den Nullpunkt. Zu Recht muss man sich eingestehen, dass die Bilanz der falsch verstandenen Hilfe katastrophale Auswirkungen hat. Also kommt es zur Anklage: »Wir haben alles versucht, jetzt ist Schluss!« Am Arbeitsplatz wird ein Grund gesucht und gefunden, den Betroffenen abzuschieben. Der Partner trennt sich vom Suchtkranken, oder die Trennung passiert auf noch dramatischere Weise, z.B. durch Selbstmord oder einen fatalen Autounfall.

Der humanere Weg: Hilfe durch Konfrontation und Konsequenz

Effektive Hilfe sieht bei Suchtkrankheiten oft ganz anders aus als in der übrigen Medizin. Die Stadien der Suchtkarriere haben ebenso wie die Phasen der Co-Abhängigkeit gezeigt, dass es mit dem Suchtkranken stetig bergab geht, vielleicht nicht geradlinig, aber doch in Wellenlinien mit deutlicher Tendenz nach unten. Viele Co-Abhängige, d.h. auch viele Psychotherapeuten und Ärzte, glauben viel zu lange, man müsse sich ständig um den Betroffenen »kümmern«. Niemand wagt es, den Betroffenen auf die Auswirkungen seines Verhaltens aufmerksam zu machen und eine Änderung zu verlangen. Auf paradoxe Art tragen die Co-Abhängigen mit all ihrer Hilfe dazu bei, dass die Suchtkrankheit nicht gestoppt wird. Verlegenheitsdiagnosen täuschen über den wahren Hintergrund hinweg. Die Fassade wird immer wieder gestützt und ausgebessert. Dabei ist effektive Hilfe durchaus möglich – und in einem viel höheren Prozentsatz erfolgreich, als meistens in der Öffentlichkeit vermittelt wird. Da das Leugnen zum Krankheitsbild der Sucht gehört, muss der nötige Leidensdruck für eine Veränderung oft von außen kommen. Die Co-Abhängigen müssen aufhören, das Spiel mitzuspielen. Aber welche Motivation haben Angehörige, Freunde, Arbeitskollegen und Vorgesetzte, die nötigen Schritte doch so lange hinauszuzögern? Bevor wir zur so genannten Therapiekette kommen, sollten wir uns deshalb mit den spezifischen Mechanismen der Co-Abhängigkeit beschäftigen.

Von der Sucht, gebraucht zu werden

Süchtige und Co-Abhängige passen zusammen wie Schloss und Schlüssel. Sie haben vieles gemeinsam und ergänzen sich auf fatale Weise. Es entsteht eine Art Hass-Liebe, die nicht selten in einer schrecklichen Tragödie endet, wie wir sie oft in den Montagsausgaben der Tageszeitungen beschrieben finden. Zu Recht fühlt sich der Süchtige auf der einen Seite kontrolliert, sieht sich oft missachtet und im Stich gelassen – und zu Recht fühlen sich auf der anderen Seite die Angehörigen, speziell der Partner, verletzt und gepeinigt durch das unverantwortliche Verhalten des Süchtigen, durch seine krassen Stimmungsschwankungen, seine Doppelgesichtigkeit. Wochenenden und Feiertage sind von Kindern und Partnern Süchtiger besonders gefürchtet: Dann hockt man noch mehr aufeinander – und die aufgestauten Gefühle, vor allem unterdrückte Wut, entladen sich auf beiden Seiten.

»In vino veritas« – im Wein liegt die Wahrheit, d.h., die wahren Gefühle kommen an die Oberfläche. Wenn man erst einmal darauf achtet, findet man in fast jedem Bericht über Familientragödien Hinweise auf Alkoholmissbrauch. Obwohl offene, unkontrollierte Wutdurchbrüche bei Suchtkranken wesentlich häufiger sind, träumen auch Co-Abhängige häufig davon, sich gewaltsam rächen zu können. Wann immer ich in der Therapie von Co-Abhängigen oder in Partnergesprächen so etwas spüre, erzähle ich die Geschichte der Ehefrau eines Schriftstellers, die in einem Fernsehinterview einmal berichtete, sie habe jahrelang Gerichtsverfahren verfolgt, in denen Partnerinnen ihren alkoholsüchtigen Mann umgebracht hatten: Wie viel Strafe bekommen sie? Frau H. erzählte dies lachend, da ihr Mann schon viele Jahre trocken ist. Die Paare in meiner Therapie lachen meist auch, erzählen aber im gleichen Atemzug, dass sie selbst – auch die friedlichsten – sehr wohl ähnliche Gedanken hatten: »Ja, es stimmt. Ich habe meinem Mann schon einmal eine Flasche auf den Kopf geschlagen.« Manche haben vielleicht eine Flasche nach ihm geworfen, eine Unfallmeldung im Radio gehört und gehofft, es könnte der eigene Mann betroffen sein, der damit auf unauffällige Art aus ihrem Leben verschwunden wäre ...

Es lauern also auch in scheinbar noch intakten Beziehungen zwischen Süchtigen und ihren Partnern Tragödien. Sie stellen Endpunkte einer langjährigen Entwicklung dar, um deren Verhinderung es in diesem Buch vor allem gehen soll.

Als ich 1991 meine Praxis als Psychotherapeut eröffnete, wies ich ganz bewusst auf meinen Schwerpunkt hin: »Suchtkrankheiten und Co-Abhängigkeit«. Daraufhin riefen mich einige Kollegen und Kolleginnen an, um zu erfahren, was ich denn damit meine. Obwohl seit 1990 zunehmend – leider noch immer vorwiegend amerikanische – Literatur über Co-Abhängigkeit erscheint, ist das Konzept noch längst nicht weit genug verbreitet. Wie viele verfahrene Partnerschafts- und Familiensituationen könnten in Therapien und Beratungen besser gelöst werden, wenn an Sucht *und* Co-Abhängigkeit gedacht würde! Deshalb hier zunächst eine Zusammenfassung, die sich außer auf Rennert und Winkelmann vor allem auch auf die Arbeiten von Beattie und Woititz bezieht. Damit werden die folgenden Beispiele verständlicher.

Im Bereich der Suchtkrankenhilfe war längere Zeit die »Theorie der gestörten Persönlichkeit« verbreitet. Es war durchaus üblich, z.B. die Frauen von Alkoholikern als primär gestörte Persönlichkeiten zu betrachten und deren neurotische Züge und Verhaltensweisen sogar als Ursache oder Auslöser für das süchtige Trinken der Männer anzusehen. Gegenüber den Müttern Drogenabhängiger gab es eine ähnliche Einstellung. Diese seien wohl schon immer klammernd, dominant usw. gewesen und hätten damit die Abhängigkeit des Kindes verursacht. Wenn man nun aber beobachtet, dass Sucht nicht nur in mehreren Generationen nacheinander, sondern ähnliche Probleme und Verhaltensweisen auch im Kreis verschiedener Co-Abhängiger, also bei Frauen von Alkoholikern, Müttern oder auch Vätern von Drogenabhängigen, bei Arbeitskollegen etc. vorkommen, dann scheint die Hypothese der gestörten Persönlichkeit doch zu eindimensional.

Etwas weiter führte da schon die »Stresshypothese« von Jackson (1954). Als Reaktion auf die andauernden Belastungen im Zusammenleben mit einem Suchtkranken bilden sich bestimmte Verhaltensweisen heraus. Ein Mensch verhält sich unvorhersehbar und unverantwortlich, sein Verhalten wirkt sich in spezifischer Weise auf die ganze Familie aus – auf Eltern und Geschwister, auf die Lebenspartnerin, den Partner, auf Kinder usw. Ein Teil der Betroffenen ist nun in der Lage, adäquate Bewältigungsmechanismen zu entwickeln, andere sind dagegen beeinträchtigt und in ihrer Persönlichkeitsentwicklung gestört. Im Umgang mit einem Suchtkranken folgt eine klassische Co-Abhängigkeit also keineswegs zwangsläufig, aber mit einiger Wahrscheinlichkeit.

Der Begriff »co-dependency« wurde Ende der 70er-Jahre in den USA im Kreis von Betroffenen entwickelt und geprägt. Interessant genug, dass in der gesamten Literatur kein Erstbeschreiber zu finden ist, wie sonst in der Regel bei Fachbegriffen. Es waren vor allem Erwachsene Kinder von Alkoholikern, in den USA kurz ACAs (Adult Children of Alcoholics) und bei uns EKAs genannt, die selbst in die professionelle Suchtkrankenhilfe gingen und über die Co-Abhängigkeit zu schreiben begannen (ausführlich ist dies dokumentiert im Buch *Co-Abhängigkeit* von Monika Rennert). Aus eigener Betroffenheit, aus eigenem Leidensdruck heraus haben diese Autoren es sich zum Ziel gesetzt, Hilfen für diejenigen zu entwickeln, die lange im Abseits der Aufmerksamkeit stehen mussten, solange man sich nämlich hauptsächlich in der Fachöffentlichkeit auf die Süchtigen konzentrierte – so wie es in den Familien noch immer geschieht, bevor der Teufelskreis durchbrochen wird. Inzwischen ist es seit Jahren üblich, Sucht als »Familienaffäre« zu sehen, als Krankheit, die die gesamte Familie betrifft, die gleichzeitig jedes einzelne Familienmitglied in individueller Weise in seinem Leben und Handeln beeinträchtigt.

Es geht deshalb nicht nur darum, die gut gemeinte, aber letztlich oft verschlimmernde »Hilfe« der Angehörigen zu durchbrechen und damit die Rückfallgefahr für den Süchtigen zu senken, sondern auch Schäden und Fehlentwicklungen bei den Co-Abhängigen aufzugreifen und in der Therapie langfristige Perspektiven für ein gesünderes eigenes Leben zu schaffen.

Bin ich denn selbst etwa co-abhängig?

Die nachfolgenden 22 Fragen helfen, diese Frage zu klären. Falls Sie mehr als acht Fragen mit »ja« beantworten, ist dies ein deutlicher Hinweis, dass Sie in das Leben eines anderen Menschen in einer Art verwickelt sind, die Ihnen nicht gut tut.

1. Haben Sie schon häufiger zu Hause mit Ihrem Partner getrunken, damit er nicht im Lokal »versackt«?
2. Fühlen Sie sich stark, wenn der Abhängige sich schwach fühlt?
3. Werden Sie von der Verwandtschaft oder Nachbarschaft gelobt, weil Sie so tapfer sind?
4. Fühlen Sie sich zum Lügen und Decken von Unregelmäßigkeiten gezwungen, weil Sie Ihren Partner nicht ausliefern wollen?
5. Hängen Ihre Gefühle sehr stark von der Situation des Partners ab?
6. Kümmern Sie sich um alles, weil der Partner es nicht mehr kann?
7. Haben Sie Angst, der Abhängige könnte aggressiv werden, wenn Sie mit ihm über Alkohol (Drogen, Medikamente, Glücksspiel etc.) sprechen?
8. Vermeiden Sie es, mit anderen Leuten über das Trinkproblem Ihres Partners zu sprechen?
9. Haben Sie Ihrem Partner schon einmal mit Scheidung gedroht, weil er so viel trinkt?
10. Ärgern Sie sich, weil Ihr Partner Ihre Ermahnungen nicht ernst nimmt?
11. Wünschen Sie sich manchmal den Tod des Partners?
12. Haben Sie häufiger das Gefühl, dass Sie gegen den alkoholabhängigen Partner machtlos sind?
13. Haben Sie häufiger schon Drohungen, die Sie dem Betroffenen gegenüber ausgesprochen haben, nicht wahr gemacht und vergessen?

14. Haben Sie das Gefühl, dass der Alkohol (oder Ähnliches) eine immer wichtigere Rolle in Ihrer Partnerschaft spielt?
15. Übernehmen Sie zunehmend Aufgaben, die eigentlich Ihr Partner noch ausführen könnte?
16. Nehmen die Trennungsgedanken zu oder feste Formen an?
17. Sind Sie in letzter Zeit häufiger deprimiert und verzweifelt, weil sich am Trinkverhalten des Partners nichts ändert?
18. Sind Sie wegen psychosomatischer Beschwerden in ärztlicher Behandlung?
19. Wissen Sie manchmal nicht, woher Sie das Geld für den Haushalt nehmen sollen?
20. Wechseln Ihre Gefühle für den Partner häufiger zwischen tiefem Hass und großer Liebe?
21. Haben Sie das Gefühl, dass Ihr Partner noch tiefer abrutscht, wenn Sie ihn verlassen?
22. Wissen Sie nicht mehr, wie es weitergehen soll, weil Sie so verzweifelt sind?

Seien Sie ehrlich: Wie oft haben Sie ja sagen müssen? Diese Zahl können Sie nicht mehr aus Ihrem Gedächtnis löschen, genauso wenig, wie Sie an einen kleinen, rosa Elefanten *nicht* denken können. Natürlich besteht aber die Chance zum Leugnen und Verdrängen, wie für den Süchtigen beim später beschriebenen Test für Alkoholabhängigkeit.

Liebe deinen Nächsten – wie dich selbst!

Der zweite Teil dieser Aufforderung wird von Co-Abhängigen meist verdrängt: »Ich kann mich doch nicht um mich kümmern, während mein Partner (mein Kind ...) untergeht!«

»Meine Frau hat mich mit Fettleibigkeit und Alkohol gestraft, so wie mich mein Vater mit Liebesentzug bestrafte ...«, meinte ein schwer co-abhängiger Patient, dessen Frau ihn im Suff körperlich attackierte, die die Kinder vernachlässigte, Unfälle verursachte usw. Erst mit der Hilfe einer Therapie war er in der Lage, vor dem Jugendamt mit offenen Karten zu spielen und das Problem klar zu benennen. Dadurch bekam er auch das Sorgerecht für die Kinder zugesprochen. Seine jüngste Tochter weckte ihn z.B. mitten in der Nacht nach einem Angsttraum auf: »Ich habe eine halb leere Sektflasche im Kühlschrank gesehen. Die Mutter bekam das mit und hat mich angebrüllt: ›Wenn du das dem Papa erzählst, bringe ich dich um!‹«

> Deutsche Realsatire: Zwei Kinder eines Alkoholikers schauen sich das Endspiel der Fußballeuropameisterschaft 1996 an. Sagt das eine zum anderen: »Schau mal, der Bierhoff, der hofft aufs Bier wie der Papa!« Fährt die Mutter dazwischen: »Pst!« (Wäre sie nicht co-abhängig, würde sie mitlachen.)

Sind »Erwachsene Kinder von Alkoholikern« (EKAs) wirklich anders?

Mit Hilfe verschiedener Testinstrumente untersuchte Arno Winkelmann EKAs im Vergleich zu einer Kontrollgruppe. Er benutzte u.a. das »Freiburger Persönlichkeitsinventar« (FPI), den »Children of Alcoholics Screening Test« (C.A.S.T.) von Johnson und eine Auflistung mit den Charakteristika, die Janet Woititz erarbeitet hat.

1. Sie wissen nicht genau, was normales Verhalten ist.
2. Sie haben Schwierigkeiten, ein Vorhaben von Anfang bis Ende zu verfolgen.
3. Sie lügen, auch wenn es genauso leicht wäre, die Wahrheit zu sagen.
4. Sie urteilen über sich selbst ohne Gnade.
5. Sie haben Schwierigkeiten, Spaß zu haben.
6. Sie nehmen sich selbst sehr ernst.
7. Sie haben Schwierigkeiten mit intimen Beziehungen.
8. Sie zeigen Überreaktionen bei Veränderungen in ihrer Umgebung, über die sie keine Kontrolle haben.
9. Sie suchen ständig nach Anerkennung und Bestätigung.
10. Sie glauben meistens, dass sie anders sind als andere Menschen.
11. Sie sind entweder sehr verantwortungsbewusst oder -los.
12. Sie sind außerordentlich loyal, sogar wenn es offensichtlich ist, dass die Loyalität nicht angebracht ist.
13. Sie sind impulsiv. Diese Impulsivität führt zu Verwirrung und zu Kontrollverlust über die Umgebung.
14. Sie bevorzugen sofortige gegenüber späteren Belohnungen.
15. Sie suchen förmlich nach Spannungen und Krisen und beschweren sich gleichzeitig darüber.
16. Sie vermeiden oder verschlimmern Konflikte, setzen sich aber selten damit auseinander.
17. Sie fürchten Misserfolg, haben aber Schwierigkeiten, mit Erfolg umzugehen.
18. Sie fürchten, abgelehnt zu werden, lehnen aber auch andere ab.
19. Sie fürchten Kritik und Beurteilung, kritisieren jedoch gern andere.
20. Sie haben ein unzureichendes Zeitmanagement und können schlecht Prioritäten so setzen, dass sie gut für sie sind.

Diese Zusammenstellung erscheint womöglich zu allgemein, da sie in manchen Punkten sicher auch auf Menschen zutrifft, die nicht aus Suchtfamilien stammen. Aber es zeigt sich, dass EKAs in der Ausprägung und in der Konstellation der Anzeichen sehr wohl anders sind. Einige Ja-Nein-Aussagen, die nach Winkelmann signifikant unterschiedlich ausfielen zwischen den beiden Gruppen, waren folgende:

- Ich habe oft Angst, mein Partner könnte mich verlassen.
- Manchmal bin ich nicht sicher, was ich eigentlich fühle.
- Wenn etwas schief geht, denke ich meist, ich bin dafür verantwortlich.
- Andere können ruhig mal einen Fehler machen, mir selbst kann ich das nur schwer verzeihen.
- Wenn alles längere Zeit gut läuft, wird es mir unheimlich.
- Ich buhle oft um die Gunst anderer Menschen.

Die statistische Auswertung der Persönlichkeitsprofile des Persönlichkeits-Inventars (FPI) ergab fünf Gruppierungen, wovon zwei als psychisch stabil gelten können, drei dagegen problematische Profile aufweisen. Die Analyse der Ergebnisse ist beeindruckend: Im Gegensatz zu etwa 50 Prozent der Nicht-EKAs lassen sich nur zehn Prozent der EKAs psychologisch *un*auffälligen Profilen zuordnen.
»Mehr als ein Drittel der ACAs müssen als sehr schwer gestörte Persönlichkeiten betrachtet werden. Sie sind hochgradig depressiv, emotional labil, leicht erregbar und psychosomatisch geschädigt. Sie sind allgemein ängstlich und sehr gehemmt. Hier versammeln sich 35 % der ACAs und nur 14,5 % der Nicht-ACAs.«[6]
Cermak hat, in diesem Zusammenhang nicht mehr verwunderlich, bei Erwachsenen Kindern von Alkoholikern das gleiche verheerende Syndrom diagnostiziert, das Vietnam-Veteranen aus dem Krieg nach Hause brachten: die posttraumatische Belastungsstörung.
»Mit einem Alkoholiker zu leben – das ist, wie einen Saurier im Wohnzimmer zu haben«, so beschrieb es eine Betroffene. Die zugrunde liegenden spezifischen Mechanismen sollten auch Therapeuten bekannt sein, ebenso die Arbeit von Selbsthilfegruppen wie AL-ANON, wie es Ursula Lambrou in ihrem Buch *Familienkrank-*

heit Alkoholismus. Im Sog der Abhängigkeit fordert. Vor allem müssten sie »über die besonders starken Verdrängungsmechanismen bei Erwachsenen Kindern [von Alkoholikern] Bescheid wissen ..., über ihre panikartige Angst, die Fassade aufzugeben und damit angeblich schutzlos zu sein.«

Die bereits genannte Melody Beattie versteht es in ihren Büchern sehr gut, ihre Mehrfach-Betroffenheit in eindrucksvoller Weise darzustellen. Sie stammt nicht nur aus einer alkoholgeprägten Familie, sie selbst ist jetzt trockene Alkoholikerin und Drogenabhängige. Sie suchte sich – wie kann es anders sein? – einen Beruf als »social worker« (dies entspricht etwa dem Sozialpädagogen bei uns) in der Suchtkrankenhilfe und schreibt nun Bücher für die Betroffenen, d.h. für die Kollegen in den helfenden Berufen. Sie kann den Ärger des Alkoholikers über die Kontrolle ebenso wiedergeben wie den verzweifelten und widersprüchlichen Kampf der Co-Abhängigen. Lassen wir sie hier etwas ausführlicher zu Wort kommen:

»Wir keifen, halten Strafpredigten, schreien, brüllen, weinen, betteln, bestechen, nötigen, schweben über allem, schützen, klagen an, jagen nach, rennen weg, versuchen einzureden, versuchen auszureden, versuchen, Schuld zu vermitteln, verführen, fangen, überprüfen, zwingen, zeigen, wie sehr wir verletzt worden sind, verletzen Menschen, damit sie wissen, wie man sich dabei fühlt, drohen, uns selbst zu verletzen, treiben mit der Peitsche an, stellen Ultimaten, tun Dinge für andere, weigern uns, Dinge für andere zu tun, trampeln herum, rechnen ab, jammern, lassen Wut an anderen aus, handeln hilflos, leiden mit lautem Schweigen, versuchen zu gefallen, lügen, tun gemeine große Dinge, fassen uns ans Herz und drohen zu sterben, fassen uns an den Kopf und drohen verrückt zu werden, schlagen uns an die Brust und drohen zu töten, nehmen Hilfe in Anspruch, wägen unsere Worte sorgfältig ab, schlafen mit ihm, haben Kinder mit ihm, feilschen mit ihm, schleppen ihn zur Beratung, schleppen ihn aus der Beratung, reden gemein über ihn, reden gemein mit ihm, beleidigen, verdammen, beten um Wunder, bezahlen für Wunder, gehen dahin, wohin wir nicht wollen, bleiben in der Nähe, überwachen, diktieren, befehlen, beklagen uns, schreiben Briefe über ihn, schreiben Briefe an ihn, bleiben daheim und warten auf ihn, gehen hinaus und suchen ihn, rufen überall an und fragen

nach ihm, fahren nachts durch dunkle Straßen und hoffen, ihn zu finden, jagen nachts durch dunkle Straßen und hoffen, ihn zu fassen, rennen nachts durch dunkle Straßen, um von ihm wegzukommen, bringen ihn heim, behalten ihn daheim, schließen ihn aus, ziehen weg von ihm, ziehen zu ihm, schelten, üben Druck aus, raten, erteilen Lektionen, sind streng, beharren, forschen nach, deuten an, durchsuchen Taschen, schauen in Brieftaschen, durchsuchen Schubladen, wühlen in Handschuhfächern, schauen in der Toilette in den Wasserkasten, versuchen, in die Zukunft zu schauen, durchsuchen die Vergangenheit, rufen Verwandte an, erörtern, klären Dinge ein für allemal, klären sie wieder und wieder, bestrafen, belohnen, geben fast auf, versuchen es umso intensiver ... die Liste mit ähnlichen Manövern wäre endlos weiterzuführen, aber manche habe ich vergessen – oder noch nicht ausprobiert.«[7]
Wenn ich diese Stelle zitiert habe, erübrigen sich in Seminaren meist weitere Ausführungen. Jeder weiß, was gemeint ist. Ganz deutlich können wir hier einen selbstkritischen bis selbstanklagenden Ton erkennen, der aber nicht dazu verführen darf, die Co-Süchtigen wie früher zu verurteilen. Es geht vielmehr um ein Ineinandergreifen pathologischer Mechanismen.
In Selbsthilfegruppen wird gern eine leicht abgeänderte Fassung des Märchens vom Froschkönig kolportiert: »Hast du schon von der Frau gehört, die einen Frosch küsste? Sie hatte gehofft, er würde sich in einen Prinzen verwandeln. Tat er aber nicht: Sie wurde selbst ein Frosch.«[8]

Die Gerüche

Auf eine sinnliche Dimension der Sucht weist Tikkanen besonders hin: »›Was für eine durch und durch ehrliche Darstellung des Alkoholismus‹ urteilen die klugen Männer in den Feuilletons über deine enthüllende Biographie. Komisch, dass keiner von ihnen sich die Frage stellt, ob da nicht was fehlt wie z.B. die Gerüche?! Der scharfe, durchdringende Cognac-Dunst, der einem aufs Zwerchfell schlägt, kaum dass man zur Tür hereinkommt. Der laue, schwere Gestank von Cognac vermengt mit Magensaft, wenn du alles wieder ausgekotzt hast. Aber am ekelhaftesten der süßliche Dunst des Bieratems, den du über mich hinbläst, zum x-ten Male behauptend, Bier sei der Potenz förderlich. Ach! Der Geruch der Maische, der sich faulig im Schlafzimmer breit macht, wenn du in deinen Kleidern quer über beiden Betten eingedöst bist, mit einem bräunlichen Speichelfaden am Kinn. Der Durchfall, der unfehlbar darauf folgt, ist tagelang im Haus zu riechen, vermischt mit dem bitteren Distraneurin, von dem man so weiße Zähne kriegt ...«[9]

Retter – Verfolger – Opfer: Das »Spiel« der Co-Abhängigkeit

Kinder, das sollte man sich klarmachen, haben einen besonders feinen Geruchssinn. Sie riechen alles, also auch Alkohol. Genauso sensibel sind sie natürlich für die Spannungen, das Auf und Ab in ihrer von Sucht geprägten Familie. Sie leiden und hoffen mit, wenn sie Mutter und Vater in ihrem heillosen Kampf beobachten. Am Modell lernen sie, was es heißt, wenn immer wieder das gleiche Spiel abläuft, wenn sich die Mutter als Retterin, Verfolgerin und schließlich Opfer erlebt:

»Eine Freundin von mir war mit einem Alkoholiker verheiratet. Wann immer er zum Trinken ging, fuhr sie durch die ganze Stadt, forderte ihre Freunde zur Hilfe auf und verfolgte ihren Mann unermüdlich, bis sie ihn gefunden hatte. Gewöhnlich empfand sie Wohlwollen für ihn, war besorgt um ihn, und er tat ihr Leid – ein Indiz dafür, dass eine Rettung stattfand, bis sie ihn nach Hause brachte, ins Bett steckte und so die Verantwortung für ihn und seine Nüchternheit übernahm. Kaum lag sein Kopf auf dem Kissen, änderte sich alles. Sie wechselte in die Rolle des Verfolgers. Sie wollte diesen Mann nicht in ihrem Haus haben. Es war zu erwarten, dass er tagelang darüber jammern würde, wie krank er sei. Er war unfähig, seine Verpflichtungen gegenüber der Familie wahrzunehmen, und er verhielt sich im Allgemeinen bemitleidenswert. Er hatte das so viele Male getan! So würde sie also mit kleinen Spitzen beginnen, bis es zu einem ausgewachsenen Donnerwetter kam. Er würde ihre Verfolgerrolle kurz akzeptieren, bevor er sich von einem hilflosen Opfer in einen rachsüchtigen Verfolger verwandelte. Und sie übernahm die Opferrolle. Selbstmitleid, Gefühle von Hilflosigkeit, Scham und Verzweiflung setzten ein. Das war die Tragödie ihres Lebens, würde sie klagen. Wie konnte er sie nur so behandeln, nachdem sie alles für ihn getan hatte?«[10]

Lebhaft kann man sich vorstellen, wie hier Kinder als Zuschauer, Helfer, Opfer mitspielen, nicht mehr wissen, wer nun Recht hat, mit wem sie sich identifizieren sollen. Und vor allem: Wo bleiben ihre eigenen Gefühle? Wer tröstet sie? Warum kommt kein gerechter Gott, um in das Chaos einzugreifen und alles zum Guten zu wenden?!

Kinder sind diskret

In meiner Praxis habe ich natürlich auch Patienten, die keine Suchtprobleme haben. Aber es ist nahe liegend, dass ich bei den Anamnesen nach der Familiengeschichte und insbesondere nach Suchtproblemen frage. Dabei konnte ich immer wieder beobachten, dass Patienten Letzteres strikt verneint haben, um dann Monate später, in einzelnen Fällen auch erst im Anschluss an eine Therapie, festzustellen, dass z.B. Vater oder Mutter suchtkrank waren.

»Mach 'nen Diener!«

Ein sehr korrekter, depressiver Mann mit erheblichen Partnerschaftsproblemen stellte seinen Vater immer als autoritär und gefühlsmäßig schlecht erreichbar dar, was er auf dessen Beruf als Soldat zurückführte. Zu dessen 80. Geburtstag sollte er eine Rede halten. Hier kam es fast zum Eklat, da er es sich erlaubte, eine Anspielung auf den Alkoholkonsum des Vaters einzubauen. »Sie haben nie etwas darüber gesagt, dass das ein Problem in der Familie war«, meinte ich. Erst jetzt erinnerte er sich, dass er schon als Kind aus lauter Angst vor unkontrollierten Wutausbrüchen des Vaters dessen Cognac in den Ausguss geschüttet hatte, dass die Mutter auch jetzt im Alter immer wieder mal um Hilfe rief usw. Hauptsache, die Fassade nach außen bleibt erhalten ...

Eine Patientin kam vor allem wegen Schwierigkeiten mit einem offensichtlich alkoholkranken Partner zu mir, von dem sie sich auch nach 15 anstrengenden Jahren nicht trennen konnte. Auch sie verneinte die nahe liegende Frage, ob hier eventuell eine Wiederholung stattfindet: Töchter von Alkoholikern heiraten häufig Alkoholiker, weil sie (unbewusst) hoffen, sie könnten in diesem Fall endlich alles zum Guten wenden. Erst kurz vor Ende der Therapie kamen wir darauf, dass sie schon als kleines Mädchen massiv vom Vater bedrängt wurde, unbedingt und schnell einen Schnaps einzukaufen, auch am Sonntag ...

»So einen Blick ...!«

Eine Lehrerin, die im Beruf wegen Alkoholmissbrauch aufgefallen war, leugnete in der Gruppe lange alle Alkoholprobleme in der Familie, auch wenn ihre Mutter in ihrer Darstellung nicht gut wegkam. Erst in einer späteren Einzeltherapie überraschte sie mit dem Geständnis, dass die Mutter an einer alkoholbedingten Leberzirrhose gestorben war: »Sie hat stets versucht, alle Familienmitglieder und Gäste in ihr Trinken einzubeziehen. Aber es durfte nur das getrunken werden, was sie selbst gerade mochte: erst Wein, dann Campari, dann Cognac, zuletzt Pernod. In der Klinik habe ich ihr kurz vor ihrem Tod einmal einen Pernod mitgebracht und mit der Schnabeltasse einen Schluck gegeben: So einen Blick habe ich in meinem ganzen Leben nicht bekommen. So viel Dankbarkeit und Unterwürfigkeit!«

> Ich brauche die schlechten Gefühle, damit ich ein ernsthafter Mensch bin.
> *Tochter eines Alkoholikers, selbst abhängig*

Nabelschnur und Telefonschnur – in der Struktur ähnlich

Eine seltsame gefühlsmäßige Verbindung zwischen Süchtigem und Kind bzw. Co-Abhängigem entsteht oft über das Telefon: »Sobald ich den Hörer abnehme, bin ich wie hypnotisiert. Was ist am anderen Ende los? Wie ist die Stimmung, wie ist der Alkoholpegel? Ich könnte manchmal kotzen.« Andere sagen: »Da muss ich hinterher selbst zur Flasche greifen.«

Die Stimme schafft über das Telefon eine magische Verbindung, die gerade für suchtkranke Kinder aus Suchtfamilien katastrophal sein kann. Schlagartig stehen sie unter dem Bann der schrecklichen, hoch ambivalent empfundenen Eindrücke. Wenn ich darauf hinweise, dass die Telefonschnur der Nabelschnur in mancher Weise recht ähnlich sieht, müssen manche lachen, andere deuten einen Brechreiz an. Da hilft nur das Durchtrennen – wie bei der Nabelschnur.

Ein Anrufbeantworter kann als Filter für mehr Distanz sorgen.

Die Rollenfächer in einer Suchtfamilie

Wie in einer Schauspieltruppe bilden sich auch in einer Familie bestimmte Rollen heraus. Dagegen ist im Prinzip nichts einzuwenden, wenn die Belastungen nicht zu ungleich verteilt und die Rollenschemata nicht zu starr sind. Jede Familie erlebt Belastungssituationen durch Krankheit und Tod, durch Unfälle, finanzielle Probleme usw. Je nach individueller und sozialer Prägung sind wir in der Lage, den Sturm im Mobile wieder auszugleichen. Dabei nehmen wir intuitiv je nach Fähigkeiten und Schwächen bestimmte Rollen ein. Diese sind aber flexibel und können z.B. gegen Ende einer Belastungssituation wieder aufgegeben oder verändert werden. Je dysfunktionaler eine Familie ist – und Suchtfamilien sind meist extrem dysfunktional –, desto starrer und extremer sind die Rollenfächer festgeschrieben. Es gibt bestimmte Rollen, die in Suchtfamilien immer wieder zu finden sind. Wie aus dem Schema der folgenden Doppelseite ersichtlich, beschränke ich mich hier auf die vier Rollen, die mir aus der praktischen therapeutischen Arbeit am wichtigsten erscheinen.
In unserem Mobile hatten wir gesehen, dass keines der Mitglieder einer Familie unabhängig vom anderen handeln kann. Jede einzelne Rolle entwickelt sich unterschiedlich aus einer spezifisch belasteten und schmerzlichen Situation heraus. Sie weist ihre eigenen Symptome auf, bringt ihren spezifischen Gewinn für das individuelle Familienmitglied wie für die gesamte Familie – und fordert schließlich ihren ganz besonderen Preis. Monika Rennert führte dazu bei einem Vortrag 1991 aus: »Die Übernahme einer Rolle stellt kein kalkuliertes Verhalten dar, sondern geschieht langsam und unmerklich für die Betroffenen. Sie besteht aus Abwehrmechanismen gegenüber dem emotionalen Schmerz im Zusammenhang mit dem Suchtkranken und hilft den Betroffenen – Partnern wie Kindern – zu überleben, erwachsen zu werden und für mehr oder weniger lange Zeit nach außen hin gesund zu erscheinen. Merkmale der jeweiligen Rolle

Charakteristische Rollen, Persönlichkeitsmerkmale, Gefühle und

Gemeinsame Merkmale: Selbstwertproblematik, Angst vor Veränderung

	Rolle bzw. Überlebensstrategie	Verhalten, Persönlichkeitsmerkmale	Gefühlsleben
1	Held, Heldin	Ersatzpartner(in) für den nicht süchtigen Elternteil: Ersatzvater oder -mutter; altklug, übermäßig leistungsorientiert, überverantwortlich; sucht Anerkennung von außen (People Pleasing); Egoismus.	Angst, Trauer und Wut: Schuldgefühle, weil die große Aufgabe der Heilung der Familie nicht gelingt.
1	Sündenbock	Wütend, eifersüchtig auf den Helden/die Heldin; sucht Aufmerksamkeit durch abweichendes Verhalten; macht Ärger z.B. in der Schule oder durch Delinquenz.	Wut und Trauer: Fühlt sich zurückgewiesen und verlassen.
3	Verlorenes Kind	Einsamer Einzelgänger, Tagträumer: driftet und schwimmt durchs Leben; ruhig, scheu, wird übersehen, nicht vermisst.	Trauer und Wut: Gefühl der Verlassenheit; gibt sich leicht geschlagen.
4	Maskottchen	Das schutzbedürftige »Baby«; hyperaktiv, kurze Aufmerksamkeitsspanne, Lernprobleme; gibt sich niedlich, süß, nett, unreif.	Angst, Gefühl der Einsamkeit und Bedeutungslosigkeit.

...rhaltensweisen von Kindern in dysfunktionalen Familien

...ziehungsstörungen, Suchtgefährdung

...rteile	Vorteile der Familie	Fehlentwicklung ohne Problembearbeitung	Nach Problembearbeitung
...fmerksam-...t von allen ...ten, ...egentlich ...ößenideen.	Das Kind, auf das die Familie stolz sein kann. Versorgt die Familie mit Selbstwert.	Häufig Workaholic; großes Bedürfnis nach Kontrolle und Manipulation, zwanghaft; Probleme mit Fehlern und Misserfolgen; Perfektionismus; sucht problematischen Partner.	Gut in Leitungspositionen, zielbewusst, erfolgreich, zuverlässig und kompetent.
...gative Auf-...rksamkeit: ...jango«.	Lenkt vom problematischen, evtl. suchtkranken Elternteil ab.	Schwierigkeiten überall: Suchtkrankheit, Delinquenz, Teenager-Schwangerschaft, abgebrochene Schulkarriere.	Kann Risiko eingehen und ertragen, hat Mut, stellt sich der Realität – auch für andere.
...t seine ...he, ...tkommt ...sitiver wie ...gativer Auf-...rksamkeit.	Erleichterung: Wenigstens ein Kind, um das man sich nicht zu kümmern braucht.	Schwierigkeiten bei Entscheidungen; Unzufriedenheit.	Kann sich selbst behaupten, unabhängig von der Meinung anderer, kreativ, phantasievoll, erfinderisch.
...nüsiert die ...deren, ...nält dadurch ...uf-...rksamkeit.	Spannungsabfuhr und Erleichterung durch Komik.	Hysterisches Agieren, zwanghafte Clownerien, weicht dem Ernst des Lebens aus; sucht häufig Held(in) als Partner(in).	Charmante(r) Gesellschafter(in), Schauspieler(in), witzig, geistreich, humorvoll. Einfühlsam und hilfsbereit

werden im Laufe der Jahre jedoch zu Persönlichkeitsmerkmalen der Heranwachsenden und später Erwachsenen, die ihnen auch dann noch eigen sind, wenn der Vater nicht mehr trinkt oder sie ihre Herkunftsfamilie verlassen haben.«

Held/Heldin

Schon die Position als meist Erstgeborener führt dazu, dass ein solches Kind in dem Gefühl aufwächst, jemand Besonderes zu sein. Es erfährt mehr Aufmerksamkeit und Zuwendung der Eltern und der übrigen Familie als die nachfolgenden Geschwister. Der Held und die Heldin sind dafür prädestiniert, im Verlauf ihrer Entwicklung bei Abhängigkeit (wenn z.B. der Vater trinkt) und Co-Abhängigkeit (die Mutter als erduldende und zornige Partnerin) »außerordentlich gut« zu werden. Helden sind hilfreich im Familienkreis und auch außerhalb. Sie sorgen dafür, dass die Familie Anlass zu Freude, Stolz und Hoffnung hat. Sie schaffen sozusagen Selbstwertgefühl für andere. Sie arbeiten sehr hart, um Anerkennung zu erhalten. Ein Kind in dieser Rolle wird kompetent, überverantwortlich und scheint selbst keinerlei Probleme zu haben. Nicht selten werden Helden zu beliebten Anführern, Meinungsbildnern, Mannschaftskapitänen, Trainern etc. Sie werden geschätzt für ihr Verantwortungsbewusstsein, ihr Organisationstalent, ihre Fürsorglichkeit.

Natürlich bezahlt ein Kind in dieser Position auch einen Preis für seine überdimensionale Rolle. Der Held hat sein Leben oft einer unmöglichen Aufgabe gewidmet: Er träumt davon, die Familie zu retten. »Wenn ich mich nur richtig anstrenge, muss mir das gelingen. Wenn ich richtig brav und in der Schule super bin, hört der Vater auf zu trinken und die Mutter ist wieder lieb zu ihm«, sagte eine Betroffene in der Therapie.

Obwohl der Held ständig bemüht ist, die Defizite der Familie wettzumachen, fühlt er sich unzulänglich und schuldig. Es stellen sich Ängste und Schuldgefühle ein, weil er die selbst gesetzten unmenschlichen Standards nicht erfüllt. Nur: Er kann gar nicht wissen, dass sie unerfüllbar *sind*. Problematisch ist auch sein Lernprozess: Ich kann mich auf niemand verlassen. Als Erwachsener sagt er vielleicht später zu seinen Mitarbeitern: »Am besten kümmert man sich doch um alles selbst!« Innerlich bleibt er einsam und hat Schwierigkeiten mit persönlichen Beziehungen – wie alle Kinder aus dysfunktionalen Familien, die darüber hinaus einige weitere gemeinsame Merkmale aufweisen: Selbstwertproblematik, Angst vor Veränderung und last, not least Suchtgefährdung. Typisch für den Helden ist wiederum, dass er häufig zum Arbeitssüchtigen, zum Workaholic wird. Seine eigenen Tendenzen zu anderen, sozial weniger anerkannten Süchten kompensiert er manchmal dadurch, dass er sich einen süchtigen Partner sucht. So kann er bzw. sie weiter auf Unverantwortlichkeit und Chaos hinweisen, selbst Kontrolle ausüben und nicht loslassen.

In einem Gespräch mit Kollegen über den ältesten Sohn eines Alkoholikers unterlief mir einmal folgender sprachlicher Lapsus: »Ich kann mit diesem Mann nicht arbeiten: Er ist so furchtbar trocken!« Erst durch das Lachen meiner Kollegen wurde ich stutzig. Ich hatte nicht gemerkt, dass dieser Mann alle seine Abwehrkräfte für seine Lebensstrategie benötigte. Nur so konnte er existieren. Das war sogar wörtlich zu nehmen: Obwohl er selbst von schmächtiger Statur war, musste er die Mutter und die Geschwister vor den körperlichen Angriffen des Vaters schützen. Sein Gefühlsleben war verkümmert. Seine Frau verzweifelte, da er nicht in der Lage war, außer dem »trockenen« Alltag noch irgendwelche Gefühlsregungen zu entwickeln. Phantasie und Spiel waren ihm verschlossen. Vielleicht hat er bis heute Angst, dass im Unordentlichen schreckliche Gefahren lauern.

Nach einer Problembearbeitung, was Lebenserfahrung und/oder Therapie bedeutet, kann ein Held bzw. eine Heldin natürlich sehr gut Führungspositionen übernehmen, ist hier zielbewusst, erfolgreich, zuverlässig und kompetent. Mitarbeitern können sie dadurch lästig werden, weil sie dazu neigen, ihre Arbeit zu überprüfen, auf Perfektionismus zu drängen, überhaupt in dem Wahn zu leben, es »selbst machen« zu müssen. Sie vermitteln den Eindruck, als wenn sie anderen Menschen nichts zutrauen bzw. sich selbst für jemanden halten, der alles besser kann.

Was man an fast allen Helden beobachten kann: eine ausgeprägte Egozentrik, nicht selten verbunden mit einem Ansatz von Größenwahn und panischer Angst vor wirklicher Nähe. All das spielt sich meist hinter einer Biedermann-Fassade mit einem gezwungenen Lächeln ab.

Der Sündenbock

Wenn die Rolle des Helden vergeben ist, der die positive Aufmerksamkeit für sich einheimst, bleibt für den Zweitgeborenen häufig die Rolle des Sündenbocks. Dies lässt sich auch in prominenten Familien beobachten, die im Brennpunkt des öffentlichen Interesses stehen.
Die Königin von Großbritannien, Elisabeth II., ist eine Frau mit vielen Anzeichen des Heldentums bis hin zur Selbstverleugnung (»Immer nur lächeln«, lautete treffend der Titel eines Fernsehporträts). Ihre Schwester, Prinzessin Margret, gewiss nicht ohne Neid ihr gegenüber, heiratete zunächst einen künstlerisch begabten, aber doch schillernden Fotografen (Lord Snowdon), um später immer wieder durch ihre Alkoholeskapaden und Sexaffären eine andere Art der Aufmerksamkeit auf sich zu ziehen, nämlich die negative. Auch so kommt man in die Schlagzeilen der Regenbogenpresse!
Eifersüchtig beobachtet der Sündenbock, wie dem Helden bei jedem Schritt im Leben viel mehr Aufmerksamkeit zukommt als ihm selbst. Wenn man da z.B. – im direkten oder übertragenen Sinn – ein wenig »zündelt«, schwenken die Eltern vielleicht um. Eine abgebrochene Schulkarriere, das Experimentieren mit Drogen und Alkohol oder gar eine Teenager-Schwangerschaft können die Spitze eines Eisbergs von Problemen sein.
Der Familienrebell kann auch von einem Suchtproblem in der älteren Generation ablenken. Er neigt zum Ausagieren, begibt sich in gefährliche Situationen, sucht Anschluss an Gruppen, die Außenseiterpositionen einnehmen, womöglich randalieren, trinken, gewalttätig werden, Einbrüche begehen oder Ähnliches. Die direkte

Suchtgefährdung ist hier noch höher als beim Helden. Dabei sind Held und Sündenbock vielleicht nur zwei Seiten ein und derselben Medaille. Jeder verdrängt, wie am Beispiel des »trockenen« Helden angedeutet, die andere Seite. Manchmal kommt es auch zum Wechsel der Rollen, wenn der Erstgeborene und Held die Familie etwa wegen einer Ausbildung verlässt. Nun kann es sein, dass die Mutter einen neuen Ersatzvater und -partner braucht, um zu überleben.

Kommunikationsprobleme

Man kann sich leicht vorstellen, dass es Held und Sündenbock mit der Kommunikation untereinander nicht leicht haben. Vielleicht ist das auch der Grund, warum so viele Ärzte nicht mit Drogenabhängigen oder Alkoholikern zurechtkommen. Unter den Ärzten finden sich überdurchschnittlich viele Helden. Der Sündenbock dagegen hat oft nicht einmal eine abgeschlossene Schulausbildung, erst recht kein Studium. Er hat dafür vieles erlebt, was dem braven Helden möglicherweise verschlossen geblieben ist. Beide sehnen sich vielleicht nach den verlockenden Seiten der anderen Rolle, müssen dies aber verdrängen.

Was bleibt schon übrig? – Das verlorene Kind

Positive und negative Aufmerksamkeit in der familiären Schauspieltruppe sind nun vergeben. Was macht das dritte Kind? Es ist auffällig unauffällig. Es merkt instinktiv, dass gegen das Tohuwabohu in der Familie kaum ein Kraut gewachsen ist. Es besinnt sich auf sich selbst, zieht sich zurück, entwickelt später nicht selten geradezu eine Sucht nach Büchern, Videos oder Ähnlichem. Die Familie ist froh, dass es endlich ein Kind gibt, um das man sich nicht zu kümmern braucht. Während Eltern beim Sündenbock vielleicht so reagieren: »Es ist so still im Kinderzimmer. Wir müssen unbedingt nachsehen, was da los ist!«, sind sie beim dritten und verlorenen Kind ganz froh: »Dem drücken wir ein Buch in die Hand. Damit ist es stundenlang beschäftigt.«

Diese Kinder sind im Allgemeinen schüchtern und ruhig, wenn nicht apathisch. Sie fühlen sich wohl, wenn sie sich allein beschäftigen können. Sie neigen außer zum Lesen zum Phantasieren und Tagträumen. Verlorene Kinder benutzen ihre Isolation auch als Mittel, Konflikte zu vermeiden. Indem sie sich zurückziehen, auch mit technischen Mitteln wie Computer, Fernsehen, Stereoanlage und Video, geraten sie nicht in Meinungsverschiedenheiten und Auseinandersetzungen.

Die Eltern wissen normalerweise, wo sich dieses Kind aufhält und was es tut. Sie empfinden dies als Sicherheit, als etwas besonders Wertvolles bei so viel Chaos. Das Kind wird belohnt mit dem stillen Vertrauen und der Zustimmung der Eltern. Die Rollen der anderen Geschwister, also Held und Sündenbock, werden vom verlorenen Kind unterstützt, damit das Mobile schön im Gleichgewicht bleibt. Nach der Beobachtung einiger Kollegen neigen dritte (verlorene) Kinder dazu, in ihrer sexuellen Identität beeinträchtigt zu sein, und oft schwanken sie zwischen Promiskuität und Einsamkeit. Innere Leere wird oft mit Essen aufgefüllt, gelegentlich auch mit Alkohol und anderen Drogen. Dicke Kinder werden von anderen gemieden. Das verstärkt die Isolation. Später haben diese Menschen dann Schwierigkeiten, sich Hilfe von außen zu holen. Sie sind es nicht gewöhnt, Hilfe in Anspruch zu nehmen.

Das Baby oder Maskottchen

In der Regel wird diese Rolle vom jüngsten Kind ausgefüllt. Eltern neigen dazu, wenigstens dieses Kind noch einige Zeit lang zu behalten, vor allem wenn sie Angst haben, nun endgültig mit dem (nicht mehr geliebten) Partner konfrontiert zu werden. Auch dieses Kind spürt natürlich, dass in der Familie vieles in Unordnung ist. Es ist genauso sensibel und überwach wie die anderen. Gleichzeitig wird ihm oft mitgeteilt, es solle sich keine Sorgen machen, es sei doch »alles in Ordnung« ... Das führt zu innerlichen Konflikten: Wie soll sich das Kind orientieren? Ein typisches Maskottchen berichtet: »Ich habe nun überlegt: Wie kann ich dazu beitragen, die Spannungen in der Familie zu reduzieren? Vielleicht, wenn ich für Spaß und Unterhaltung sorge. Es gab ja sowieso recht wenig zu lachen. Also spielte ich den Clown, tanzte etwas vor oder spielte auf meiner Klarinette.« Bis ich es selbst erlebt habe, konnte ich es nicht recht glauben: In Familiensitzungen schaffen es Maskottchen, genau in dem Moment, wenn die Spannung nicht mehr auszuhalten ist, mit dem Stuhl umzufallen.

Von den älteren Geschwistern und den Eltern wird das Kind immer wieder daran erinnert, dass es das jüngste Kind ist und das Baby zu bleiben hat, süß, schwach, klein und unreif, nicht in der Lage, mit den Normalitäten des Lebens fertig zu werden. Deshalb enthält man dem Baby auch gern einige Tatsachen vor. Das mindert die Unsicherheit des Maskottchens und seine geheimen Ängste aber nicht – im Gegenteil! Angst wird zum charakteristischen Gefühl des Maskottchens.

Als Erwachsener kann das Maskottchen zum geschickten Manipulator werden. Allerdings tut es sich schwer, wirkliche Freunde im Leben zu gewinnen. Es scheint besonders anfällig für schwere seelische Störungen zu sein.

Zusammenfassend möchte ich hier Wegscheider zitieren: »Man könnte sagen, dass die Familienmitglieder schließlich von ihren Rollen abhängig geworden sind, da sie diese als wesentlich für ihr Überleben betrachten und sie mit derselben Zwanghaftigkeit, Realitätsverkennung und Verleugnung spielen, wie der Abhängige seine Rolle als Trinker spielt.«[11]

Was ist mit Einzelkindern?

In deutschen Familien gibt es statistisch gesehen kaum mehr anderthalb Kinder pro Familie. Für die Rollenverteilung bedeutet dies: Ein

Kind übernimmt nacheinander oder zugleich mehrere Rollen. Bei Familien mit mehr als vier Kindern sieht es umgekehrt aus: Wie in einer großen Schauspieltruppe werden einzelne Rollen mehrfach besetzt. An einem besonderen Fall lassen sich die speziellen Rollenkonflikte und die Rollenvielfalt eines Einzelkindes demonstrieren:

Ein Patient, Mitte 40, Universitätsprofessor für slawische Sprachen, schwerer Alkoholiker, hatte das Kurzzeitprogramm der Klinik schon einmal korrekt durchlaufen. Er war bald darauf aber wieder rückfällig geworden und kam zur erneuten Behandlung. Er war, wie nicht anders zu erwarten, sehr intellektuell und wehrte sich gegen die angesprochene Rollenzuteilung: »Ich kann damit wirklich nichts anfangen!« Ich war selbst etwas ratlos, bis es dann zu folgender Situation in einer Gruppentherapiestunde kam: Um die intellektuelle Ebene zu verlassen, auf der der Patient so viel Widerstand bot, forderte ich ihn auf, mit den Mitgliedern der Gruppe eine Familienszene aufzubauen. Er wählte das morgendliche Frühstücksritual. Für die Mutter, den Vater und für sich suchte er jeweils eine Person aus. Er setzte sie über Eck an einen Tisch, den Vater ans Tischende. Er instruierte die Personen, wie etwa ein Dialog laufen würde – und amüsierte sich königlich, wie gut die Gruppenmitglieder das umsetzten. Nun fragte ich ihn: »Was war das Lebensmotto Ihres Vaters?« Er antwortete: »Man soll mir nie nachsagen, ich hätte meine Arbeit nicht gemacht.«

In welchem Zusammenhang war der Patient rückfällig geworden? Er war nach seiner sechswöchigen Therapie an seinen Schreibtisch an der Universität zurückgekehrt und fand ihn übervoll mit Diplom- und Doktorarbeiten, die zu korrigieren waren. Er setzte sich sofort hin. In der dritten Nacht gegen 2.30 Uhr war es dann so weit: Er verzweifelte an der erdrückenden Arbeit, wanderte nach seinem alten Muster über Kilometer zur nächsten Tankstelle und holte sich seinen geliebten Alkohol, hauptsächlich zur Entspannung und zur Beruhigung. Innerhalb weniger Tage verwandelte sich der ordentliche und fleißige Mann so sehr, dass der Kollege von der psychiatrischen Klinik ganz erschrocken war: »Herr L. sah wirklich aus wie ein Penner unter den Brücken ...«

Das Lebensmotto des Vaters hatte gewirkt: »Man soll mir nicht nachsagen, ich hätte meine Arbeit nicht gemacht.« Der Patient wurde sehr nachdenklich, erinnerte sich auch daran, dass sein Vater, gelernter Maurer, sich in seiner späteren Anstellung in einer Fabrik immer wieder zu den schlimmsten Arbeiten heranziehen ließ, wohl auch deshalb verbraucht und krank bald nach seiner Pensionierung verstorben war. Ein bisschen hatte er sich seines Vaters auch immer geschämt, je mehr er in seiner akademischen Karriere aufstieg. Im Verzeichnis der Professoren hat er in seiner Biographie den Beruf des Vaters unterschlagen. Er hatte ein emotional distanziertes, aber durchaus nicht negatives Verhältnis zu seinem Vater.
Was war das Lebensmotto der Mutter? Kurzes Nachdenken: »Bei uns hat man nie ein lautes Wort gehört!« Was war eine der Schwächen des Patienten? Er konnte nur ganz schlecht seinen Ärger ausdrücken. Indirekt tat er das dafür umso stärker. Er zog seine Mitpatienten und auch die Mitglieder des Therapeutenteams durch den Kakao, scharte oft eine Gruppe um sich, die seinen intellektuellen Späßen lauschte. Seine Bissigkeit war wörtlich zu nehmen. Die Mundstücke seiner Pfeife malträtierte er so, dass er alle paar Tage ein neues brauchte.
Erst jetzt kam dem Patienten zum Bewusstsein, dass er als Einzelkind alle Rollenfächer durchlaufen hatte. Aufgrund seines Aufstiegs aus einfachen Verhältnissen konnte er sich als Held sehen. In der Schule war er von Lehrern und Schülern gern gesehen, nahm Führungspositionen ein. Das setzte sich an der Universität fort.
Mit seinen Eltern hatte er natürlich Probleme. Sie konnten ihm in seinen geistigen Höhenflügen bald nicht mehr folgen. Deshalb machte er das mit sich selbst aus und flüchtete in Tagträumereien. Mit seinen Spielzeugfiguren erdachte er sich eigene Welten. Als kleiner Junge führte er innere Dialoge mit dem Indianerhäuptling Winnetou, später mit Goethe. Hier war er ein typisches drittes oder verlorenes Kind. Die Rolle des Maskottchens nahm er mit seinen ironischen Späßen ein. Dabei half ihm auch seine relativ geringe Körpergröße. Sündenbock war er durch seine Suchtkarriere. Er war drauf und dran, seine gute Position an der Universität zu verspielen. Der eigentliche Tiefpunkt seiner Karriere lag vielleicht schon einige Jahre zurück. Damals war er wegen Mordverdachts angeklagt wor-

den. Wie kam es dazu? Seine erste Frau war ebenfalls Alkoholikerin. Sie stürzte eines Tages von einer Treppe zu Tode. Die Polizei fragte sich, ob da nicht jemand nachgeholfen hätte ... Von der Anklage wurde er letzten Endes freigesprochen. Aber die Wartezeit war Anlass genug, mit dem Alkohol noch einmal nachzulegen.

Herrn L.s Therapie nahm eine Wende, als er sich seiner Rollenmuster gewahr geworden war. Wie seine Leidensgenossen hatte er sich die nicht ausgesucht, sondern war unbewusst seinem Lebensdrehbuch gefolgt.

Co-Abhängigkeit und Sucht in einer Person?

Man muss meiner Meinung nach davon ausgehen, dass in allen Menschen süchtige und co-abhängige Anteile stecken. Die Geschichte von Herrn L. zeigte, was wir in anderen bestätigt finden: Oft vereinigen sich in einer Person Co-Abhängigkeit und Abhängigkeit, also Sucht. Meist ist nicht auszumachen, was zuerst da war, »die Henne oder das Ei«. Viele Süchtige gehen, wie wir an einigen Beispielen noch sehen werden, wiederum süchtige Beziehungen ein. Ein Betroffener deutet das in seiner Biographie an: »Dodie, wie wir unsere Mutter nannten, war eine zarte, witzige Person, die großen Wert auf Bildung legte und Musik liebte. Bis heute verstehe ich nicht, was meine Mutter zur Alkoholikerin gemacht hat. Wenn sie trank, roch ihr Atem ganz anders als sonst. Eine merkwürdige Mischung – ihr süßer Atem und meine Abscheu vor ihrer Trinkerei. Immer wieder nahm sie heimlich einen Schluck aus einer Flasche ›Empirin‹. Sie nannte das ihre ›Medizin der Wechseljahre‹. In Wahrheit war es Gin.

Als ich älter wurde, lernte ich hin und wieder Frauen kennen, deren Atem genauso roch wie der meiner Mutter. So sehr ich den Geruch hasste, hat er mich doch immer auch sexuell erregt.«[12]

Das Zitat stammt vom berühmten Schauspieler Marlon Brando, dessen Vater ebenfalls Alkoholiker war: »Bowie, wie mein Vater gerufen wurde, war schweigsam, grüblerisch und jähzornig; ein Tyrann, der gern Befehle gab. Vielleicht habe ich deshalb mein Leben lang jede Autorität abgelehnt.« Die Mutter hatte den kleinen

Marlon in seiner Kindheit verlassen. Er war von einer Tante zur anderen weitergereicht worden und hasste vermutlich deshalb Frauen aus tiefster Seele. Eine von Brandos Süchten ist schon an seinem Äußeren zu erkennen: seine Fettsucht. Er soll von jeder Mahlzeit, von jedem Gang jeweils drei Portionen vertilgen. Wie weit bei ihm noch andere Süchte im Spiel sind, darüber können wir nur spekulieren. Er gehört jedenfalls zur Gruppe der EKAs und hat dadurch ein charakteristisches Schicksal erlitten.

Strukturen von Suchtfamilien

»Jemand wird süchtig, wenn ihm die Mutter gesagt hat: ›Was vom Vater kommt, taugt nichts. Nimm nur von mir.‹ Dann rächt sich das Kind an der Mutter und nimmt so viel von ihr, dass es ihm schadet. Die *Sucht ist also die Rache des Kindes an seiner Mutter*, weil sie es hindert, vom Vater zu nehmen.«[13] Hat Bert Hellinger mit dieser Behauptung Recht?
In der Regel ja! Aus vielen spontanen Zeichnungen der Ursprungsfamilie, aus Familienaufstellungen fast aller meiner Einzel- und Gruppenpatienten und nicht zuletzt aus den ausführlichen Anamnesen geht hervor, dass in Suchtfamilien der Vater fast immer eine nicht nur untergeordnete, sondern ausgesprochen »miese« Rolle spielt. Hier ist das völlig neutral gemeint, ohne jede Schuldzuschreibung darüber, wer nun was wie verursacht hat. Es sind also nicht die Mütter, die wie immer an allem schuld sein sollen, aber auch nicht die Väter, die alles falsch gemacht haben. Es geht vielmehr um Konstellationen, wie sie sich etwa in amerikanischen Familienserien im Fernsehen durchgängig finden, am schlimmsten wohl bei den »Simpsons«: Der fresssüchtige, »Duff«-Bier trinkende Vater wird in seinem Existenzkampf zur tragischen und erbärmlichen Figur, macht aus sich selbst einen Vollidioten. Tochter Lisa ist eine typische altkluge Heldin, Sohn Bart ein klassischer Sündenbock.
»Die Männer sind im Rückzug. Sie werden immer mehr von den Frauen verachtet, und damit nehmen die Süchte zu. Das ist ein ganz normaler Vorgang. Die Frauen können die Männer nicht einfach ausschalten.« Nicht nur das, Bert Hellinger glaubt sogar: »Das Kind nimmt von der Mutter so viel, dass es ihm schadet. Deswegen *dürfen nur Männer Süchtige behandeln*. Frauen sind dazu nicht fähig, es sei denn, dass sie den Vater des Süchtigen achten.«[14]
Das scheinen sehr zugespitzte Behauptungen zu sein. Leider enthalten sie viel Wahrheit. Durch die zunehmend häufige Trennung von (Eltern-)Beziehungen, durch den Rückzug der meisten Väter und deren – häufig allzu verständliche – Verachtung durch die (allein

erziehenden) Mütter erhalten Kinder schiefe Rollenvorbilder. Sie spüren, wie »männlich« viele Mütter werden und wie schwach die Väter erscheinen, selbst wenn es nicht zur räumlichen Trennung der Eltern gekommen ist.
Im Vergleich zu Suchtfamilien sind die Storys aus Fernsehspielen oder Krimis oft geradezu heile Welt. Woody Allen hat einmal gesagt: »Das Leben benimmt sich manchmal so, als hätte es zu viele schlechte Filme gesehen.«

Die Katzen als Rettung

Befassen wir uns zunächst mit dem Familienbild einer Alkoholikerin, die zu mir kam, nachdem sie schon längere Zeit trocken, aber keineswegs glücklich war.
Frau I. arbeitet in einem typischen Helferberuf: als Krankenschwester. Bald konnten wir herausfinden, dass sie in Beruf und Privatleben ständig als Co-Abhängige agierte: Ihr langjähriger Freund konnte sich nicht recht zu einem echten Zusammenleben entschließen, hielt sie in kühler Distanz. War es Zufall, dass er selbst ältester Sohn eines Alkoholikers ist? Gefühle sind für ihn fremde Welten. Lachen und weinen musste Frau I. gleichzeitig, als sie in einem Film die Lebensbilanz einer Frau hörte: »Es war wie immer: Er piesackte mich – und ich entschuldigte mich dafür ... Und wenn ich ihn gefunden habe, den Mann, der mir das Leben am schwersten macht – dann bleibe ich an ihm hängen.« Frau I. hängt noch immer an ihrem Freund, trotz zahlreicher Belege für seine mangelnde Solidarität und Liebe.
Im Beruf kämpfte Frau I. um das Leben anderer – ausgerechnet auf der Toxikologie (Entgiftungsabteilung) eines großen Krankenhauses. So energiegeladen, tüchtig und zäh sie war – es wurde ihr alles zu viel. Die Lebensfreude kam zu kurz, da für sie selbst nicht mehr genug Kraft da war. In einer der ersten Therapiestunden zeichnete sie folgendes Bild:

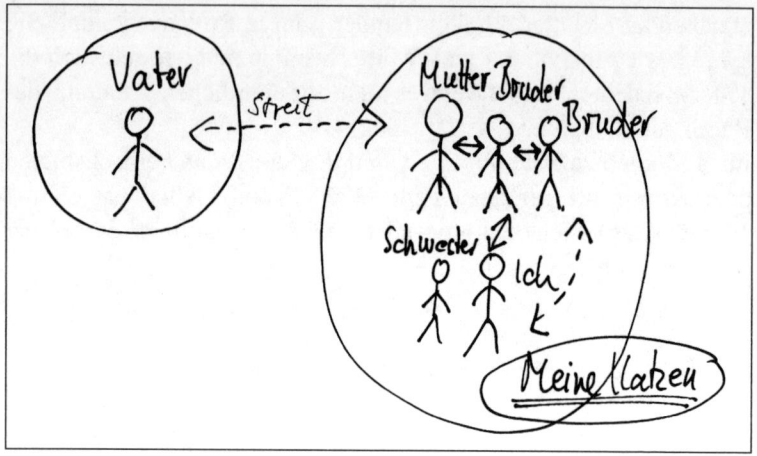

Der Vater war Alkoholiker. Er wurde außerhalb der Familie gehalten. Mutter und Vater stritten sich ständig. Zunächst war immer nur von einem Bruder die Rede, der zu viel trinkt und seine Schwester nicht gut behandelt. Dann kamen wir plötzlich auf den Ältesten: Er war, was die Mutter nicht wahrhaben wollte, Transvestit, zog sich in ihrer Abwesenheit zum Schrecken der kleinen Schwester Frauenkleider an. Ein Mann sollte er nach dem Auftrag der Mutter ja auf keinen Fall sein! Daher seine Rollenverwirrung. Nach außen spielte er »normal«, bis er eines Tages bei einem nicht geklärten Autounfall ums Leben kam – war es Selbstmord? Dann tauchte noch ein Bruder auf, der an einer Kinderkrankheit gestorben war, ebenso wie eine nur ein knappes Jahr ältere Schwester ... Die Mutter hatte einen Arzt immer erst sehr spät kommen lassen, zu spät. Unter der Vernachlässigung litt auch die Patientin, überlebte aber das häusliche Chaos. Der Schwester trauerte sie sehr nach, sah sie manchmal neben sich im Bett liegen, sprach mit ihr. Zuflucht fand sie bei ihren geliebten Katzen, eine Tradition, die sie bis heute fortsetzt.
Auf meine Anregung hin nahm die Patientin an einer speziellen einmaligen Gruppe teil, in der ich jeweils einige meiner Einzelpatienten für Familienaufstellungen zusammenfasse. Es zeigte sich wieder die große Einsamkeit und Trauer der Patientin. Erst jetzt stießen wir auf ein Geheimnis der Familie: Die Mutter hatte einen anderen Mann geliebt, der es aber vorzog, sich rechtzeitig eine

andere zu suchen. Der Vater der Patientin war also nur ungeliebter Ersatz gewesen. Er trank zu viel Alkohol, im bekannten Teufelskreis entfernte er sich immer mehr von der Familie. Erst bei seinem Tod vor nicht allzu langer Zeit stellte sich heraus, dass die angeblich so starke Mutter in Gelddingen völlig unselbständig und hilflos war. Über dem Erbe haben sich die überlebenden Geschwister wohl endgültig zerstritten.

Leere-Gefühl als Familienklima

Viele Zeichnungen, die meine Klienten anfertigen, geben die Beziehungslosigkeit und Verlorenheit in vielen Suchtfamilien wieder: Sie haben keine Gesichter, keine Individualität, die Arme sind oft nach oben gestreckt und schreien förmlich nach »Hilfe!«

»In unserer Familie gab es keine zwischenkörperlichen Beziehungen«

Sie haben richtig gelesen: Der alkoholabhängige Patient schilderte seine Familie genau so, als beziehungslos und kalt: »Wenn man sich bei uns körperlich berührt, muss es sich um einen Betriebsunfall handeln.« Die Eltern leugneten Probleme noch immer, obwohl sein älterer Bruder schon eine Alkohol-Entwöhnungstherapie hinter sich hatte. Er selbst hatte seit der Kindheit schwerste Probleme mit (väterlichen) Autoritäten und war von mehreren Schulen geflogen. Inzwischen hatte er ein massives, von ihm aber noch immer verharmlostes Alkoholproblem, das ihn schon mehrfach den Job gekostet und in kurzer Folge dramatische Krankenhauseinweisungen eingebracht hatte. Es bestand eine »Nicht-Beziehung« zum Vater, dafür eine umso engere zur Mutter, die jeden Morgen bei ihm anrief, aus Liebe oder um zu kontrollieren, ob er womöglich einen Rückfall hatte. Sie regelte seine völlig chaotischen finanziellen Angelegenheiten, überwies auch seine Arztrechnungen. Mit meiner – väterlichen – Hilfe konnte ich ihn trotz mangelnder Einsicht zu vorübergehender Alkoholabstinenz bringen: »Machen Sie doch ein-

fach ein Experiment! Es entgeht Ihnen nichts, wenn Sie z.B. drei Monate ohne Alkohol leben.«»Da haben Sie Recht! Machen wir es doch gleich so: bis zu meinem Geburtstag!« Es ging ihm blendend. Am Arbeitsplatz hatte er Erfolge, seine Finanzen erholten sich. Er knüpfte eine neue, erstmals engere Beziehung.
Dann hörte ich plötzlich nichts mehr von ihm. Unmittelbar nach seinem Geburtstag war der Kontakt abgebrochen. Meine Privatrechnungen wurden nicht bezahlt. Ein telefonischer Kontaktversuch meinerseits bestätigte den Verdacht: zum Geburtstag katastrophaler Rückfall mit Whisky, Verlust des Arbeitsplatzes, Verlust der Beziehung. Wollte er mich durch das Einbehalten des von der Versicherung längst ausgezahlten Geldes dafür bestrafen, dass ich mit der Einschätzung seiner Lage gegenüber dem Alkohol Recht hatte? Die zeitweilig tragfähige und angenehme Beziehung zwischen uns ist also wieder abgerissen, obwohl ich erneut Hilfe angeboten hatte. Der Patient kann noch immer keine väterliche Unterstützung vertragen und hat nicht begriffen, dass die Mutter mit ihrer sanften und nachgiebigen Art ihn weiter ins Verderben zieht.

»Sogar unser Hund ist weiblich!«

Frau D. zitierte mit diesem Satz lachend ihren Vater, nachdem sie ihre Familienskizze entworfen und mit mir gemeinsam betrachtet hatte: Erst jetzt wurde ihr bewusst, wie sehr der Vater umzingelt ist von »seinen« Frauen. Nicht zuletzt ist da auch die Schwiegermutter, die offenbar viel Einfluss hatte ... Der eigene Vater gar nicht greifbar, lediglich in einiger Entfernung die eigene Mutter. Die ihm am nächsten stehende Tochter Evelyn alkoholkrank – und bis zur Beendigung ihrer Sucht ständig befangen in schwierigen Beziehungen mit Männern, die dem großen Vater natürlich nicht das Wasser reichen konnten.
Tiere spielen in dysfunktionalen Familien oft eine überdimensionale Rolle, wie wir schon bei Frau L. gesehen haben. Oft binden die Tiere mehr Liebe, als sonst insgesamt zwischen den Familienmitgliedern ausgetauscht wird.

Wen hat Loriot gemeint?

Herr von Bülow, bekannter als Loriot, war sehr erfreut, als er hörte, dass ich seit Jahren in meinen Therapien seine Arbeiten vielfältig verwende, bsp. durch Hinweise auf die Kommunikations-Lehrstücke z.B. über das harte Ei (»Zu viele Eier sind gar nicht gesund!«). Besonders gern greife ich auf das Titelblatt seines Klassikers *Loriots Heile Welt* zurück, bei dem die Ehefrau den Familienvater auf ihrem linken Arm trägt und die drei Kinder in Reih und Glied rechts von der Mutter stehen. (Am wohlsten fühlt sich wiederum der Hund.) Viele männliche Alkoholiker fühlen sich »total getroffen«, wie sie lachend gestehen. Zu Tränen gerührt war auch eine Frau, die ebenso alkoholkrank ist wie ihr Mann. Lange Jahre hatte sie ständig ihre eigenen männlichen Züge herausgekehrt – auf Kosten ihrer weiblichen Stärken. Sie musste ja alles »tragen«, wie Loriot hier so sinnfällig gezeichnet hat. Die kräftige Rechte der Mutter dämpft den jüngsten Filius, dessen Männlichkeit auch nur karikaturhaft an seinem Anzug zu erkennen ist. Wie in vielen Suchtfamilien konkurriert der Mann mehr mit den Kindern, als selbst seine Vaterrolle zu übernehmen. Draußen spielt er dagegen den smarten Geschäftsmann.

Problematische Rollenvorbilder und Abwesenheit des Vaters

Eine interessante Untersuchung stellten 1986 Hell und Ryffel an, die Vosshagen in seinem Beitrag »Männlicher Alkoholismus: Geschlechtsrolle und Sucht« zitierte. Sie verglichen eine Gruppe alkoholabhängiger Männer mit einer nicht abhängigen Gruppe in Bezug auf die erlebten Vaterbeziehungen. Der wichtigste Unterschied, der festgestellt werden konnte: die häufige Abwesenheit des Vaters bei den später alkoholkranken Männern, entweder durch Scheidung, Tod oder Berufstätigkeit (oft wegen Arbeitssucht!). Die Süchtigen erlebten ihre Väter auch als abweisender, intoleranter und durch weniger Zuneigung geprägt. Andere Autoren beschreiben die Väter als schwach, inkompetent, zum Teil zu Gewaltausbrüchen neigend.

Was sind das für Rollenvorbilder, wie soll sich da eine männliche Identität bilden?
Eine besonders problematische Konstellation ist bei Süchtigen sehr häufig zu beobachten: Der biologische Vater ist gar nicht bekannt, wird von der Mutter verklärt und idealisiert oder völlig ins Abseits gestellt. Konkrete Zahlen sind hier schwer zu finden, aber es dürfte kein Zufall sein, dass in meiner derzeitigen Gruppe allein drei Mitglieder ihren leiblichen Vater nicht kennen und von der Mutter bei diesem Thema konsequent abgewiesen werden. Dabei hat jedes Kind ein Recht auf die Kenntnis der eigenen Eltern.
Ein weiterer wichtiger Punkt, der in der Familienatmosphäre oft eine unselige Rolle spielt: Viele Väter von Alkoholikern sind selbst Alkoholiker. Die Zahlen reichen hier von 22 bis 50 Prozent! Es stehen also alkoholbestimmte Lebenstechniken im Vordergrund. Auch abgelehnte Väter dienen als Modell. Sucht wird häufig gleichgeschlechtlich weitergegeben: Alkohol ist Männersache, Tranquilizer Frauensache.

Vaterübertragung in der Psychotherapie

Aus den bisherigen Ausführungen wird verständlich, dass fast alle Suchtpatienten in der Therapie den Vater suchen. Nicht alle drücken es so direkt aus wie dieser Mann, der fast genauso alt ist wie ich: »Sie sind für mich wie ein Vater. Ich habe ja nie einen gehabt.« (Dabei wohnt sein Vater noch heute nur ein Stockwerk über ihm!) Auf mich werden viele Züge der realen oder der Wunschväter projiziert. Ich soll bestimmten Vorstellungen gerecht werden, was nicht immer einfach ist. Da sind erwachsene, in ihrem Beruf hoch kompetente Männer und Frauen, die nur danach lechzen, die Beachtung und die Fürsorge eines Vaters zu erfahren. (Alle bekannten und erfolgreichen Suchtinstitutionen wurden nach meiner Kenntnis von meist charismatischen, zum Teil auch leicht größenwahnsinnigen Männern gegründet und geführt. Das spiegelt wiederum die Wichtigkeit des männlichen Prinzips im Bereich der Sucht.)

Manchmal frage ich mich, ob das denn wirklich Therapie ist, wenn ich nur aufmerksam und interessiert Berichten über alltägliche Vorgänge zuhöre. (»Sie haben eigentlich gar nichts gemacht. Und doch haben Sie alles gemacht!«) Wie ist es möglich, dass ein Kollege und Patient (sein Vater ist auch Alkoholiker) nach wenigen Therapiestunden Folgendes sagt: »Erst waren Sie mein Rollstuhl, dann mein Geländer, jetzt meine Krücke ... Bald kann ich ohne Sie gehen. Sie haben mir klipp und klar gesagt, was mit mir los ist. Das hätte ich früher gebraucht, dann wäre es mir in meinem bisherigen Leben besser gegangen. Ich freue mich, dass Sie keinen Zweifel daran gelassen haben, dass der Alkohol mein Todfeind ist. Sonst hätte ich mich zu Tode gesoffen wie mein Vater. Jetzt stehe ich prima da. Meine Kinder haben wieder einen Vater, meine Geschäftspartner können mich nicht mehr über den Tisch ziehen.«

Ein anderer Patient sprach von der »Gefahr einer Abhängigkeit«, obwohl er nur alle paar Wochen zur Therapie kommen konnte. Mehrfach hatte ich trotz meines guten Gedächtnisses für Familienanamnesen nachgefragt, ob denn sein Vater noch am Leben sei, worauf er einmal antwortete. »Seit Jahren spielt er keine Rolle mehr, liegt nur noch zu Hause auf dem Sofa. Die Mutter beachtet ihn ebenso wenig wie wir Kinder.«

Ein polytoxikomaner Patient, der seinen leiblichen Vater lange nicht gekannt hatte, gab als Lieblingsfigur und -geschichte die vom Meister Eder und seinem Pumuckl an – unverkennbar ein Vater-Kind-Verhältnis, das sich nicht zufällig ungebrochener Sympathie bei vielen Kindern und Erwachsenen erfreut.

Gut wirken sich gelegentliche Spaziergänge mit meinen Patienten in einem nahen Parkgelände aus. Beim Gehen redet es sich leichter, man verändert ständig die Position. Wie viele hätten sich solche Runden mit ihren Vätern gewünscht?! Hier geht es weniger um Inhalte als um die Haltung.

In Seminaren mit angehenden Psychotherapeuten, die eher gewährende Strategien gewohnt sind, wurde mir gelegentlich vorgeworfen: »Das ist aber autoritär!« Richtig: Gesunde Autorität ist das, was vielen, vor allem aber süchtigen Menschen fehlt.

»Leben im Double Bind«

So fasste Winkelmann die Kommunikationsstrukturen in Suchtfamilien in seinem Artikel »Risikogruppe: Erwachsene Kinder von Alkoholikern« zusammen. Ständige Doppelbotschaften verunsichern das ohnehin beschädigte Lebensgefühl: »Wenn ... ein Elternteil ... zu viel trinkt, dann lebst du wahrscheinlich in einer Umgebung, in der die Dinge, die du am meisten brauchst – Liebe, Unterstützung, Stabilität –, weitgehend verschwunden sind ... Du fühlst dich vernachlässigt, wütend wegen der Lügen und gebrochenen Versprechen, ständig angespannt ... Du hast Angst, von Fremden Besuch zu bekommen, glaubst, niemand wird jemals verstehen, wie sehr es schmerzt, wenn ein Elternteil – die wichtigste Quelle der Kraft und Orientierung – unzuverlässig, unverantwortlich, unberechenbar, nachlässig und machmal richtig böse und missbrauchend wird.« [15]

Es geht also um die Pole *Liebe – Zurückweisung, Verlässlichkeit – Enttäuschung, Wahrheit – Lüge, alles in Ordnung – nichts stimmt, Schuld – Entschuldigung.*

Beginnen wir mit Letzterem: Alkoholkranke Väter neigen dazu, ihre Kinder vor anderen zu blamieren, z.B. durch alkoholisiertes Auftreten bei Sportfesten oder Theateraufführungen. Der Vater lädt *Schuld* auf sich, aber er wird z.B. von der Mutter *ent-schuldigt:* »Der Vater war doch blau, du weißt doch!« Das nützt dem Kind aber nichts in seinem Schamgefühl. Vielleicht merkt es sich für später: »Wenn ich mal Alkoholiker bin, bin ich auch nicht verantwortlich für mein Verhalten.«

Alles in Ordnung – nichts stimmt: Scheinbar ist ja alles okay, aber in Wirklichkeit ist die Familienatmosphäre geladen, voller Hoffnungslosigkeit, Depression, Angst und Leere. Später leidet das Erwachsene Kind unter Problemen mit der Realitätswahrnehmung: Was stimmt denn nun? Dem Leben gegenüber fühlt es sich machtlos, misstraut der eigenen Entscheidungsfähigkeit und seinen Gefühlen.

Wahrheit – Lüge: Wahrheit kann leicht zu dem werden, was die Eltern hören wollen, Lügen wird zur Alltagsroutine, wenn das Kind einerseits hört, man solle gefälligst die Wahrheit sagen, andererseits: »Das bildest du dir bloß ein« oder: »Ich will nichts davon hören«.

Später lügen solche Kinder, inzwischen erwachsen, auch wenn es leichter wäre, die Wahrheit zu sagen.

Verlässlichkeit – Enttäuschung: Wie oft sagen Sucht-Eltern: »Ich werde für dich da sein, ganz bestimmt, das nächste (!) Mal! Ich verspreche es.« Leider kommt dann immer wieder etwas dazwischen: der Suchtstoff und seine Auswirkungen. Das Kind lernt, die Enttäuschung zu schlucken (!), nichts mehr zu erwarten, nichts mehr zu wollen. Bedürfnisse werden unterdrückt, um erst gar nicht enttäuscht zu werden. Man verlässt sich besser nicht auf andere.

Liebe – Zurückweisung: Man kann sich die Auswirkungen auf spätere Beziehungen vorstellen, wenn ein Kind ständig erfahren muss: »Ich liebe dich, aber hör jetzt auf, geh mir nicht auf die Nerven!« Als Erwachsene suchen diese Kinder wiederum Partner, die sie zurückstoßen, denn Beziehung ist für sie mit Ablehnung unheilvoll verbunden.

Familienatmosphäre

Zur Annäherung an das Klima, in dem viele Patienten groß geworden sind, werden in meinem Anamnese-Fragebogen folgende Kriterien zur Wahl gestellt:

1. Es gab Geheimnisse.
2. Die Menschen meiner Umgebung teilten ihre Gefühle nicht mit, wie z.B. Angst, Verletztsein, Einsamkeit.
3. Es war nicht erlaubt, außerhalb über Familienangelegenheiten zu sprechen.
4. Es gab unklare Erwartungen.
5. Die Dinge waren immer schwarz oder weiß, gut oder schlecht.
6. Ich habe Manipulation und Kontrolle erfahren.
7. Rigide Regelungen und Überzeugungen.
8. Disziplinierung durch Verletzungen oder Hervorrufen von Schamgefühlen.

9. Die Atmosphäre zu Hause war ungemütlich.
10. Häufige Krankheiten.
11. Unabhängigkeit war nicht gefragt.
12. Liebe war an Bedingungen geknüpft, musste verdient werden.
13. Eifersucht und Verdächtigungen.
14. Mangel an Vertrauen und Liebe.
15. Geringer Respekt für persönlichen Freiraum.

Außerdem sollen die Patienten beschreiben, falls sie z.B. verbalen, körperlichen und sexuellen Missbrauch bei sich oder Familienmitgliedern erfahren haben.
Viele sind zunächst verwundert, geben vor, das meiste komme für sie nicht in Frage – um dann bei genauerer Betrachtung doch vieles zu finden, was für eine schwierige Familie spricht.

Die gesunde Familie

Ein Kollege bemerkte einmal, die gesunde Familie gäbe es nicht ... Aber immerhin kann man einige Merkmale einer gesunden Familie genauso beschreiben wie die einer dysfunktionalen:

1. In gesunden Familien fühlen sich Kinder körperlich und seelisch *sicher*.
2. *Liebe wird gezeigt* und ausgedrückt. Liebe erschöpft sich nicht in der einfachen Sorge um die Notwendigkeiten des Lebens: Ernährung, Kleidung, Schule etc.
3. Gesunde *Grenzen* zwischen Einzelpersonen und Generationen.
4. Die Kinder werden dafür angenommen, dass sie einfach *da* sind, nicht dafür, dass sie etwas geleistet haben.
5. Gesunde *Erwartungen*: Kinder sollen in der Erziehung und Ausbildung nicht unter-, aber auch nicht überfordert werden.

Ein Wechselbad der Gefühle

Was Kinder in Suchtfamilien durchmachen, wenn sie die Wechselspiele von Kontrollversuchen und -verlust, von Macht und Machtlosigkeit, von Geheimnistuerei, Leugnen, Verletzung von Grenzen miterleben, kann man sich als Außenstehender kaum vorstellen. Wie sollen sie da ein stabiles Selbstwertgefühl bekommen? Was lernen sie über adäquate und inadäquate Gefühle? Wie kommen sie mit der Trauer, mit den Schmerzen, mit der Angst zurecht? Ihre Toleranz für das Chaos steigt. Irgendwann setzt eine Unfähigkeit zu trauern ein. Am besten ist es dann, die Gefühle gar nicht mehr zu spüren ...

Laut Claudia Black, die sich wiederum auf Jackson bezieht, haben Kinder aus Suchtfamilien folgendes Schicksal: »50 % werden Alkoholiker, 30 % heiraten Alkoholiker und die restlichen 20 % sind ›all screwed up‹ [so etwas wie ›total durchgedreht‹] – und trotzdem ›funktionieren‹ 80 %.«[16]
Janet Woititz fasst zusammen: »Wann ist ein Kind kein Kind? Wenn das Kind mit dem Alkoholismus leben muss. Oder genauer, wann ist ein Kind nicht kindlich? Sicher haben Sie wie ein Kind ausgesehen und waren wie ein Kind angezogen. Andere Menschen haben Sie als Kind betrachtet, bis sie Ihnen so nahe kamen, dass sie die Traurigkeit in Ihren Augen oder Ihren besorgten Gesichtsausdruck sehen konnten ... Sie waren nicht so spontan wie andere Kinder ... Und Sie hatten noch nicht einmal eine Ahnung davon, was es heißt, wie ein Kind zu fühlen. Ein Kind ist ähnlich wie ein junges Tier ... frei und ungehemmt empfängt und gibt es Liebe, tollt herum, ist etwas mutwillig und verspielt ... Und am wichtigsten, es ist sorglos.«[17]

> Einer, der *unsere* Familie beneidet, muss wirklich arm dran sein.
> *Bart Simpson*

Die Therapiekette

Kontakt, Motivation und Diagnostik

Die Einleitung einer Suchttherapie – ein heikles Unterfangen

Die Diagnose »Alkoholabhängigkeit« (oder Medikamenten-, Drogenabhängigkeit usw.) wird fast immer in zugespitzten Situationen gestellt, wenn sich die Suchtkrankheit in dramatischen körperlichen, psychischen und/oder sozialen Folgeerscheinungen zeigt. Während Notfälle in anderen Disziplinen der Medizin meist fachgerecht abgespult werden, ist das bei Sucht leider nur selten der Fall. Wer sich den Fuß bricht, wird sicher nichts dagegen haben, so schnell wie möglich in eine Praxis oder Klinik gebracht zu werden, in der die weiteren diagnostischen und therapeutischen Schritte unternommen werden. Der Fußkranke geht ganz selbstverständlich davon aus, dass er Hilfe braucht – und setzt selbst alle seine Kräfte ein zur nötigen Klärung. Das ist nun bei Suchtkranken keineswegs so: Sie halten sich nicht für krank – »So 'n Blödsinn, dann müsste man die halbe Bevölkerung einsperren!« – und boykottieren möglichst lange alles, was mit Diagnostik oder Therapie der Grundkrankheit zu tun haben könnte. Notarzteinsätze für Süchtige sind im Übrigen häufig, obwohl das bisher noch nicht wissenschaftlich mit Zahlen untersucht und belegt wurde. Aber sie führen praktisch nie zum gewünschten Ziel.

Ist der Suchtkranke dann doch – endlich – bereit, etwas zu unternehmen, reagiert das Umfeld häufig übertrieben, d.h. co-abhängig. Da wird man bsp. als diensthabender Arzt sonntags um 16 Uhr nachmittags angerufen, ob nicht eine sofortige Klinikaufnahme möglich sei ... Es handelte sich in diesem Fall um einen Kollegen, dessen Schwägerin die mögliche Patientin war. Ich verwies darauf, dass wir keine Akut-Klinik seien. Ab Montag sei unsere Aufnah-

meabteilung wieder zu sprechen. »Noch eine Rückfrage: Wie lange trinkt denn Ihre Schwägerin?« »Na ja, seit über 20 Jahren ... «
Ich bestehe stets darauf, dass der Suchtkranke *selbst* mit mir Kontakt aufnimmt. Er bekommt damit die Verantwortung delegiert, die er so gern auf andere abschiebt.

Wer wagt es als Erster, das Problem beim Namen zu nennen?

Rückblickend erkennen die meisten Alkoholiker, dass es schon Jahre vor der eigentlichen Diagnose deutliche Hinweise auf ihre Suchtkrankheit gab. Aber es wird eben sorgfältig verdrängt, wenn z.B. die Tochter in ihr Tagebuch schreibt: »Meine Mami ist eine Alkoholikerin!«, oder ihr wiederholt zu verstehen gibt: »Schau mich bitte nicht so an – mit diesen (glasigen) Augen!« Oder ein Vater erinnert sich, dass er häufig nicht mehr wusste, wie er eigentlich nach Hause gekommen war – und mit dickem Kopf irgendwann am nächsten Mittag auf der Couch liegend aufwachte, vorsichtig angestupst vom Sohn in einer Mischung aus Mitleid und Angst: »Bist du wieder krank, Vater?«

Alkoholismus – eine peinliche Diagnose?

Vielleicht hat die Partnerin den Hausarzt aufmerksam gemacht: »Schauen Sie sich doch mal meinen Mann an! Der gefällt mir gar nicht. Ich glaube, er trinkt zu viel. Aber sagen Sie ihm bitte nichts davon!« Leider gilt der zwiespältige Satz: »Arzt und Alkoholiker gehen sich aus dem Wege.« Das kann fast komische Züge annehmen, wie einer meiner Patienten, gleichzeitig Internist, demonstrierte. Trotz oder gerade wegen des Wissens um sein Alkoholproblem hatte er seine Laborwerte schon jahrelang nicht mehr überprüfen lassen. Hartnäckig fragte ich ihn in jeder Therapiestunde, wann er sich nun endlich wie besprochen von einer befreundeten Kollegin Blut abnehmen lassen wolle. Es dauerte Monate, bis er ein Blutabnahmebesteck zu mir in die Praxis mitbrachte und *mich* das Blut abnehmen ließ ...

Der eben zitierte Satz macht auch deutlich, dass das Kapitel Ärzte und Sucht bisher kein ruhmreiches ist. Die meisten Ärzte sind durch ihr Studium auf den Umgang mit Alkoholismus nicht ausreichend vorbereitet. Wir haben zwar gelernt, dessen zahlreiche Folgeerkrankungen bis ins akribische Detail zu lernen und zu diagnostizieren, haben aber meist ohne spezielle spätere Berufserfahrung kein Handwerkszeug zur Erkennung und Therapie der *Grund*erkrankung. Viele Ärzte fürchten außerdem – zu Unrecht –, dass sie durch die Diagnose Alkoholismus Patienten verlieren würden. Manche schämen sich vielleicht auch, dass sie jahrelang undurchsichtige Fälle mit zahlreichen Begleiterkrankungen körperlicher und psychischer Art therapiert haben, ohne den Ursprung des Problems zu identifizieren. Dabei ist in jeder Praxis mit einem hohen Anteil suchtkranker Patienten zu rechnen. Studien ergaben Häufigkeitsraten von 6,1 bis 11,4 Prozent für Alkoholmissbrauch und 6,0 bis 23,9 Prozent für Alkoholabhängigkeit.[18]

In einem Allgemeinkrankenhaus wurde eine Gesamtzahl von Alkoholikern einschließlich der gegenwärtig Abstinenten von 15,3 Prozent plus fünf Prozent Missbrauchern festgestellt. Insgesamt konsumierte etwa ein Drittel aller Patienten eines Allgemeinkrankenhauses (!) zu viel Alkohol.

Eigeninitiative ist gefragt

Wie kann man das Problem selbst angehen? Zunächst müssen wir auf die allgemeine Definition von Suchtkrankheiten zurückkommen. Es geht ganz pragmatisch darum, ob z.B. das Trinken körperliche, psychische und/oder soziale negative Folgeerscheinungen verursacht. So kann selbstverständlich Alkoholmissbrauch, nicht erst die manifeste Abhängigkeit z.B. einer brüchigen Partnerschaft oder Ehe den Rest geben.

Eine stark vereinfachte, trotzdem aussagekräftige Form der Alkoholismusdiagnostik ist der so genannte CAGE-Test (bzw. auf Deutsch VÄSE – die Bezeichnung ergibt sich durch die im Folgenden markierten Buchstaben):

*Haben Sie schon einmal das Gefühl gehabt, dass Sie Ihren Alkoholkonsum verringern sollten? (**cutdown**)*
*Hat jemand Sie einmal durch das Kritisieren Ihres Alkoholtrinkens ärgerlich gemacht? (**annoyed by criticism**)*
*Haben Sie sich einmal schlecht oder schuldig gefühlt wegen Ihres Alkoholtrinkens? (**guilt feelings**)*
*Haben Sie einmal morgens als Erstes Alkohol getrunken, um sich nervlich wieder ins Gleichgewicht zu bringen oder einen Kater loszuwerden? (**e**ye opener)*

KfA und MALT

Professor Feuerlein, mein früherer Chef am Max-Planck-Institut für Psychiatrie in München, hat mit dem Kurzfragebogen für Alkoholgefährdete (KfA) und dem Münchner Alkoholismustest (MALT) (siehe unten) inzwischen weit verbreitete Diagnoseinstrumente entwickelt.[19]

Ärzte verwenden immer häufiger den MALT-Test, der aus einem S- bzw. Selbstbeurteilungsteil besteht und einem F- bzw. Fremdbeurteilungsteil. Der S-Teil, er hat große Ähnlichkeit mit dem KfA, ist vom Patienten selbst auszufüllen, während die F-Skala aus objektiven Befunden besteht, die der Arzt erheben muss. Der Summenwert aus Letzterem wird mit dem Faktor 4 multipliziert. Die Summe aus MALT-S- *und* MALT-F-Teil ergibt den Gesamt-Testwert: Bei einem Testwert von 6 bis 10 Punkten besteht der Verdacht auf Alkoholismus, bei 11 und mehr Punkten kann mit hoher Sicherheit die Diagnose Alkoholismus oder – hier identisch gesetzt – Alkoholabhängigkeit gestellt werden. Wissenschaftlich ausgedrückt hat der MALT eine Spezifität von 95 Prozent und eine diagnostische Sensitivität von 98 Prozent. Anders ausgedrückt: Der MALT ist hoch spezifisch für die Krankheit Alkoholismus und erfasst keine anderen Krankheiten fälschlicherweise mit. Außerdem werden nur wenige Patienten nicht erfasst, auf die aus der Zusammenschau aller körperlichen, psychischen und sozialen Merkmale die Diagnose Alkoholabhängigkeit sicher zuträfe.

MALT-S

Nachfolgend finden Sie eine Reihe von Aussagen über Beschwerden und Probleme, die in Zusammenhang mit Alkoholtrinken auftreten können. Bitte machen Sie für jede dieser einzelnen Feststellungen entweder in der Spalte „trifft zu" oder „trifft nicht zu" ein Kreuz.
Vielleicht werden Sie manchmal den Eindruck haben, daß eine Feststellung nicht richtig paßt. Kreuzen Sie aber trotzdem <u>immer eine der beiden Antworten</u> an und zwar die, welche am ehesten auf Sie zutrifft.

1. In der letzten Zeit leide ich häufiger an Zittern der Hände .... ☐ ☐

2. Ich hatte zeitweilig, besonders morgens, ein Würgegefühl oder Brechreiz .... ☐ ☐

3. Ich habe schon einmal versucht, Zittern oder morgendlichen Brechreiz mit Alkohol zu kurieren .... ☐ ☐

4. Zur Zeit fühle ich mich verbittert wegen meiner Probleme und Schwierigkeiten .... ☐ ☐

5. Es kommt nicht selten vor, daß ich vor dem Mittagessen bzw. zweiten Frühstück Alkohol trinke ... ☐ ☐

6. Nach den ersten Gläsern Alkohol habe ich ein unwiderstehliches Verlangen, weiterzutrinken ... ☐ ☐

7. Ich denke häufig an Alkohol .... ☐ ☐

8. Ich habe manchmal auch dann Alkohol getrunken, wenn es mir vom Arzt verboten wurde ...... ☐ ☐

9. In Zeiten erhöhten Alkoholkonsums habe ich weniger gegessen ... ☐ ☐

10. An der Arbeitsstelle hat man mir schon einmal Vorhaltungen wegen meines Alkoholtrinkens gemacht ... ☐ ☐

11. Ich trinke Alkohol lieber, wenn ich allein bin .... ☐ ☐

12. Seitdem ich mehr Alkohol trinke, bin ich weniger tüchtig .... ☐ ☐

13. Ich habe nach dem Trinken von Alkohol schon öfters Gewissensbisse (Schuldgefühle) gehabt .... ☐ ☐

14. Ich habe ein Trinksystem versucht (z. B. nicht vor bestimmten Zeiten zu trinken) .... ☐ ☐

15. Ich glaube, ich sollte mein Trinken einschränken . ☐ ☐

16. Ohne Alkohol hätte ich nicht so viele Probleme .... ☐ ☐

17. Wenn ich aufgeregt bin, trinke ich Alkohol, um mich zu beruhigen .... ☐ ☐

18. Ich glaube, der Alkohol zerstört mein Leben ...... ☐ ☐

19. Einmal möchte ich aufhören mit dem Trinken, dann wieder nicht .... ☐ ☐

20. Andere Leute können nicht verstehen, warum ich trinke .... ☐ ☐

21. Wenn ich nicht trinken würde, käme ich mit meinem Partner besser zurecht .... ☐ ☐

22. Ich habe schon versucht, zeitweilig ohne Alkohol zu leben .... ☐ ☐

23. Wenn ich nicht trinken würde, wäre ich mit mir zufrieden .... ☐ ☐

24. Man hat mich schon wiederholt auf meine „Alkoholfahne" angesprochen .... ☐ ☐

© 1978 Beltz Test GmbH: Weinheim, Göttingen. Bezugsquelle: Testzentrale Göttingen, Robert-Bosch-Breite 25, 37079 Göttingen

Die Trinkmenge ist nur ein Mosaikstein von vielen

Die unendlich diskutierte Frage »Ab wie viel Alkohol ist man denn Alkoholiker?« ist falsch gestellt. Die individuellen Unterschiede in der Toleranz sind außerordentlich groß, der Weg zur Gewöhnung und zur Abhängigkeit ist unterschiedlich lang. Immerhin kann man aus verschiedenen Studien eines ableiten: Ab einem bestimmten täglichen Konsum an Alkohol besteht ein hohes Risiko, an einem Leberschaden zu erkranken. Bei Männern sind das ca. 50 bis 60

MALT-F

Datum:

Name: _____
Vorname: _____ Geb.-Dat.: _____

Muster

	trifft zu	trifft nicht zu
1. Lebererkrankung (Mindest. ein klin. Symptom: z. B. vermehrte Konsistenz, Vergrößerung, Druckdolenz o. a. **und** mindest. ein pathologischer Laborwert: z. B. GOT, GPT oder Gamma-GT sind notwendig.)	☐	☐
2. Polyneuropathie (Trifft nur zu, wenn keine anderen Ursachen bekannt sind, z. B. Diabetes mellitus oder eindeutige chron. Vergiftungen.)	☐	☐
3. Delirium tremens (jetzt oder in der Vorgeschichte)	☐	☐
4. Alkoholkonsum von mehr als 150 ml (bei Frauen 120 ml) reinem Alkohol pro Tag mindestens über einige Monate*.	☐	☐
5. Alkoholkonsum von mehr als 300 ml (bei Frauen 240 ml) reinem Alkohol ein- oder mehrmals im Monat*.	☐	☐
6. Foetor alcoholicus (z. Zt. der ärztlichen Untersuchung)	☐	☐
7. Familienangehörige oder engere Bezugspersonen haben schon einmal Rat gesucht wegen Alkoholproblemen des Patienten. (z. B. beim Arzt, der Familienfürsorge oder anderen ensprechenden Einrichtungen.)	☐	☐

* Anhaltspunkte zur Bestimmung der reinen Alkoholmengen:

Alkoholgehalt verschiedener Getränke	getrunkene Mengen in ml reinem Alkohol	
	zu 4. täglich	zu 5. 1 x im Monat
1,0 l Bier (ca. 4% Alkohol) = 40 ml 0,7 l Wein (ca. 10% Alkohol) = 70 ml 0,7 l Sekt (ca. 12% Alkohol) = 84 ml 0,7 l Südwein (ca. 20% Alkohol) = 140 ml 0,7 l Likör (ca. 30% Alkohol) = 210 ml 0,7 l Schnaps (ca. 40% Alkohol) = 280 ml 1 kl. Schnaps (ca. 0,02 l Alkohol) = 8 ml 1 gr. Schnaps (ca. 0,04 l Alkohol) = 16 ml		
Gesamtalkoholmenge (täglich bzw. 1 x im Monat)		

© 1978 Beltz Test GmbH: Weinheim, Göttingen. Bezugsquelle: Testzentrale Göttingen, Robert-Bosch-Breite 25, 37079 Göttingen

Gramm Alkohol, bei Frauen erheblich weniger: ca. 20 Gramm pro Tag. Die Fragen 4 und 5 der MALT-F-Fremdbeurteilung gehen von sehr hohen Konsumwerten aus und spiegeln den Unterschied zwischen Frauen und Männern nicht korrekt. Das hat rein statistische Gründe. Mit der Frage 4 – »... pro Tag mindestens über einige Monate« ist der kontinuierliche – sehr hohe – Konsum gemeint, mit der Frage 5 die Alkoholexzesse. Zur Ermittlung der Menge wird in der Tabelle an die Alkohol-Konzentrationen verschiedener Getränke erinnert.

Es stinkt

»Fötor alcoholicus« ist der vornehme ärztliche Ausdruck für eine Alkoholfahne. Bei der Schilderung der Suchtkarriere hatten wir gesehen, dass die Selbst- und Fremdwahrnehmung bei Suchtkranken immer weiter auseinander driften. Beim Gang zum Arzt muss man schließlich damit rechnen, dass eine körperliche Untersuchung stattfindet. Viele Alkoholiker sind wenig selbstkritisch und in ihrer Krankheit so naiv, dass sie meinen, bsp. durch ein »Fisher Man's« ihre Alkoholfahne überdecken zu können.

Das Delirium

Ein Delirium bzw. Delir ist heute ein seltenes Ereignis, das allerdings bei einem unbeabsichtigten Alkoholentzug, etwa nach einem Verkehrsunfall, ganz unerwartet einsetzen kann, gelegentlich verbunden mit einem »Grand Mal«, einem schweren epileptischen Krampfanfall. Meistens geht dem Delir ein so genanntes Prä-Delir mit vermehrter innerer Unruhe, Schweißausbrüchen, Zittern, Temperaturerhöhung, Steigerung der Pulsfrequenz und des Blutdrucks voraus. Diese Anzeichen sollten ernst genommen werden. Ein sofortiges Heilmittel ist paradoxerweise die erneute Aufnahme von Alkohol. Sinnvoll ist natürlich adäquate ärztliche Hilfe.
Es gehört in den letzten Jahrzehnten zu den schönen Erfolgen der oft gescholtenen Schulmedizin, dass ein Delir in den meisten Fällen verhindert werden kann und die Letalität, also die Sterberate, im Delir von bis zu 30 Prozent auf unter 1 Prozent gesenkt werden konnte.

Alkoholiker »nach Punkten«

Das Gesamtergebnis des MALT setzt sich wie beschrieben aus dem S- und F-Teil zusammen. Bedenken gegenüber einer »Punktwertung« kann man am besten mit dem Argument begegnen, dass die meisten Patienten es begrüßen, wenn der Arzt kein subjektives

»Urteil« fällt, sondern alles auf eine objektive Ebene gehoben wird. Wir haben es hier nicht mit einer Beurteilung zu tun, sondern mit einem Test, der an zigtausenden von Patienten erprobt ist. (Inzwischen wurde er in mehrere Sprachen übersetzt. In den USA wird er sogar im Gesundheitsministerium verwendet.)
Wie viele Punkte haben Sie? Wie viele könnte Ihr Partner/Kind/Arbeitskollege haben?

Körperliche Folgeerkrankungen

Unter den körperlichen Schäden, die der Alkohol verursacht, ist allgemein meist nur die Leberzirrhose bekannt. Dabei sind die unmittelbaren und mittelbaren Folgen so umfassend, dass das Bonmot, das Gudrun Richter als Überschrift eines Artikels wählte, durchaus zutreffend ist: Wer den Alkoholismus kennt, kennt die Medizin.
Sie demonstriert die komplexen Zusammenhänge bei unterschiedlichen täglichen Trinkmengen: »Es gibt praktisch kein Organsystem, welches den Folgen zu hohen Konsums widerstehen könnte. Schon 20 bis 30 Gramm Reinalkohol pro Tag führen statistisch bei Männern zur Erhöhung des systolischen Blutdrucks. Ab 60 Gramm pro Tag ist die Hypertonusprävalenz (Hochdruckhäufigkeit) verdoppelt. Erhöhter Blutdruck gehört zu den Risikofaktoren für das Auftreten von Schlaganfällen. Kommen noch erhöhte Blutfette und eventuell ein Übergewicht dazu (Alkohol erhöht die Triglyzeride und ist bekanntlich ein Kalorienspender), so sind kardiale und zerebrale Kreislaufkomplikationen vorprogrammiert. Da nützt auch die angeblich schützende Wirkung geringer Alkoholmengen vor dem Risiko einer Koronarerkrankung wenig ... Geringe Mengen ab 30 bis 40 Gramm können zu einer Leberverfettung führen, bei entsprechender Disposition kann eine Fettleber oder Leberzirrhose resultieren ... Intoxikationsfolgen treten gehäuft im jugendlichen Alter auf, chronische Alkoholfolgeschäden eher im reiferen Alter.«[20]
Dazu kommen Entzündungen der Bauchspeicheldrüse, Gicht, Herzverfettung, Schäden am zentralen und peripheren Nervensystem

(z.B. Atrophie, d.h. Schrumpfung des Gehirns; Polyneuropathie, d.h. Schädigung von Nerven bsp. an den Beinen) etc. Die Liste ließe sich beliebig erweitern und umfasst alle Gebiete der Medizin von der Inneren Medizin über die Neurologie und Psychiatrie (die größte Patientengruppe seit Jahrzehnten!) über die Kinderheilkunde, Hals-Nasen-Ohren-Heilkunde, Chirurgie bis schließlich zur Pathologie. Dazu noch eine Beobachtung, die den Einfluss vor allem der Droge Alkohol krass beleuchtet: »Eine der Kurzzeitwirkungen des ›Gorbatschowschen Antialkoholismusprogramms‹ war innerhalb des ersten Jahres ein Rückgang der Verkehrs-, Arbeits- und Hausunfälle um 60 Prozent; die Unfallkliniken waren (vorübergehend) halb leer.«[21] (Inzwischen, nach dem Zerfall der Sowjetunion, scheint sich die Bevölkerung des ehemaligen Riesenreiches fast kollektiv zu Tode zu saufen, wie Äußerungen russischer Kollegen zu entnehmen ist: »Jelzins Fahne weht wieder über dem Kreml.«)

- **Alkohol und Krebs**

Einzelheiten zu den umfassenden Folgeerscheinungen krank machenden Alkoholkonsums sind in entsprechenden Fachbüchern dargestellt. Trotzdem sei hier auf einen besonders erschreckenden, öffentlich aber kaum diskutierten Zusammenhang hingewiesen: die Erhöhung des Krebsrisikos durch Alkohol und/oder Tabak. Maier beschreibt dies eindrucksvoll für die Bereiche Mundhöhle, Rachen und Speiseröhre: Es fand sich »eine signifikante Dosis-Wirkungsbeziehung. Ausgehend von einem Krebsrisiko von weniger als 25 g pro Tag (entspricht weniger als   Liter Bier) kam es mit zunehmender Alkoholdosis zu einer signifikanten Zunahme des Krebsrisikos, das bei mehr als 100 g Alkohol pro Tag [ca. zwei Liter Bier, d. Verf.] im Vergleich zum Ausgangswert um das 21,4fache anstieg.«[22] Es ist auch »nicht mit einer Sättigung des Krebsrisikos zu rechnen«, anders ausgedrückt: Bei höherem Konsum nimmt die Gefährdung nochmals sprunghaft zu. Damit ist laut Maier auch die Behauptung widerlegt, dass Alkohol nur die karzinogene Wirkung von Tabakbestandteilen verstärke: »Dies ändert natürlich nichts an der Tatsache, dass kombinierter Alkohol- und Tabakkonsum eine erhebliche synergistische Wirkung hinsichtlich des Krebsrisikos zeitigen. Bei kombiniertem starkem Alkohol- (mehr als 75 g Alkohol pro Tag) und Tabakkonsum (mehr als 40 Zigaretten pro Tag über einen Zeitraum von 25 Jahren) besteht ein um mehr als das 140fache erhöhtes Risiko«, an einem entsprechenden Krebs zu erkranken.

- **Die Alkoholembryopathie: alkoholgeschädigte Kinder**

Allein in Deutschland wurden 1995 etwa 2.200 Kinder geboren, deren Lebensweg von vornherein durch den Alkoholismus der Mutter schwerstbelastet ist. Die Schädigung ungeborener Kinder durch Alkohol steht seit Jahren an der Spitze angeborener Störungen, noch vor dem Mongolismus, dem Down-Syndrom! Die Alkoholembryopathie ist ein vielfältiges, sehr unterschiedlich ausgeprägtes Muster von Störungen und Schädigungen, die wie beim Alkoholkranken auch alle Organsysteme betreffen können einschließlich äußerer und innerer Missbildungen an Kopf, Herz, Urogenitalsystem. Am schwerwiegendsten sind die Schädigungen des Zentralen Nervensystems mit Intelligenzdefekten, Störungen der Sprache und Motorik, Verhaltensstörungen wie Hyperaktivität und Distanzlosigkeit. Das führt zu erheblichen Schwierigkeiten im täglichen Leben und in der Lebensperspektive: »Bei einer Nachuntersuchung von 54 Kindern mit Alkohol-Embryopathie im Alter von acht Jahren waren nur 17 % in der Lage, eine normale Schule zu besuchen; 51 % besuchten Sonderschulen, 20 % Ausbildungszentren für geistig Behinderte und 11 % waren nicht einmal dazu in der Lage.«[23] Eine erhöhte Suchtgefährdung dieser Kinder wird im Übrigen vermutet, es liegen dazu aber noch keine konkreten Zahlen vor.

Löser fand hinsichtlich Berufsfähig- und Selbständigkeit der Betroffenen ernüchternde Ergebnisse: Eine Berufsfähigkeit, meist im sozialen Bereich, wurde bei 22 Prozent seiner 51 Patienten erreicht. Bei 25 Prozent erschien eine Berufsfähigkeit fraglich, bei 22 Prozent ausgeschlossen. Nur 3 (!) Probanden entwickelten sich selbständig in Beruf und Lebensführung, ohne beschützende Umgebung und unabhängig von der zuletzt betreuenden Familie.[24]

Der Nachweis der Alkoholeffekte ist insgesamt schwierig, da sie nicht spezifisch sind, die Trink-Anamnesen der Mütter unzuverlässig usw. Trotzdem wurde in einer prospektiven Studie, die die Kinder von Geburt an begleitete, ein Zusammenhang auch mit relativ niedrigem Alkoholkonsum der Mütter festgestellt. Allerdings waren die Störungen nicht so ausgeprägt wie beim Vollbild. Besonders problematisch waren danach zwei Trinkmuster: mehr als 30 Gramm Alkohol pro Tag in der Mitte der Schwangerschaft – kaum mehr als ein halber Liter Bier! – und Trinkexzesse unmittelbar vor (!) oder zu Beginn der Schwangerschaft. Welche Frau weiß da schon, dass sie schwanger ist!

Interessant die Tatsache, dass man sich mit den Alkoholfolgeschäden bei Kindern erst seit den 70er-Jahren dieses Jahrhunderts beschäftigt, obwohl es schon seit Jahrtausenden Vermutungen über mögliche Schäden gab. Von der Antike bis weit ins 19. Jahrhundert ging man davon aus, dass der Vater die Schäden verursache, wenn er bei der Zeugung betrunken war: »Rauschkinder«. Aber schon Sullivan hatte um die Jahrhundertwende systematisch Schäden an Kindern von weiblichen Gefangenen registriert und klar erkannt und beschrieben, dass »der kontinuierliche toxische Einfluss auf den sich entwickelnden Embryo während der Schwangerschaft«[25] so »prädominierend« sei, dass man den väterlichen Einfluss vernachlässigen könne. Jahrzehntelang wurden diese Erkenntnisse nicht weiterverfolgt. Der Durchbruch zu einer jetzt lebhaften Forschung auf diesem Gebiet kam erst 1973 mit einer amerikanischen Publikation in der berühmten Zeitschrift *The Lancet*.

Es wird also in Deutschland jedes Jahr sozusagen eine ganze Ortschaft schwer behinderter Kinder geboren, deren Schäden durch entsprechende Prävention hätten verhindert werden können. Es stellt sich die Frage, ob wir uns das menschlich – und auch ökonomisch – weiter leisten können und wollen.

- **An erster Stelle**

Nach Schätzungen der Weltgesundheitsorganisation WHO nehmen alkoholbezogene Krankheiten heute den dritten Platz in der Häufigkeit ein und werden im Jahr 2000 den ersten erreicht haben. Wenn das Problem nicht so ernst wäre, könnte man »Prost!« sagen: »Es nütze« der Gesundheit!

Trinktypen nach Jellinek

Es gibt verschiedene Typen von Alkoholikern. Trotz aller Gemeinsamkeiten macht es Sinn, sich die Unterschiede klarzumachen, da sonst Missverständnisse entstehen können. Am geläufigsten ist die Typologie nach Jellinek, die sich in neueren Forschungen gut bestätigen lässt. Der geläufigste Typ des Alkoholikers ist bei uns mit ca. 70 bis 80 Prozent Häufigkeit der so genannte γ-Alkoholiker. Er erleidet in seiner Karriere den beschriebenen Kontrollverlust, er kann sich nicht mehr mit einem bestimmten Quantum begnügen, auch wenn er (oder sie) sich das vornimmt.

- **Der Spiegeltrinker**

Dieser Trinktyp ist in weinproduzierenden Ländern am häufigsten anzutreffen.
Wie der Begriff es schon andeutet, braucht der Spiegeltrinker einen bestimmten Alkoholpegel, um nicht »krank« zu werden, d.h. in den Entzug zu geraten. Der Spiegeltrinker entwickelt eine sehr hohe Toleranz. Er kann deshalb über viele Jahre vor allem im Arbeitsleben unerkannt bleiben, zumal er im Gegensatz zum γ-Trinker den Vorteil hat, nicht aus der Rolle zu fallen. Es ist wirklich erstaunlich, unter welchen Alkoholspiegeln Menschen noch in der Lage sind, Auto zu fahren, öffentlich aufzutreten und z.B. ohne Sprachschwierigkeiten Interviews zu geben.
Am ehesten sinkt der Alkoholspiegel während des Schlafes. Die Betroffenen wissen das, stellen sich deshalb konzentrierte Alkoholika neben das Bett oder beginnen den Tag bsp. mit einer »Steinpilzkur«: ein Steinhäger und ein Pils. Körperliche Folgeerkrankungen sind auf Dauer unausweichlich: »Steter Tropfen höhlt die Leber.«

- **Der Quartals- oder episodische bzw. ε-Trinker**

Auch »Trockenzeiten« von mehreren Wochen sind kein Beweis dafür, dass jemand nicht alkoholabhängig wäre. Die noch relativ wenig untersuchten Quartalstrinker verstehen es, innerhalb weniger Tage ihre Krankheit massiv auszuleben, um dann wieder für Wo-

chen, vielleicht Monate »normal« zu erscheinen. Aber auch die
ε-Trinker können ihre eigene Gesundheit ruinieren, ihr familiäres
und berufliches Umfeld zerstören.

Nehmen wir als Beispiel einen Technik-Sachverständigen, der über
fünf bis sechs Wochen wie ein Besessener arbeitet, von Termin zu
Termin hetzt (Arbeitssucht!), um sich dann während eines verlängerten Wochenendes pro Tag zwei bis drei Flaschen Wodka »reinzuziehen«, bei geschlossenen Fensterläden Heimatschnulzen
anzuschauen, z.B. die bekannten »Sissi«-Filme (mit einer Schauspielerin in der Hauptrolle, die ebenfalls an ihrer Sucht scheiterte).
Natürlich munkelt man in der Branche längst über Herrn W., seit er
in regelmäßigen Abständen für mehrere Tage nicht erreichbar ist
und wie vom Erdboden verschluckt zu sein scheint. Seine »Mädchen« im Büro wissen bereits, was sie den Kunden draußen erzählen
müssen.

Die Entgiftung

Damit wären wir beim zweiten Schritt der Therapiekette angelangt:
Die meisten Ärzte werden einen alkoholkranken Patienten zur körperlichen Entgiftung in ein Krankenhaus einweisen. Eine ambulante
Entgiftung ist nur unter erheblichen Sicherheitsmaßnahmen von
wenigen spezialisierten Ärzten zu verantworten. Allzu häufig wird
auch heute noch ambulant das Medikament Clomethiazol bzw.
Distraneurin verschrieben, was man in aller Deutlichkeit als Kunstfehler bezeichnen muss. Erst kürzlich waren deshalb erneut »warnende Hinweise zur Verschreibung von Clomethiazol« im
Deutschen Ärzteblatt zu lesen: »Die Arzneimittelkommission der
deutschen Ärzteschaft empfahl, die Anwendung beim schweren
körperlichen Entzugssyndrom auf Fachkliniken zu beschränken,
zumal das Risiko einer unkontrollierten Weitergabe und missbräuchlichen Konsums von Clomethiazol im Rahmen ambulanter
Verschreibung besonders groß ist.«[26] Distraneurin selbst hat eine
hohe Suchtpotenz, so dass es in nicht wenigen Fällen zu einer

kombinierten Abhängigkeit kommt. Offensichtlich besteht in der Ärzteschaft akuter Handlungsbedarf in Sachen Distraneurin. Leider helfen wohlmeinende Appelle wenig, wie ich auch in meiner Praxis im direkten Umgang mit Kollegen gelegentlich erfahren muss.
In der Obhut einer Klinik, z.B. in einer internistischen Abteilung, erholen sich Alkoholkranke meist rasch. Nach einem, manchmal bis zu drei oder vier kritischen Tagen sind die Patienten wieder wohlauf. Die meisten können mit Freude beobachten, wie ihre schlechten Laborwerte sich bald wieder dem gesunden Bereich nähern. Sie erleben körperlich und psychisch einen Aufschwung, fühlen sich womöglich um Jahre jünger.

Honeymoon durch Entgiftung?

Die Stimmungslage bei Patienten in der Entgiftung kann aufgrund des so genannten Rebound- oder Umkehreffektes geradezu in ein Stimmungshoch, in die so genannte Honeymoonphase umschlagen. Erst nach sechs bis acht Wochen kehrt der Patient dann wieder auf den »Teppich« seiner normalen Stimmung zurück, erlebt möglicherweise auch erneute emotionale Abstürze. »Gefühlslöcher« nannte das ein Patient.
Leider führt das Hochgefühl nach der Entgiftung oft dazu, dass keine weiteren Schritte unternommen werden. Dabei sind Rückfälle in die Sucht ohne die weiteren Schritte der Therapiekette höchst wahrscheinlich, denn der lange Lernprozess bis zur Abhängigkeit lässt sich nicht einfach dadurch beenden, dass dem Körper kurzfristig das Gift entzogen wird. Viele klinisch tätige Ärzte sind deshalb ebenso kritisch und frustriert wie viele Angehörige: »Ach, das kennen wir ja: In zwei Wochen ist der (Alkoholiker) wieder hier!«
Einige Kliniken sind dazu übergegangen, den Leidensdruck in der Entgiftung produktiver umzusetzen, so z.B. die Suchtabteilung der psychiatrischen Universitätsklinik in Tübingen, die aufgrund von psychotherapeutischen Interventionen unmittelbar in der Entgiftungsphase über wesentlich bessere Erfolgsquoten in der Weitervermittlung von Patienten berichtet als üblich. Danach war immerhin ca. die Hälfte der Patienten bereit, in eine Entwöhnungsbehandlung zu gehen.

Noch muss man aber davon ausgehen, dass Tausende von Alkoholikern Zigtausende von körperlichen Entgiftungen durchmachen, ohne weitere Konsequenzen zu ziehen – womöglich bis zum bitteren Ende. Es gibt Schätzungen, nach denen etwa ein Viertel aller Alkoholpatienten in Deutschland in jedem Jahr mindestens einmal stationär entgiftet wird. Man kann sich vorstellen, mit welchen Summen die Gemeinschaft der Versicherten dabei belastet wird. Eine Mitwirkungspflicht des Patienten kann man nicht nur, sondern muss man hier fordern.

Die Entwöhnung – Selbsthilfegruppen und Psychotherapie

Ambulant, teilstationär oder stationär?

Indikationskriterien für eine *ambulante Therapie* sind: ausgeprägte Therapiemotivation, gute soziale Integration, Ausschluss einer Polytoxikomanie, Ausschluss ausgeprägter psychischer und/oder körperlicher Folgeerkrankungen, Zugehörigkeit zu einer Selbsthilfegruppe, gesicherte kontinuierliche medizinische und psychosoziale Betreuung, stabilisierend wirkendes Familienmilieu, Ausschluss einer Psychose.

Für eine eher *stationäre Entwöhnung* sprechen folgende Kriterien: ausgeprägte Persönlichkeitsstörung, erhebliche Sozialisationsstörung, schwere psychische und körperliche Folgeerkrankungen, gravierende psychosoziale Auffälligkeiten, Polytoxikomanie, geringe Therapiemotivation, krankes Familienmilieu (eventuell mit anderen süchtigen Familienmitgliedern), akute oder chronische Psychose, wiederholte Selbstmordhandlungen.

Nicht nur, aber auch aus Kostengründen wird sich die Suchtentwöhnung künftig stärker in Richtung ambulant (so viel wie möglich) und teilstationär (Tagesklinik) verlagern, während der in Deutschland stark ausgebaute Sektor der Kliniken (so viel wie nötig) abnehmen wird. Für alle Therapieformen gibt es gute Ar-

gumente. Für manche Patienten – und deren Angehörige! – kann das Herauslösen aus dem schwierigen sozialen Umfeld erst den entscheidenden Schritt aus der Sucht ermöglichen. Manche fühlen sich aber unter der »Käseglocke« einer Klinik zu sicher, so dass sie dem Druck in der süchtigen Gesellschaft hinterher nicht lange standhalten können.
Die meisten Einrichtungen bieten ein ausgefeiltes Therapieprogramm an mit Gruppen- und Einzeltherapie, Bewegungs-, Gestaltungs-, Musiktherapie, Entspannungstraining, Angehörigenseminar usw. Die Fachkliniken (bitte nicht »Entzugsanstalten«!) liegen in der Regel etwas außerhalb in einer ansprechenden landschaftlichen Umgebung. Einzelheiten über sie sind über die Prospekte in Beratungsstellen oder direkt aus der Einrichtung zu erfahren.

Selbsthilfe

Der Selbsthilfegedanke ist in den letzten Jahrzehnten außerordentlich populär geworden. Manchmal gerät in Vergessenheit, dass diese Bewegung – sicher nicht zufällig – bei der Sucht ihren Anfang genommen hat. Die Anonymen Alkoholiker wurden 1934 von Bill und Bob, einem Chirurgen und einem Börsenmakler, gegründet. Weltweit können Betroffene Selbsthilfegruppen aussuchen. Inzwischen gibt es weitere Organisationen, die in ähnlicher Weise unabhängig von staatlicher Unterstützung und kostenlos ihre Hilfe anbieten. Da ist das »Blaue Kreuz« mit dem Hintergrund der evangelischen Kirche, der Kreuzbund mit katholischem Hintergrund, die Guttempler, Freundeskreise etc. Nach der letzten Erhebung der Deutschen Hauptstelle gegen die Suchtgefahren gibt es in Deutschland über 1.700 Beratungsadressen für Suchtkranke und Angehörige, weiterhin ca. 600 stationäre Spezialeinrichtungen bzw. Fachabteilungen. Es sind mehr als 7.500 Sucht-Selbsthilfegruppen nachweisbar. (Ein ausführliches Adressenverzeichnis findet sich im jährlich neu erscheinenden und jeweils aktualisierten *Jahrbuch Sucht* der DHS.)
Der erste Schritt ist bekanntlich immer der schwerste: der Schritt über die Schwelle. So sagte ein Alkoholiker über seine eigenen

Bedenken: »Wir hatten natürlich Angst, da reinzugehen. Vielleicht denken die: Da kommt schon wieder so ein Penner, so ein Säufer ... Aber es war dann ganz anders: Da saßen Menschen wie du und ich – mit Problemen, die jeder haben kann, aber nicht zu haben braucht. Endlich konnten meine Frau und ich mal frei von der Leber (!) weg reden. Wir waren total erleichtert. Keiner brauchte sich zu schämen. Wir sprachen nicht nur darüber, wie schwierig es mit der Alkoholkrankheit ist, sondern auch darüber, wie schön die Zeit sein kann ohne Alkohol.«
Wer Adressen, Telefonnummern und Termine für Selbsthilfegruppen sucht, wird sie auch finden: in Telefonbüchern, in Zeitungen, beim Gesundheitsamt usw. Jeder Süchtige sollte sich die Gruppe suchen, die zu ihm passt. Also keineswegs nach einem ersten womöglich missglückten Versuch aufgeben! Jeder findet seine Organisation und seine spezifische Gruppe, in der er sich wohl fühlt. Den so genannten A-Gruppen, also den Anonymen Alkoholikern, den Gruppen für die Angehörigen Al-Anon, den Gruppen für Erwachsene Kinder Al-Ateen, den Essgestörten-Gruppen etc. ist gemeinsam, dass prinzipiell keine Diskussionen stattfinden, zumindest nicht direkt. Jeder darf unzensiert und nicht unterbrochen das sagen, was ihm oder ihr wichtig ist. Das kann je nach Eigenart der Teilnehmer auch zu ermüdenden Monologen führen. Aber der Gewinn für alle Beteiligten ist in jedem Fall hoch. Aus den Beispielen können alle lernen, auch die, die das Trinken noch nicht mit aller Entschiedenheit aufgegeben haben.
Gruppen werden für viele Betroffene zum Familienersatz. Zum ersten Mal finden sie Schutz, Wärme und Geborgenheit, Verständnis und Respekt untereinander.
Im Idealfall sollten Selbsthilfeinitiativen und professionelle Hilfen – Suchtberatungsstellen, Fachkliniken, Psychotherapeuten etc. – ineinander greifen. Leider werden hier zu oft unnötige Fronten aufgebaut. Manche professionellen Helfer reden eher geringschätzig über die Selbsthilfe, Teilnehmer in Selbsthilfegruppen können dagegen geradezu stolz darauf sein, professionelle Hilfe außer vielleicht bei der Entgiftung nie in Anspruch genommen zu haben. *Beide* Seiten haben viel zu bieten und sind letzten Endes aufeinander angewiesen.

Behandlungsergebnisse

Ein wesentliches Hindernis für eine Weitervermittlung von Patienten in die Entwöhnung ist die mangelnde Kenntnis der relativ guten Therapieergebnisse in der Öffentlichkeit, aber auch bei Ärzten. Das Problem liegt heute darin, dass z.B. nur etwa ein Prozent der Alkoholiker in eine fachgerechte Therapie kommt, obwohl ca. 70 Prozent pro Jahr ihren Hausarzt aufsuchen.

Immerhin zeigen umfassende Sammelstatistiken aus der internationalen Forschung, dass in etwa die Drittel-Regel zutrifft: Je ein Drittel der Patienten von Suchtfachkliniken wird abstinent bzw. gebessert, lediglich ein Drittel ungebessert. Eine umfangreiche Studie von Heinrich Küfner u.a. an 1.410 Patienten erbrachte folgende Daten: Von den nach vier Jahren noch erreichbaren 81 Prozent waren 67 Prozent nach sechs Monaten abstinent; am Ende der Beobachtung, also nach vier Jahren, noch 46,4 Prozent. In den letzten drei Monaten vor der Befragung sogar 66 Prozent. Wenn wir in der übrigen Medizin ähnliche Erfolge erzielen könnten, müssten wir sehr zufrieden sein. Die Zahl der Krankheitstage und der Arbeitsunfähigkeit konnte erheblich gesenkt werden, am stärksten natürlich bei denen, die konstant trocken geblieben waren.

Keine Heilung, sondern Stillstand

Eine Suchtkrankheit kann nie definitiv geheilt, aber sie kann zum Stillstand gebracht werden. Voraussetzung dafür ist ein psychischer Veränderungsprozess in der Entwöhnungsphase. Wer über lange Zeit so starke künstliche Mittel wie Alkohol, Medikamente oder illegale Drogen gebraucht hat, um mit seinem Gefühlsleben klarzukommen, muss sich erst neue Bewältigungsstrategien zulegen, um nicht ständig der Gefahr eines Rückfalls ausgesetzt zu sein.

Ziel: Die unangestrengte, zufriedene Nüchternheit

Wie dieses Therapieziel zu erreichen ist und erreicht wird, soll in den folgenden Kapiteln anhand der Fallbeispiele verdeutlicht werden. Geschenkt bekommen wir es jedenfalls nicht. Und das Erreichte ist niemals ein sicherer Besitz. Der Alkohol (hier wiederum stellvertretend für alle anderen Suchtmittel) ist ein tückischer Feind. Wenn Patienten nach längerer Abstinenz mit dem Gedanken spielen, vielleicht doch mal wieder ein Gläschen zu probieren, hilft manchmal, aber nicht immer das Bild des Tigers: Wem es einmal gelungen ist, einen wild gewordenen Tiger wieder in den Käfig zu bringen, der sollte vorsichtig damit sein, gelegentlich die Tür ein bisschen offen stehen zu lassen. Da ist es schnell vorbei mit dem Frieden ... Einer meiner Patienten trank zum achten Jahrestag seiner Er-Nüchterung ein Gläschen Sekt. Innerhalb von 14 Tagen war er wieder in den schrecklichen Abgründen gelandet, aus denen der Heilungsprozess ihn mit viel Mühe herausgeführt hatte.

Nachsorge – Das Geheimnis langfristiger Abstinenz

Forschungsergebnisse belegen immer wieder, dass Nachsorge für den Heilungsprozess genauso wichtig ist wie alle anderen Schritte der Therapiekette. Der Besuch von Selbsthilfegruppen erinnert z.B. daran, wie schnell das Problem Sucht wieder aktuell werden kann. Sicher kann jeder dankbar sein, der nicht ständig unter erneutem Suchtdruck steht oder schweißgebadet aus einem Rückfalltraum erwacht. Aber Sicherheit bedeutet das in keinem Fall. Rückfälle sind eng verbunden mit dem nachlassenden Besuch von Gruppen, d.h. inhaltlich mit nachlassendem Interesse für das Problem. Der Rückfall passiert zunächst im Kopf. »Jetzt kann ich meine Zeit anders nutzen, als dauernd an mein altes Problem erinnert zu werden ...« Leider könnte genau das der Fehler sein: Mir ist ja schon so lange kein Unfall mehr im Auto passiert, also warum anschnallen?

Manche brauchen Ehrenrunden, um zum Ziel zu kommen

Der Heilungsprozess eines Suchtkranken verläuft fast nie geradlinig. Die meisten brauchen Denkanstöße mehr oder minder heftiger Art über viele Jahre hinweg, um endlich den ersten Schritt zu tun. Andere durchlaufen die Entgiftungsstationen aller Krankenhäuser der Umgebung, um endlich zu begreifen, dass »kontrolliertes« Trinken kein gutes Denkrezept ist. Aber nachdem das Problem Sucht erst einmal benannt ist, fühlt sich der Süchtige nicht mehr so wohl wie früher. Der Situation ist die Unschuld genommen.
Selbst wenn viele Süchtige viele, viele Anläufe benötigen, um endlich zur Vernunft zu kommen, sollte die Hoffnung nie aufgegeben werden. Manchmal sind scheinbar harmlose Fälle viel komplizierter als andere, die auf den ersten Blick hoffnungslos erscheinen. Die Wege werden in der Regel kürzer. Nach einer ersten Entgiftung sind der Suchtkranke und die Umgebung schneller bereit, den Weg zur Klinik erneut einzuschlagen, um jetzt endlich bis zur Entwöhnung (ambulant, teilstationär oder in einer Suchtfachklinik) zu gelangen. Groucho Marx hat einmal gesagt: »Ich möchte nicht zu dem Club gehören, der mich als Mitglied akzeptiert.« Nach diesem schillernden Motto handeln viele Süchtige. Der Club ist vielleicht der exklusivste der Welt, vereint er doch viele der größten Genies unter einem gemeinsamen Nenner. »Gehören Sie nun zum Club oder nicht?«, frage ich meine Patienten, wenn ich merke, wie sie schwanken und sich zieren. Eine Zwangsmitgliedschaft hat noch nie viel Glück gebracht.
Alles hängt letztlich von der Einsicht des Patienten ab. Hier hilft der Vergleich mit der Allergie: Wer nicht verstanden hat, dass er auf Katzen allergisch ist und zur Gruppe der Allergiker gehört, wird immer wieder Katzen anfassen – mit höchst ungewissen Auswirkungen auf die Gesundheit. Der Klick im Kopf ist der Einstieg zum Ausstieg.

Tipps für die Rückfallvermeidung

Viele Patienten berichten über einen enormen sozialen Druck, doch weiter mitzutrinken und sich nicht aus dem Club der fröhlichen

Zecher auszuschließen. Darin liegt etwas Wahres. Gleichzeitig wird dies oft als Alibi vorgebracht, denn wer eine klare Haltung vertritt, wird oft nach kurzer Zeit besonders geachtet. Um das Neinsagen zu erleichtern, erarbeite ich mit den Patienten konkrete Strategien. Wie wäre es z.B., wenn Sie wie ein früherer Patient von mir sagen würden: »Danke für die Einladung [zum Schnaps], aber ich muss heute noch arbeiten.« Oder: »Ich mache im Moment eine Diät – und Alkohol hat zu viele Kalorien.« »In meinem Leben habe ich schon so viel Alkohol getrunken, ich habe mein statistisches Soll längst erfüllt.« Sehr gut kommt die Version an: »Der Alkohol hat mir kein Glück gebracht.« Keineswegs sollte man von Beginn an jedem mitteilen, welches Problem man hat. Damit setzen sich viele unter einen unnötigen Druck. Wenn sie sich dann nach und nach Menschen in ihrer Umgebung offenbaren – umso besser!

Vorräte im Haus?

Davon ist dringend abzuraten. Einige behaupten ganz stolz: »Das macht mir doch nichts!«, um später klein beigeben zu müssen. Es ist nicht leicht, eine Schlankheitsdiät zu machen, wenn der Kühlschrank voll ist mit den schönsten Delikatessen ...

Der Trauerprozess

Zu selten wird betont, dass mit dem Abschied von der Sucht auch Schönes verloren geht. Jeder Süchtige hat deshalb das Recht auf seinen individuellen Trauerprozess, der wie in anderen Bereichen über die Stationen des *Leugnens*, der *Wut*, des *Feilschens*, der *Depression* bis schließlich zum *Annehmen* verläuft. So weh es jemandem tun mag, kein Marzipan mehr essen zu dürfen wegen einer Allergie auf Mandeln, so schlimm ist es für manche Süchtige, ihr geliebtes Bier, den Rotwein oder den Campari stehen zu lassen, gar mit einer »Ewigkeitsperspektive«, denn wie bei der Allergie gibt es keine Heilung, eben nur den Stillstand. Gestatten wir also allen Suchtkranken, ihr Schicksal zu betrauern.

> **O**de an den Alkohol: Warum, Freund, ist es so schwer, von dir Abschied zu nehmen, warum klammerst du so, warum entlässt du mich nicht in Frieden? All die Jahre bin ich dir, teilweise dankbar, teilweise in Verzweiflung, treu geblieben. Ich habe dich mit meinen Lippen gekost, gestreichelt, in mich aufgenommen, zuletzt mit Gier und Verachtung gleichzeitig. Können wir nicht Frieden schließen?
> *Lehrerin, Alkoholikerin*

Suchttherapie – ein Jungbrunnen?

Wie viel mehr gibt es in der Therapie letzten Endes zu gewinnen! Besonders bei Frauen ist z.B. der Effekt der Alkoholabstinenz oft geradezu überwältigend. Sie sehen innerhalb weniger Wochen um Jahre jünger aus, haben mühelos viele Kilos verloren, fühlen neuen Lebensmut, entdecken alte Hobbys und andere Fähigkeiten wieder. Oft höre ich den Satz: »Ich spüre eine Stärke, die ich vorher nicht gekannt habe.«
Zum typischen medizinischen Befund bei Sucht gehören die Worte »deutlich vorgealtert«. Die Lebenserwartung von Süchtigen ist erheblich reduziert, nicht zuletzt durch Unfälle und ein vermehrtes Krebsrisiko. Den meisten Süchtigen werden durch die Therapie buchstäblich viele Jahre ihres Lebens geschenkt, verbunden mit einer Lebensqualität, die viele von ihnen vorher nie gekannt haben. »Wir fingen bewusster zu leben an«, sagte ein Betroffener. Oder noch deutlicher: »Mir ging es in meinem Leben noch nie so gut wie jetzt. Das gilt auch für die Zeit vor der Sucht. Erst jetzt habe ich begonnen, ernsthafter über mein Leben nachzudenken. Nur eines kann ich bis heute nicht begreifen: Warum habe ich den Dreh nicht früher gefunden?« (Ausführlicheres dazu im Kapitel zur Psychotherapie und in »Raus aus dem Trichter, hinein ins volle Leben!«)

Die Energie

Eine Patientin konnte ich damit zu einer Therapie überzeugen, dass der Hauptverlust in der Zeit und Energie liegt. Mit Alkohol musste sie ständig Acht geben: »Habe ich noch den Überblick? Wenn jetzt der Chef kommt ...! Kann ich jetzt noch meine Tochter von der S-Bahn abholen, oder ist mein Pegel zu hoch? Morgens aufstehen: früher immer ein Problem ... Abends nach neun Uhr arbeiten: nur noch einfachere Sachen, nichts Anspruchsvolles. Nicht zuletzt kostet das Saufen auch zu viel. Mit billigen Rotweinen gebe ich mich nicht zufrieden. Neulich hieß es in einer Kabarettsendung: ›Wenn du mit allem so heikel wärst wie mit deinen Rotweinen, könntest du dir die nicht mehr leisten.‹«
Jetzt hat sie Oberwasser statt eines schlechten Gewissens ...
Für Patienten, die von ihrer Krankheit (noch) nicht überzeugt sind, lohnt sich ein Trinktagebuch in Kombination mit einer Anlass-Checkliste:[27]
»Der Alkohol entspannte mich ... half gegen Angst ... machte mutig ... half gegen Schmerz ... machte gesellig ... half, Hemmungen abzubauen ... wirkte wie eine Arznei ... machte einfallsreich ... half bei sexuellen Schwierigkeiten ... gab Kraft ... half bei Schlaflosigkeit ... beruhigte ... steigerte den Genuss ... regte den Appetit an ... machte leistungsfähiger ... machte sorglos ... half mir, mich abzureagieren ... half gegen Unpässlichkeit ... machte ansonsten Unverträgliches leichter ... half, dass ich mich nicht so ausgeschlossen fühlte ... erleichterte Probleme ... half mir, mich noch wohler zu fühlen ... half mir zu vergessen.«
Trinktagebuch und Checkliste schärfen die Wahrnehmung, so dass ein Ausstieg leichter wird.

> Beim Alkohol ist es wie bei vielen anderen Problemen: Am besten zu lösen, indem man sich davon abwendet.

Alkohol am Arbeitsplatz – Dienst ist Dienst und Schnaps ist Schnaps

Der Vorgesetzte hat mehr Chancen als die Ehefrau

Die Überschrift spiegelt einen realen Sachverhalt: Viele Menschen verbringen mehr Zeit in der Arbeit als zu Hause – und die meisten definieren sich stärker über die Arbeit als über die Familie. Das mag bedauerlich sein, ist aber nun mal so. Partner haben deshalb geringere Chancen, auf den Betroffenen einzuwirken als ein fähiger und gut ausgebildeter Vorgesetzter.

Natürlich vergeht in beiden Systemen – Familie und Arbeit – relativ viel Zeit, bis konfrontiert und gehandelt wird. Das haben wir schon anhand des Mobiles und des Verlaufes von Sucht und Co-Abhängigkeit gesehen. Während aber z.B. die Ehefrau ins Leere läuft mit ihren wiederholten Drohungen: »Ich lass mich scheiden!« etc., kann die Perspektive, den Arbeitsplatz zu verlieren, besonders in den jetzigen Zeiten sehr schnell unangenehm werden. Der Süchtige spürt: Hier wird nicht nur gedroht, sondern im Notfall, d.h. ohne eigene Einsicht und Veränderung, auch gehandelt.

In meinen Seminaren zum Thema »Alkohol am Arbeitsplatz«, die ich seit vielen Jahren für Behörden und Firmen durchführe, betone ich zu Beginn immer besonders, dass es mir im Sinne meines Berufes um menschliche Hilfe geht und nicht etwa um die Unterstützung eines detektivischen Systems zur Enttarnung von Süchtigen. Jahrelange Verzögerungspolitik, auch »Verständnis« genannt, bringt dem Betroffenen überhaupt nichts. Ohnehin dauert es meist

fünf bis acht Jahre nach Manifestation der Suchtkrankheit, bis tatsächlich etwas geschieht. Drastisch ausgedrückt geht es dann um die Alternative, den Kranken mit den Problemen zu konfrontieren, ihm oder ihr die Verantwortung zurückzugeben und damit eine Möglichkeit der Lösung zu eröffnen – oder den Mitarbeiter in eine frühe Rente oder Pensionierung zu schicken mit einem vorhersehbaren Ende: Der Nachruf darf schon entworfen werden ...
Alkoholmissbrauch am Arbeitsplatz unterliegt den gleichen Gesetzmäßigkeiten wie in der übrigen Gesellschaft. Er verursacht einen steigenden wirtschaftlichen Gesamtschaden, zuletzt allein in Westdeutschland von 30 Milliarden DM pro Jahr. Ein Alkoholkranker bringt im Schnitt nur 75 Prozent der sonst üblichen Arbeitsleistung, fehlt 16-mal (!) häufiger, ist 2,5-mal häufiger krank, 3,5-mal häufiger in Betriebsunfälle verwickelt und fehlt 1,4-mal länger als ein nicht alkoholsüchtiger Mitarbeiter.
Ein Schlaglicht auf die epidemiologische Bedeutung des Alkoholismus wirft eine Studie über chronische alkoholtoxische Leberschäden, also nur einen kleinen Ausschnitt alkoholbedingter Krankheiten: Im Bereich der früheren Bundesrepublik erhielten 1989 ca. 1.700 Menschen deshalb eine Frührente, durchschnittlich im 52. Lebensjahr, wodurch der Gesellschaft allein 20.000 Jahre Erwerbstätigkeit verloren gingen. Dazu kommen rund 10.000 Todesfälle durch Leberzirrhosen und Leberentzündungen mit einem durchschnittlichen Sterbealter von 62,2 Jahren. Das bedeutet pro Jahr einen Verlust von über 150.000 Lebensjahren! Da über die Hälfte dieser Todesfälle bei Personen im erwerbsfähigen Alter eintraten, gingen so auch mehr als 55.000 Erwerbstätigkeitsjahre in diesem einen Jahr verloren. Die Lage hat sich seitdem nicht zum Besseren gewandelt.
In jeder Belegschaft sind mindestens fünf, bei einer älteren und überwiegend männlich strukturierten leicht zehn Prozent der Mitarbeiter alkoholabhängig. Aber nicht nur diese manifest Kranken stellen eine Gefahr für sich und ihr soziales Umfeld dar, also besonders für Familie und Arbeitskollegen, sondern auch diejenigen, die gelegentlich Missbrauch betreiben. So wird z.B. das Problem des Restalkohols nach einer feuchtfröhlichen Feier viel zu wenig beachtet: Wer sich nach einem Rausch um Mitternacht ins

Bett legt, ist in der Regel auf dem Weg zur Arbeit bzw. bei Antritt der Arbeit noch volltrunken, da die Leber nur ca. 0,1 bis maximal 0,15 Promille pro Stunde abbauen kann.
Ein Rechenbeispiel: Ein Rausch nach dem Volksfestbesuch mit 2,0 Promille führt dazu, dass um 8.00 Uhr der Weg zur Arbeit – womöglich mit dem Auto! – unter 1,2 Promille zurückgelegt wird; ein spät angesetzter Arbeitsbeginn um 9.00 Uhr reduziert den Alkoholspiegel nur auf 1,1 Promille. Was nützen ausgefeilte Sicherheitsvorschriften und -vorkehrungen, wenn so ein Mitarbeiter dann eine gefährliche Maschine bedienen darf oder einen Gabelstapler fährt?
Schon mit 0,8 Promille zeigt ein Mensch – bei gleichzeitiger Euphorie, Enthemmung und Selbstüberschätzung – nicht nur ausgeprägte Konzentrationsschwächen. Es vermindert sich auch die Sehfähigkeit um 25 Prozent, die Kontrolle über bewusste Augenbewegungen geht verloren, das Blickfeld engt sich ein (der so genannte Tunnelblick) und die Reaktionszeit ist um 35 bis 50 Prozent verlängert.

Keine Flaschen – gute Mitarbeiter

In der Regel sind es langjährige und gute Kolleginnen und Kollegen bzw. Mitarbeiter, die nach jahrelangem »Training« immer tiefer in den Teufelskreis der Sucht geraten. Meistens besteht die definitive Abhängigkeit, wie schon angedeutet, bereits sechs bis acht Jahre, bevor am Arbeitsplatz interveniert wird. Hier könnte man im Interesse aller Beteiligten wesentlich früher tätig werden, etwa durch betriebsinterne Präventionsveranstaltungen und Reaktionen auf alkoholbedingte Vorkommnisse, z.B. Unfälle.
Wenn man als Vorgesetzter oder Kollege jemanden auf ein zunächst nur vermutetes Alkoholproblem anspricht, trifft es nie den Falschen. Oft stellt sich nachträglich heraus, was die Praktiker im Bereich der Suchtkrankenhilfe zur Genüge kennen: Alle haben es gewusst, aber keiner wollte das peinliche Thema ansprechen. Besonders prekär ist diese Situation, wenn es sich um leitende Angestellte handelt. Nicht nur, dass dann jegliche Form von Alkoholprävention systematisch

unterlaufen wird. Es kann – z.B. durch Fehlentscheidungen – katastrophale Auswirkungen für alle Mitarbeiter geben. Natürlich gibt es keine Statistik darüber, welche Fehlentscheidungen mit welchen ökonomischen und anderen Folgen eintreten. Immer wieder einmal wird gemunkelt, dass dieser oder jener Abteilungsleiter bis hin zum Konzernchef durch Alkoholeskapaden aufgefallen sei. Je schwieriger die zu entscheidenden Sachfragen, desto größer die emotionale Belastung. Da kann es gut tun, die angespannten Nerven durch einen doppelten Cognac zu beruhigen. Nicht selten erscheinen suchtkranke Manager einfach nicht zu Sitzungen, in denen es um große Summen geht.

Nicht nur die Suchtkarriere der Betroffenen, auch die Stadien der Co-Abhängigkeit laufen in Betrieben und Behörden ähnlich wie in der Familie. So ist man zu Beginn oft geneigt, das Verhalten des Kranken zu entschuldigen und ihn vor Konsequenzen zu schützen. Dann folgt die Kontrolle, zuletzt die Anklagephase: Möglichst am Freitagnachmittag entschließt man sich, Herrn X. »der Personalabteilung zur Verfügung zu stellen«.

Die menschliche Alternative

Es geht auch anders: Folgeerscheinungen des Missbrauchs oder der Suchtkrankheit werden nicht verharmlost, sondern wahrgenommen und genauso sachlich behandelt wie Fehler aus anderen Gründen, z.B. sachlicher Inkompetenz.

Das Kritikgespräch: Der Situation die Unschuld nehmen

Am Arbeitsplatz geht es nicht um einen medizinischen Suchtbegriff, sondern ausschließlich darum, ob ein Mitarbeiter in der Lage ist, seinen Vertrag zu erfüllen, seine Arbeitsleistung zu erbringen. Es müssen also konkrete Beobachtungen aus dem Arbeitsalltag gesammelt werden, die sich insgesamt zu einem eindeutigen Bild zusammenfügen.

Jeder kennt bei Alkoholikern den »blauen Montag« und andere Kurzfehlzeiten bzw. Kurzurlaube, die zum Teil nachträglich eingeholt werden. Süchtige lassen sich gern durch Dritte entschuldigen: »Mein Mann hat leider Grippe ... « Süchtige kommen häufig zu spät, sind manchmal zu Arbeitsbeginn schon angetrunken und beginnen die Arbeit mit dem Öffnen einer Bierflasche.

Alkoholiker verschwinden gern mit unbekanntem Ziel vom Arbeitsplatz und kehren verändert zurück, entweder wieder »besser drauf« oder mit zunehmendem Leistungsabfall, so dass sie häufig schon am frühen Nachmittag ihre Arbeit nicht mehr zufriedenstellend verrichten können.

Die Kollegen beobachten zunehmende Leistungsschwankungen. Versprechen und Termine werden nicht eingehalten, die Erklärungen (Alibis) werden immer fragwürdiger. Es gibt inadäquates Verhalten, z.B. aggressive Ausbrüche gegenüber Kollegen oder Vorgesetzten, unerklärliche Stimmungsschwankungen treten auf, Konzentration und Gedächtnis lassen nach. Der Betroffene kann manchmal übereifrig und devot wirken, ist auch aus Schuldgefühlen heraus – und um heimlich und allein trinken zu können – gern zu Überstunden oder Extra-Arbeiten bereit. Selbstwertprobleme spiegeln sich in Prahlerei oder Minderwertigkeitsgefühlen. Aus dem Umfeld werden Schwierigkeiten z.B. mit dem Ehepartner, mit Finanzen bekannt, womöglich auch ein Führerscheinverlust.

Es gehört zu den Führungsaufgaben des Vorgesetzten, bei Suchtproblemen einzugreifen. Viele möchten davon nichts wissen, verstecken sich hinter ihrem Schreibtisch und tun dann hinterher so, als hätten sie nichts gewusst. Dabei ist es verantwortungslos, alkoholisierte Mitarbeiter und auch Unbeteiligte an gefährlichen Arbeitsplätzen hohen Risiken auszusetzen. Unter Umständen muss der Vorgesetzte aus seinem Büro geholt werden, um vor Ort eine Entscheidung über die Arbeitsfähigkeit zu treffen.

Bis zum ersten Gespräch ist es also ein relativ langer Weg. Einzelinitiativen sind immer schwierig und überfordern leicht. Deshalb bietet sich folgendes Vorgehen an:

Am Anfang steht ein Suchtarbeitskreis, der sich zusammensetzt aus *interessierten* Mitgliedern der Personalleitung, des Betriebsrats, aus der Sozialberatung, dem Betriebsarzt und – wenn möglich

– aus trockenen Alkoholikern, die bereit sind, ihren betroffenen Kollegen zu helfen. Einzelkämpfer reiben sich auf, machen sich selbst kaputt. Es muss ein Klima entstehen, in dem offen über Suchtprobleme gesprochen werden kann. Es darf nicht darauf hinauslaufen, dass alle das Problem weiterschieben: »Dafür haben wir schließlich unseren Sozialarbeiter.«

Man muss an Einzelfällen lernen, Erfolge und Misserfolge gemeinsam tragen. Nach dem Eisberg-Prinzip beschäftigt man sich zu Beginn nur mit extremen Fällen, an denen sich der Erfolg der Strategie zeigen soll. Alle müssen mittel- und langfristig denken, sich nicht von anfänglichen Misserfolgen irritieren lassen. Das wäre so, als würde man z.B. neue Therapiemethoden in der Medizin fallen lassen, nur weil sie zunächst bei hoffnungslosen Fällen nicht unmittelbar einschlagen.

Zur Suchtkrankheit gehört der Rückfall. Der Betroffene braucht diesen oft zu seinem Lernprozess, um schließlich zu begreifen, dass er quasi allergisch auf den Alkohol geworden ist, damit nicht mehr so umgehen kann wie die große Mehrheit. Das Umfeld muss konsequent handeln, ohne den Abhängigen zu verdammen.

Die Angst der Vorgesetzten

Es gibt genügend Motive für Vorgesetzte und Kollegen, eine Intervention zu unterlassen: die Angst, sich unbeliebt zu machen, vom Betroffenen Widerstand zu erfahren, von der Sache zu sehr berührt zu werden – und nicht zuletzt Unsicherheit wegen Mangel an Wissen und Kompetenz. Sicher können auch die Motive für eine Konfrontation fragwürdig sein: Sendungsbewusstsein, »Profilneurose«, die Sucht, gebraucht zu werden (Co-Abhängigkeit!), Ablenken von eigenen Fehlern, Machtgewinn und Kontrolle.

Ein übliches Interventionsmuster ist im Schema auf der nächsten Seite wiedergegeben.

Hilfe bei Alkoholproblemen – Ein Leitfaden für Vorgesetzte

- Mitarbeiter fällt auf durch Alkoholmissbrauch
- Vorbereitendes Gespräch mit der Sozialberatung

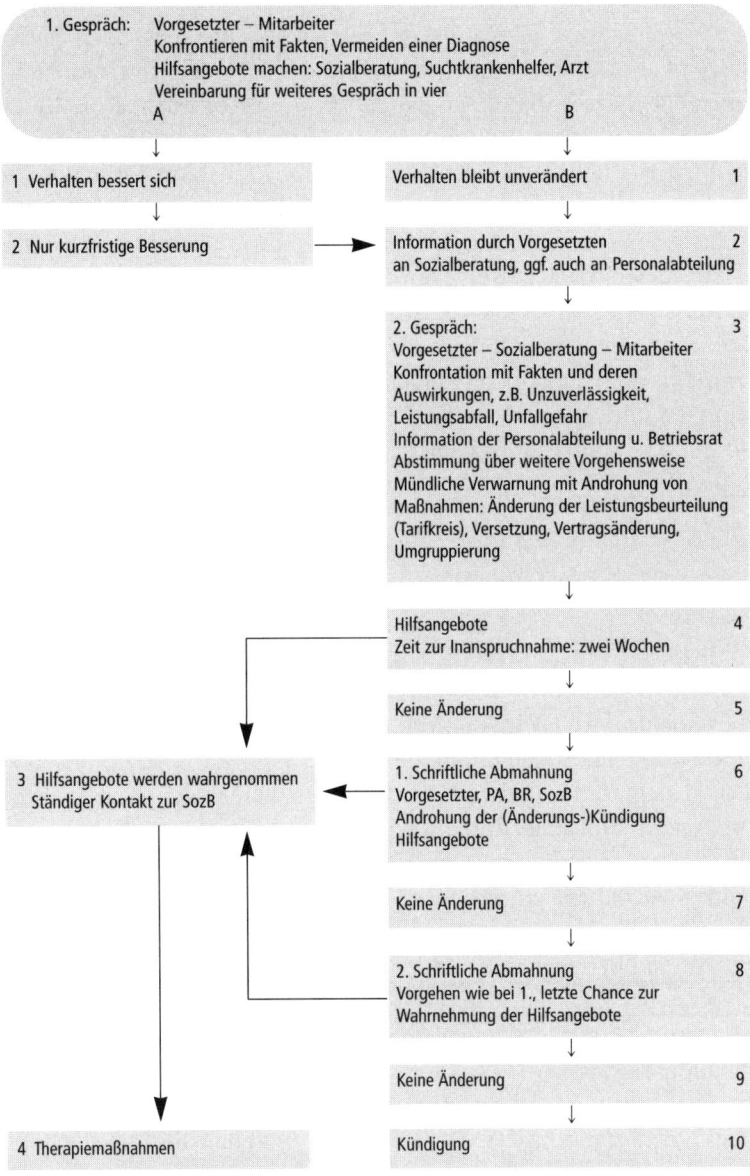

Das erste Gespräch ist das schwierigste. Unbedingt erforderlich sind dazu ausreichende Fakten und Tatsachen: »Sie sind am Tag X gar nicht, am Tag danach verspätet zur Arbeit erschienen. Sie hatten eine Fahne. Der Termin für den Arbeitsvorgang Y am Tag X wurde nicht eingehalten. Für Ihre in den letzten Monaten besonders nachlassende Leistungsfähigkeit haben Sie wechselnde, insgesamt nicht überzeugende ›Erklärungen‹ vorgebracht. Verschiedene Kurzurlaube am Tag XY und YZ wurden nachträglich eingereicht.« Gerade in diesem ersten Gespräch sollte der Vorgesetzte bzw. Kollege auch von sich selbst sprechen, von seinen Gefühlen, dass etwas nicht stimmt. Je länger man den Betroffenen kennt, je näher er einem steht, desto schwieriger. Die eigenen Gefühle und Wahrnehmungen sind entscheidende Kriterien. Es hilft, den Betroffenen mit Aussagen zu konfrontieren wie: »Du hast dich in letzter Zeit verändert. Mir fällt auf, dass du dich manchmal nicht unter Kontrolle hast, deine Stimmungen stark schwanken. Du bist in deinem Fachgebiet nicht mehr so gut wie früher. Man kann keine guten Gespräche mehr mit dir führen.«

KLAR statt Sumpf

Üblicherweise tritt man vor allem bei den ersten Gesprächsversuchen in verschiedene emotionale Fallen. Deshalb sollte man eine Gesprächstaktik nach dem Muster KLAR befolgen: Klarheit steht gegen das Chaos, den Sumpf der Sucht.
Das **K** steht für *Konfrontation* (mit Fakten) und *Konsequenz*. Es geht nicht um moralische Vorhaltungen oder gar Anklagen. Es geht um konstruktiven Druck mit dem Ziel, den Betroffenen zur Änderung seines Verhaltens zu bewegen. Das **L** bedeutet vor allem *Lenken*, aber auch *Loslassen*: Der Betroffene versucht häufig, das Gespräch durch ein überraschendes Manöver in seine Hände zu bekommen. Typisch ist z.B. eine aggressive Gegenreaktion: »Wer hat mich verpfiffen?« »Das ist eine üble Kampagne!« Beliebt ist auch: »Die anderen saufen doch mindestens so viel wie ich.« (»Mit denen beschäftigen wir uns später!«) Manchmal wendet sich das Gespräch auch zum Sentimentalen: Der Betroffene berichtet über ganz private

Probleme, zieht den wohlmeinenden Helfer ins Vertrauen, liefert womöglich eine Lebensbeichte ... Man muss also beim Thema bleiben oder dahin zurückführen, gleichzeitig sein Gegenüber loslassen, es nicht mit Gewalt zu überzeugen versuchen. Gegen zu viel Nähe muss man sich abgrenzen (**A**) und schließlich Ruhe bewahren (**R**).
Viele Gespräche scheitern einfach daran, dass die Erwartungen des Helfers viel zu groß sind. Man muss wissen: *Ein* Gespräch legt keinen Alkoholiker trocken. Die Reaktion des Betroffenen sollte dem Helfer, so paradox es klingen mag, ziemlich gleichgültig sein. Besonders unerfahrene Helfer reagieren schnell enttäuscht und wütend, wenn sie nicht gleich Erfolg haben, sondern womöglich Ablehnung ernten. Dabei kommt es in diesen ersten Konfrontationsgesprächen nur darauf an, Fakten zu benennen – und vor allem sie mit Alkohol in Beziehung zu bringen. Oft ist es nicht leicht, dann auch noch ein Hilfsangebot zu vermitteln. Dies sollte in ganz konkreten Hinweisen auf Beratungsstellen, Selbsthilfegruppen etc. bestehen. Über die Annahme oder Zurückweisung der Hilfe entscheidet der Betroffene ganz allein. Er muss aber wissen, dass man im zweiten Gespräch darauf zurückkommt. Diese Konsequenz, diese Verbindlichkeit ist für Süchtige oft äußerst unangenehm. Sie sind gewohnt, sich mit Versprechungen und Entschuldigungen durchzulavieren.
Mit der Problembeschreibung »Alkohol« ist der Situation die Unschuld genommen. Keiner der Beteiligten kann jetzt noch behaupten, man habe von nichts gewusst. Der Spielraum für den Betroffenen wird enger. Er fühlt sich unter Beobachtung. Zusätzlich zur Klärung der Situation können verschiedene Maßnahmen beitragen, die dem Betroffenen gar nicht gefallen dürften: absolutes Alkoholverbot für ihn persönlich, Abmeldung im Krankheitsfall nur beim Disziplinarvorgesetzten, Vorlage eines Attests am ersten Tag der Krankheit, keine Gewährung von vereinzelten Urlaubstagen, auf keinen Fall nachträgliche Urlaubsgewährung.
Der Kreis der Gesprächsteilnehmer wird auf jeder Interventionsstufe erweitert. Nimmt der Betroffene die Hilfsangebote nicht wahr, ändert er sein Verhalten nicht, sind Abmahnungen die Folge, auch Kürzung bzw. Streichung übertariflicher Zulagen, Herabgruppierung, Versetzung. Schließlich kann es langfristig zur Kündigung

kommen. In den meisten Dienstvereinbarungen ist eine Wiedereinstellungsklausel vorgesehen, die dem Betroffenen eine letzte Chance gibt, nach erfolgreicher Therapie seinen Arbeitsplatz zu erhalten. Der Ablauf der Therapiekette ist beim Thema »Sucht am Arbeitsplatz« der gleiche wie sonst auch. Damit zeigen sich die üblichen Schwierigkeiten: Nach einer körperlichen Entgiftung kommt es z.B. zu der sechs bis acht Wochen dauernden »Honeymoon«-Phase, in der die Betroffenen überhaupt keinen Grund mehr sehen, mehr zu unternehmen. Es kommt zu Rückfällen, das ganze Spiel beginnt von neuem. Das stellt hohe Anforderungen an alle Beteiligten. In meinen Seminaren zeige ich meistens die Dokumentation eines Mitarbeiters der Bundesbahn, den nicht einmal ein fast tödlich verlaufender Arbeitsunfall davon abhielt, weiterzutrinken. Nur die Konsequenz seiner Vorgesetzten und die innere Logik der Betriebsvereinbarung führte für ihn zu einem – vorerst – guten Ende. Bei Betriebsvereinbarungen ist es genauso wie bei Gesetzen: Sie sind nur so gut wie die Praxis, die sich darauf aufbaut.

Über die Intervention bei Einzelfällen hinaus gibt es ein ganzes Bündel von innerbetrieblichen Maßnahmen, die zu einem kritischeren Umgang mit Alkohol beitragen: Im Personalrat und in der Betriebsversammlung z.B. »Alkohol und Sicherheit« zum Thema machen, »harte Sachen« aus der Kantine oder dem Kiosk verbannen, besonders alkoholträchtige Bereiche im Betrieb, so genannte »Nasszellen« oder »Feuchtbiotope«, durch Befragung der Putzfrauen ausfindig machen; bei akutem Sicherheitsbedarf einen »Alkomat« anschaffen etc. Darüber hinaus sollte man das Augenmerk auf allgemeine Faktoren der Klimaverbesserung richten, denn jede Form von Über- oder Unterforderung, von Unfreiheit, schlechter Bezahlung, mangelnder Kooperation und fehlender Identifikation mit dem Arbeitsinhalt führt zu vermehrtem Alkoholkonsum.

Psychotherapie – Das Kernstück der Entwöhnungsphase

Zwei Realitäten

Suchtkranke leiden nicht nur unter einer komplizierten und verletzten Grundstruktur, sondern sind zusätzlich der harten zweiten Realität der Sucht und ihrer psychischen und physiologischen Folgen ausgesetzt. Eine Patientin von Professor Gottschaldt von den Oberberg-Kliniken hat das sinnfällig in folgender Zeichnung ausgedrückt:

Die Patientin selbst ist die gebeugte Gestalt, die auf unsicheren Beinen den Kontakt zum Boden verloren hat. Der erste Bogen über ihr repräsentiert die Sucht und ihre Auswirkungen. Erst der zweite beschreibt den Horizont der übrigen psychischen Probleme.
Die Patientin hat treffend dargestellt, was ich Kollegen in der Ausbildung verbal nicht besser vermitteln kann: Es ist ein Irrtum zu glauben, man müsse erst einmal die Ursprungsproblematik verarbeiten, die Sucht werde sich dann ganz von selbst in Luft bzw. Wohlgefallen auflösen. Das kann nur jemand denken, der nicht selbst betroffen ist und/oder keinen echten Kontakt zu Suchtkranken

gehabt hat. Wie in der Therapiekette beschrieben, müssen zunächst die unmittelbaren Gifteinflüsse durch eine Entgiftung beseitigt werden. Dann kann es weitergehen. Aber der Körper und vor allem das Gehirn und seine Rezeptoren sind nicht so schnell umzupolen. Der Suchtdruck, die Verlagerung auf andere Süchte kommen ins Spiel. Hier können chemische Hilfsmittel wie Acamprosat (Campral) zumindest vorübergehend eine wertvolle Hilfe sein. Wer so lange in seinem Leben Problemlösungen über ein oder mehrere Suchtmittel gesucht hat, ist immer wieder der Verlockung ausgesetzt, es wieder über die vertrauten Wege zu versuchen. »Es hat ja auch geschmeckt ...!«

Die Doppelstrategie

Die Psychotherapie von Suchtkrankheiten muss deshalb immer eine Doppelstrategie verfolgen: Sie behandelt die pathologische Grundstruktur (Neurose, Persönlichkeitsstörung) unter ständiger Beachtung der Rückfall- und Umstiegsgefahr. Wie der mittel- und langfristige Erfolg – körperliche, psychische und soziale Gesundheit, zufriedene und unangestrengte Nüchternheit – erreicht wird, ist zweitrangig.

Individualität ist Trumpf

Wahrscheinlich wären meine Einzeltherapie-Patienten erstaunt, wenn sie sich untereinander über die von mir angewandten Methoden austauschen würden. Keine Suchttherapie ist wie die andere. Psychotherapie muss sich dem Patienten anpassen, nicht umgekehrt. (Das ist keineswegs so selbstverständlich, wie es hier klingt.) Natürlich muss der Therapeut die Führung übernehmen und behaupten, denn sonst landet man gemeinsam dort, wo der Patient im Allgemeinen herkommt: im »Sumpf«. Aber bei allen Gemeinsamkeiten in Suchtentstehung und Suchttherapie gibt es individuelle Unterschiede, die eine Anpassung an die Bedürfnisse des Kranken erforderlich machen. Ein Anzug von der Stange passt vielen, aber nicht allen. Außerdem kommen Menschen in ganz unterschiedlichen

Lebenssituationen zu mir. Manche haben Therapie-Vorerfahrung, manche nicht. Viele waren oder sind in Selbsthilfegruppen, einige (noch) nicht. Einige sind entgiftet, andere meinen, »ein bisschen weniger« sei schon die Lösung.

> In einem brennenden Haus sollte man nicht anfangen zu philosophieren.

Entsprechend diesem Motto geht es bei vielen um die Lösung aktueller Probleme. Wenn es brennt, macht es keinen Sinn, sich philosophierend in den Hausflur zu stellen. Dann ist konkretes Handeln angesagt. Welcher Schritt ist der notwendige nächste? Handelt es sich um einen Substanz-Missbrauch oder eine -Abhängigkeit? In der Regel um Letzteres. Ist der Arbeitsplatz in Gefahr? Wie steht es mit der Partnerschaft? Wie ist – last, not least – der körperliche Zustand? Muss eine Entgiftung eingeleitet werden? (Die meisten Krankenhäuser nehmen inzwischen nur noch jemanden zur Entgiftung auf, wenn eine anschließende Entwöhnung gewährleistet ist.)

Der Kampf gegen die Leere

Es gibt nicht wenige Süchtige, die zwar trocken, aber keineswegs glücklich sind. Vielleicht besuchen sie schon seit Jahren eine Selbsthilfegruppe, fühlen aber immer noch ein Defizit in ihrem Leben, das sie häufig als »Leere« beschreiben. Die reine Beseitigung der suchterzeugenden Substanz, die Entfernung des ersten Bogens in der Zeichnung der Patientin (siehe oben) bedeutet also noch längst nicht alles. Außerdem entfällt der Schutzeffekt des Suchtmittels vor unangenehmen Gefühlen.
Ein aufrechter optimistischer Gang mit Perspektive – im Gegensatz zum Kriechen im enger werdenden Trichter der Sucht – ist erst möglich nach einem erneuten Umstrukturierungsprozess, der durch

verschiedene psychotherapeutische Methoden erreicht wird. Wie wir sehen werden, ist die Wiedergewinnung verloren geglaubter Emotionen der entscheidende Punkt. Je nach Vorgeschichte, Vortherapie, je nach Alter, Intelligenz, Charakter und Lebenssituation profitieren Süchtige und Co-Abhängige unterschiedlich von der Therapie, manchmal schneller, manchmal langsamer. Widerstände und Abwehrmechanismen gegenüber der Psychotherapie und dem Psychotherapeuten entwickeln sich individuell. Der eine fasst früher Vertrauen, der andere später. Der eine »begreift« schneller, der andere langsamer.

> Der Himmel hilft niemals denen, die nicht handeln wollen.
> *Sophokles*

Von meinen Patienten verlange ich von Beginn an aktive Mitarbeit. Niemand soll den Eindruck bekommen, er oder sie könne passiv auf Besserung hoffen: »Mein Therapeut macht das schon ... « Hier ist der Vergleich mit einer Geburt angebracht: Die Hauptarbeit leistet zweifellos die Mutter (auch wenn manche Geburtshelfer anderes vorgaukeln). Die professionellen Helfer können und sollen ihr beistehen. Sollten sie zu viel tun, ist das ebenso fatal, wie wenn sie zu wenig tun, wenn in kritischen Momenten energisches Eingreifen notwendig ist. Anders ausgedrückt: Läuft alles gut, genügt das emotionale Begleiten und Beobachten, freundliches Zureden und vielleicht die Hand halten. Wenn Mutter und/oder Kind in Gefahr sind, kann auch ein Kaiserschnitt notwendig sein.

»Um etwas zu leugnen, muss man es erst erkannt haben«

So könnte man einem Patienten antworten, der nicht wahrhaben will, was mit ihm los ist. Wer sich heftig gegen etwas wehrt, muss irgendwie angegriffen sein: »Wer sich getroffen fühlt, ist gemeint.«

Woody Allen sagt in seinem Film *Der Stadtneurotiker*: »Ich gehe zur Analyse, aber erst zehn Jahre.« Therapeutischer Fortschritt hängt aber nicht oder nur teilweise von der Dauer und/oder der Intensität einer Therapie ab. Wie die entscheidenden Momente, die Geistesblitze in wissenschaftlichen oder künstlerischen Prozessen scheinbar zufällig passieren, so sind Entscheidungen in unserem Leben, also auch in der Therapie, zwar oft Ergebnis eines längeren Reifungsprozesses, ereignen sich aber trotzdem punktuell. Wann haben wir uns entschlossen, einen bestimmten Beruf zu erlernen, auf einen möglichen Partner zuzugehen, mit jemandem zusammenzuleben oder uns von jemandem zu trennen, ein Auto zu kaufen etc.? Das ist oft schwer zu beschreiben oder nachzuvollziehen.

Psychotherapie, die nicht radikal auf Erfolg ausgerichtet ist, ist nicht nur Zeit- und Geldverschwendung, sondern regelrecht Verrat am Patienten. Real betrachtet machen die Patienten fast nie eine länger dauernde Therapie durch, sondern Kurztherapien, möglicherweise mehrfach im Leben. Ein wesentlicher Fortschritt ist nach über 80 Stunden nur in Einzelfällen zu erwarten. Niederfrequente Psychotherapien gewinnen auch deshalb immer mehr an Boden. »Was man lange bedenkt, wird bedenklich«, könnte man mit einem Sprichwort sagen.

Ein guter Psychotherapeut ist wie ein Trainer im Sport: Er muss motivieren können, ohne zu schinden. Er muss Verständnis und Mitgefühl entwickeln, ohne mit dem Patienten gemeinsam depressiv zu werden. (Auf Videos von Therapiegesprächen bzw. Interviews kann man das Befinden des Patienten häufig am Gesicht des Therapeuten ablesen!) Ein Trainer kann auch mal hart sein, um seinen Schützling anzutreiben. (Die Sucht ist in jedem Fall härter als jede Konfrontation in der Therapie.) Er muss die Hoffnung vermitteln, dass Ziele erreichbar sind. Dann kann man sich gemeinsam Grenzen nähern. Nicht alles ist möglich, aber viel mehr, als der Sportler bzw. Patient ursprünglich gedacht hat. Zwischen Grandiosität und Minderwertigkeit liegen viele Mittelbereiche (darauf komme ich später noch näher im Kapitel über »Narzissmus« zurück). Letzten Endes geht es darum, mit den vorhandenen Problemen der eigenen Persönlichkeit besser zurechtzukommen, besser zu leben. Ein Erwachsener ist aufgrund seines Alters schon so weit geformt, dass keine »Heilung« im Sinne einer völligen Umstrukturierung zu erwarten ist.

Meine eigene Therapiestrategie beruht auf einem tiefenpsychologischen Hintergrund, trägt aber gleichzeitig Züge der Verhaltenstherapie mit genauer Analyse konkreter Verhaltensweisen und Änderungsmöglichkeiten. Ziel ist die gedankliche Erarbeitung und das Einüben neuer Muster auf dem Hintergrund einer klaren und illusionslosen Schau auf die eigene Vergangenheit. Ohne konkrete Änderung stellt sich kein Erfolg in der Suchttherapie ein. Eine Umdeutung von Symptomen allein ist kein Fortschritt. Mit den Bremer Stadtmusikanten könnte man sagen: »Etwas Besseres als den Tod [durch Sucht oder Co-Abhängigkeit] findest du immer!« Auch denen ging es ziemlich schlecht, bis sie sich zu einer originellen neuen Lösung durchringen konnten.

Wer die eigene Geschichte nicht kennt, ist dazu verdammt, sie zu wiederholen. Die kranken Zirkel der Sucht und/oder Co-Abhängigkeit gilt es zu durchbrechen, die vielleicht nicht nur das Leben des Süchtigen, sondern schon länger die Familiengeschichte belasten im Sinne eines unheimlichen Auftrags.

»The power of now«

Ausgerechnet die Suchtwerbung weiß: Die Macht liegt im Augenblick – »the power of now«, wie es in einer Zigarettenreklame ausgedrückt wurde. Alle Menschen, aber vor allem Süchtige neigen dazu, wichtige Schritte aufzuschieben. *Ab morgen ist Schluss (I'll quit tomorrow)* heißt deshalb treffend ein Film über Sucht und Suchttherapie. »Ich habe alles im Griff und kann jederzeit aufhören«, sagen Süchtige häufig und gern. Viele Angehörige kennen diesen Spruch.

Warum nicht jetzt gleich!? The power is *now*! Vor allem aus meiner Zeit im ambulanten Psychotherapiebereich habe ich viele zähe und langwierige Verläufe erlebt, aber auch Situationen, die man fast als »Wunderheilung« ansehen könnte. Da kam z.B. auf Vermittlung eines Kollegen dessen schwer alkoholabhängiger Schwager mit seiner Frau zu einem Gespräch. Er trug eine dunkle Brille, um die

Spuren seines Alkoholkonsums zu verdecken. Nicht nur der Atem, der ganze Mann roch durchdringend nach Alkohol. Auf dem Alkomaten blies er rekordverdächtig – bis zum Anschlag. Trotz dieses durch Whisky verursachten Vergiftungszustandes war ein relativ klares Gespräch möglich. Beide waren »am Ende«, die Partnerschaft auch. Letzte Rettung? Ich zeigte die notwendigen Schritte auf, spiegelte, was passieren würde, wenn es auch nur kurze Zeit so weiterginge wie bisher ...

Die beiden reisten nach einer stationären Entgiftung zurück in die USA, wo er an exponierter Stelle in der Wirtschaft tätig ist. Einige Monate hörte ich nichts. Dann erhielt ich einen Brief, der die Macht des Augenblicks demonstriert. Dieser Mann, der vorher nie etwas gegen seine schon fortgeschrittene und langjährige Sucht getan hatte, schrieb: »Vielen Dank für Ihre Hilfe in München! Der Besuch Ihrer Praxis war für mich der erste Schritt zur Beendigung meiner Abhängigkeit. Trockenst Ihr ...«

Es gibt ihn also, den richtigen Moment. Die meisten Süchtigen verpassen leider viele Gelegenheiten. Sie können sie – sehr lange – nicht beim Schopfe packen. Dieses geflügelte Wort bezieht sich auf die Geschichte von Kairos, einem Halbgott. Er hat, so klärte mich ein Altphilologe unter meinen Patienten auf, vorne Haare, am Hinterkopf aber nicht. Packt man ihn also nicht vorne, sondern erst hinten, wenn er schon vorbeigelaufen ist, greift man ins Leere. Manche Abhängige haben das oft genug erlebt, um nun endlich den »weisesten Entschluss« ihres Lebens zu fassen, »einfach so«. Viele, die gern weiter mit den Phantasien des »kontrollierten« Trinkens usw. spielen, sind ganz verblüfft, wenn andere Betroffene ihr simples Rezept verraten: »Fass den Entschluss!«

Was passiert denn nun konkret in der Therapie?

Zunächst findet ein Vorgespräch statt, in dem ich schnell zur Sache komme und klar meine Einschätzung der Lage zum Ausdruck bringe – welche Diagnose, welche Schritte. Ich biete Hilfe an, die in Einzel- oder Gruppentherapie besteht. Ist die Situation in psychischer, körperlicher oder sozialer Hinsicht so ernst, dass mein Hilfsangebot im

Moment nicht ausreicht, verweise ich auf andere Möglichkeiten, z.B. die ambulante Therapie in der Modelleinrichtung »Klientenzentrierte Problemberatung« (KPB) in Dachau oder auf Hilfe in einer Suchtfachklinik, die z.B. über das Blaue Kreuz oder die Caritas vermittelt wird. Privatpatienten verweise ich meist an die Oberberg-Kliniken.

Bleibt der Patient bei mir, erhebe ich eine genaue Anamnese, vor allem auch in Bezug auf begleitende oder frühere Süchte (siehe Auflistung »Einige Süchte von A-Z« auf Seite 29). Der Patient füllt einen umfangreichen Fragebogen aus, der der Klarheit und dem Bewusstwerden der momentanen Lebenssituation in all ihren Aspekten dient. Da geht es nicht nur um Sucht in all ihren Variationen und Folgeerscheinungen (hinsichtlich Finanzen, Familie, Arbeitsplatz, Schule, Körper, Psyche, Sexualität), sondern auch um erlittene Verluste (Tod nahe stehender Menschen, Scheidung/Trennung, Fehlgeburten, Totgeburten, Abtreibungen, körperliche Behinderungen – erworben oder angeboren –, Verlust von Haustieren, häufige Umzüge etc.) Es wird auch nach dem persönlichen und beruflichen Werdegang gefragt, nach der Familiengeschichte, nach den Beziehungen des Patienten zu Familienmitgliedern (heute und früher), nach Missbrauch und Familienatmosphäre, nach kulturellem und religiösem Hintergrund, nach der Geschichte und dem momentanen Stand der Sexualität und Partnerschaft. Fragebögen über co-abhängige Einstellungen und zur Einschätzung der eigenen Person (welche Schwächen, welche Stärken?) runden das Ganze ab. Wer es auf sich nimmt, diesen durchaus indiskreten Fragebogen ehrlich zu beantworten bzw. auszuarbeiten, hat schon einen phantastischen Schritt gemacht. Wer sein Leben wirklich ändern will – und das ist bei Sucht wie Co-Abhängigkeit letztlich unvermeidlich –, muss eine Bilanz ziehen und Klarheit schaffen. (Leider ist das nicht so selbstverständlich, wie ich bei Supervisionen und in Balintgruppen oft erfahren muss. In offenen Anamnesen fehlen oft wesentliche, weil peinliche Bereiche.)

Ist dieser erste Schritt geschafft, konzentriere ich mich mit dem Patienten nach einer Zielformulierung auf ausgewählte Problembereiche, vor allem auf das Schicksal seiner Gefühle im Zusammenhang mit verschiedenen Familienmitgliedern. Fast immer tauchen dann unerledigte Konflikte auf, für deren Lösung ich u.a. folgende Methoden vorschlage, die in den Fallberichten häufig angesprochen werden, weshalb ich sie hier komprimiert vorstelle.

Rituale und nonverbale Strategien: Familienzeichnungen, Familienaufstellungen, Briefe

Suchtkranke bzw. Co-Abhängige kommen, wie wir gesehen haben, in der Regel aus dysfunktionalen Familien und sind deshalb emotional nicht leicht erreichbar. Im Alltag wie auch in der Therapie weichen sie Gefühlen gern aus. Über spontane Familienzeichnungen, wie wir sie schon wiederholt betrachtet haben, werden unmittelbare Einblicke in die Atmosphäre möglich, die die Patienten oft erschüttern. Mit so etwas hätten sie nicht gerechnet ...
Noch heftigere Gefühlsreaktionen sind zu beobachten, wenn Patienten in einer Gruppe ihre Familie aufstellen. Die Methode ist ganz einfach: Man sucht Stellvertreter für die wichtigen Personen heraus und stellt sie im Raum auf. In unerklärlicher, geradezu magischer Weise übertragen sich die Gefühle der Familienmitglieder auf die Protagonisten, die plötzlich Auskunft geben können, dass ihnen dieser oder jener Mensch zu nah oder zu weit weg ist, dass sie sich zerrissen, ängstlich, leer, traurig oder wütend fühlen. Nicht selten reagieren andere, außerhalb der Szene sitzende Gruppenmitglieder emotional ebenso heftig, verweisen auf Personen, die fehlen usw. Schlagartig treten hier schicksalhafte Verstrickungen zutage, deren Wucht das Leben der Patienten bestimmen kann. Ihr Lebensdrehbuch (Skript) verläuft vielleicht deshalb so kompliziert, weil sie unbewusst einen Ausgleich für einen missachteten oder ausgeschlossenen Verwandten schaffen wollen. Eine direkt erarbeitete Lösung, d.h. eine Neuaufstellung der Familie, bedeutet häufig die Befreiung aus der Falle.[28]
Die meisten Menschen scheuen sich davor, etwas zu Papier zu bringen. Sie haben es ja im Kopf *so* klar ... Leider ist gerade das oft ein Trugschluss. »Schreiben Sie doch einmal auf, was Sie Ihrem Vater – auf einer gleichberechtigten erwachsenen Ebene – gern sagen würden (oder gesagt hätten)! Nehmen Sie einige konkrete

Ereignisse, schildern Sie Ihre Reaktionen, Ihre damaligen und heutigen Gefühle! Schreiben Sie, was kommt! Es gibt keine Zensuren, keine Korrekturen. Nur Ihre Ehrlichkeit sich selbst und dem Vater gegenüber zählt.« Viele zögern und zögern: »Keine Zeit!«, »Vergessen« und Ähnliches kommt dann als Entschuldigung. Bringen sie den Brief dann endlich mit, stelle ich einen leeren Stuhl für die entsprechende Person auf. Die Entfernung zwischen Patient und Stuhl wird oft millimetergenau bestimmt. Wie sieht der Vater aus? Welche Kleidung trägt er, welche Schuhe? Wir holen die Person gedanklich her. Der Brief wird vorgetragen – und die Gefühle sind oft nicht zu beherrschen.

Rückblickend auf eine erfolgreiche Therapie beziehen sich fast alle meine Patienten mit Freude genau auf diesen Brief oder diese Briefe und die anderen Rituale. Erfolglose Therapien sind dadurch gekennzeichnet, dass Patienten eben *nicht* handeln, *nicht* aktiv werden, weder geistig wie in diesen Ritualen noch sonst.

Psychotherapie als Verbindung von Kopf und Gefühl

Da das Verhältnis vieler Menschen zur Realität erheblich gestört ist, kann es notwendig sein, die Realität immer wieder gemeinsam zu überprüfen. Ist alles wirklich so aussichtslos, wie vom Patienten empfunden? Oder ähnelt sein Verhalten jener Fliege, die tausendmal gegen eine Fensterscheibe donnert, weil sie dahinter die Freiheit erhofft und dabei das offene Fenster 50 Zentimeter weiter rechts übersieht?! Kognitive, verstandesmäßige Zugänge sind genauso wichtig wie emotionale. Genauer gesagt geht es um die Verbindung beider Strategien, um mit sich und der Welt (wieder) ins Reine zu kommen.

Körpertherapie

Eine geradezu ideale Verbindung mehrerer Aspekte bietet die Körperpsychotherapie, wie sie Wilhelm Reich (laut Bettelheim der brillanteste Kopf unter den Schülern Freuds) mit seiner erweiterten

Fassung der *Charakteranalyse* vorgegeben hat. (Daraus haben sich zahlreiche andere Schulen abgeleitet, die aber nicht die Stringenz und Kraft des Originals erreicht haben und zum Teil auch gegen wesentliche, gut begründete Prinzipien Reichs verstoßen.)
Der Intellekt und das Sprechen kann von Patienten auch als Abwehr benutzt werden – man nennt das Rationalisieren oder Intellektualisieren. Diese Beobachtung aus der klassischen Analyse veranlasste Reich dazu, vermehrt auf den nonverbalen Ausdruck zu achten und damit zu arbeiten. Wie kommt der Patient ins Behandlungszimmer? Wie ist dessen Gang, Körperhaltung, Augenkontakt? Wie schüttelt er die Hand? Wie ist der Gesichtsausdruck? Zeigt er eine lebendige, hysterisch-forcierte, müde-traurige oder grinsend-aggressive Mimik? Wie klingt die Stimme – modulationsfähig oder flach, gepresst oder frei? Jeder Mensch zeigt die Spuren von Erziehung und Lebensschicksal unbewusst in Körperausdruck, Stimme und Mimik und setzt seine vorsprachlichen Mittel entsprechend ein. Samy Molcho hat das in seinen Büchern anhand vieler Fotos demonstriert (z.B. in *Körpersprache*).
Die Lösung des »muskulären Panzers« durch bestimmte Übungen oder direkte Eingriffe an der Muskulatur ermöglicht einen Zugang zu lange verborgenen Gefühlen. Besonders wichtig ist die Arbeit am Augensegment: In den Augen liegt nach der Überzeugung der alten Ägypter die Persönlichkeit. Die Augen sind wie ein Barometer der Psyche. Bei vielen sind sie starr und leer oder ängstlich oder aggressiv, bei Süchtigen und Co-Abhängigen darüber hinaus meist übermäßig angestrengt. Wer in einer chaotischen Familie den Überblick nicht verlieren will, muss möglichst alles »im Auge behalten« ... Daher rührt der strapazierte Blick, der durch leicht erlernbare Übungen zu lockern ist.

»Ich armes Schwein!« – oder: Der Wink mit dem Zaunpfahl

Im Leben bekommt man nicht häufig mehrere Chancen. Viele Süchtige müssen eingestehen, dass sie von Glück reden können, ihre selbstmörderische Sucht bis heute überlebt zu haben. Wäre das nicht

ein Grund, künftig mit sich und anderen verantwortungsvoller umzugehen? Hatte da vielleicht Gott die Hand im Spiel, oder eine höhere Macht, wie es bei den Anonymen Alkoholikern heißt?
Psychotherapie ist verweltlichte Seelsorge, auch wenn das viele Kollegen nicht gern hören. Eine Suchttherapie sollte unbedingt die Frage nach der Spiritualität einbeziehen. Welchen Sinn hat unser Leben? Welchen Sinn hatte möglicherweise die Sucht oder Co-Abhängigkeit? Sollen wir in Selbstmitleid versinken – oder beherzt einen neuen Weg suchen? »Erkenne dich selbst!«, stand es über dem Eingang einer philosophischen Schule, »damit du Gott erkennst«, hieß es innen weiter.
Von der inneren Stärke und der klaren Ausstrahlung geheilter Menschen können wir alle viel lernen. Das hat mit richtig verstandener Bescheidenheit und Demut zu tun.

Gruppenpsychotherapie

Die meisten Patienten glauben, dass Einzeltherapie »besser« sei und Gruppentherapie »nur zweite Wahl«. Dabei gibt es gerade für Suchtkranke eine Reihe von Vorteilen der Gruppenpsychotherapie, die die Vorzüge einer Einzeltherapie womöglich mehr als wettmachen. In der Einzeltherapie sieht sich der Patient oder die Patientin immer nur mit einer Person konfrontiert, in der Gruppe dagegen mit mehreren. Dadurch erhöhen sich die Möglichkeiten der Übertragung: Während vielleicht in der Einzeltherapie im Therapeuten (unbewusst) eine mehr oder minder positive Vaterfigur, der Bruder oder Partner gesehen wird, sind die Möglichkeiten in der Gruppe vielfältiger. Zunächst sind – jedenfalls in meiner Therapiegruppe – alle Betroffenen Leidensgenossen. Es entsteht eine Solidarität und Sympathie, die mit derjenigen in Selbsthilfegruppen zu vergleichen ist. Außerdem sitzt dort vielleicht jemand, der z.B. »typisch mein Mann« ist, »typisch meine Mutter« oder »mein Bruder«, »Chef« etc. Die Auseinandersetzungen finden unter den Gruppenmitgliedern statt. Der Gruppentherapeut hat eine Katalysator- oder Moderatorfunktion. Er kann je nach Schule die Interaktionen spiegeln, deuten, manchmal auf die Spitze treiben oder besänftigen. Wichtig ist es, erneuten Missbrauch oder erneute Traumatisierung der Teilnehmer untereinander zu verhindern.

Wenn uns jemand an eine Negativfigur unserer Kindheit erinnert, sind wir allzu leicht bereit, wiederum blind loszuschlagen in Form von emotionalen Attacken, z.B. mit verbalem Missbrauch. Hier ist der Gruppentherapeut gefordert: Er muss so etwas dringend unterbinden. Das sind jedoch Ausnahmefälle, die bei einer heftigen Gruppendynamik passieren können. Fast immer geht es um positive und produktive Auseinandersetzungen, die mit Lernprozessen nicht nur für die Kontrahenten, sondern auch für die Zuhörer verbunden sind.

Hier sind wir bei einem Punkt angelangt, den erfahrene Gruppenpatienten sehr hoch einschätzen: Das Zuhören ist manchmal wichtiger als die unmittelbare Teilnahme an der Interaktion. Umgekehrt kann auch die Frage auftauchen: Warum äußert sich hier jemand in einer bestimmten Situation nicht, obwohl das Thema für ihn hochaktuell ist? Hier kommen gruppenspezifische Prozesse ins Spiel: Wer nimmt sich wie viel von dem Kuchen von ca. 100 Minuten einer Gruppensitzung? Wer zieht sich zurück, wer drängt sich vor? Welchen Platz nehme ich in der Ersatzfamilie Gruppe ein, welche Rolle spiele ich? Bin ich z.B. wie in der Familie Held, Sündenbock, verlorenes Kind, Clown oder Maskottchen? Oder kann ich im Gruppenprozess, unterstützt durch andere Gruppenmitglieder oder den Therapeuten, neue Verhaltensweisen ausprobieren? Das fällt in einer geschützten Atmosphäre viel leichter.

Gefühle stehen im Mittelpunkt – wie unangenehm!

> Wenn ich mein Inneres öffne, mache ich mich nicht etwa verletzlicher, sondern stärker.
> *Isabel Allende*

Wir können prinzipiell davon ausgehen, dass der Kern eines Menschen gut ist. Das bedeutet für die Erziehung: Wie bei einer Pflanze müssen wir für ein Kind Bedingungen schaffen, in denen es sich geborgen und geliebt fühlt, bei denen genügend Sonne und gute Luft vorhanden sind, eine Atmosphäre, in der es wachsen und gedeihen kann. Leider gibt es Erziehungskonzepte, die eher davon ausgehen, dass ein Kind ein bösartiges Etwas ist, das unbedingt gezähmt und geformt werden muss. Zitat aus einer Religionsstunde (!): »Woran erkennt man das Böse im Menschen? Dass ein Säugling schreit ...«
Gerade das Essen, das in funktionalen und noch stärker in dysfunktionalen Familien eine so zentrale Rolle einnimmt, führt zu einem ersten heftigen Konflikt, in dem die Bedürfnisse und Gefühle eines Menschen verletzt, oft nicht einmal wahrgenommen werden. Eine heute einsichtige Mutter berichtete, dass sie dem dringenden Rat ihres Kinderarztes alter Schule gefolgt sei und ihre Kinder habe schreien lassen – wie die meisten ihre Tochter viel länger als den Sohn. Schreien kräftige schließlich die Lungen ...
Auch wohlgesinnte Eltern machen Fehler, auch später weitgehend psychisch gesunde Menschen erleiden Traumata und Verletzungen, aber wenn das in einer geborgenen Atmosphäre passiert, gibt es Möglichkeiten des Ausgleichs. Die meisten später Süchtigen und auch die meisten Co-Abhängigen kennen das Grundgefühl der Geborgenheit und Liebe, des Angenommenseins jedoch nicht. Oft werden sie in schon problematische Ehen bzw. Familien hineingeboren, sind nicht willkommen – oder sie sollten doch wenigstens anders sein, z.B. ein Junge und kein Mädchen. Viele Süchtige fühlten

sich ihren Be- und Erziehungspersonen mehr oder minder hilflos ausgeliefert, manchmal von einem Elternteil vernachlässigt, vom anderen geradezu erdrückt von Liebe. Über die Qualität der frühen Beziehung zwischen Mutter und Kind – und nicht zu vergessen, Vater! – erfahren wir trotz aller Bemühungen oft nichts Zuverlässiges.
Hilfreich sind da Beobachtungen an Tieren: Schimpansensäuglinge sterben nach dem Verlust der Mutter auch dann häufig, wenn sie eine Ersatzmutter erhalten. Einzeln gehaltene Ratten – Ratten sind extrem gesellige Tiere – gewöhnten sich in einem Experiment nach und nach an Alkohol – und waren später schnell wieder rückfällig, d.h., sie tranken signifikant mehr Alkohol als zuvor, auch wenn dem Alkohol Chinin beigemengt wurde, was einen stark bitteren Beigeschmack erzeugt und normalerweise von den Ratten nicht getrunken wird! Die Ratten zeigten also – ähnlich wie Katzen in einer ähnlichen Anordnung – auf die Frustration und Gewöhnung hin ein absolutes Suchtverhalten, das auch in entsprechenden Bereichen des Gehirns verankert ist.[29] In einem anderen Test wurde nachgewiesen, dass ängstliche Tiere mehr Alkohol tranken als nicht ängstliche – und dieses Verhalten ebenfalls fortsetzten in einer anschließenden freiwilligen Alkoholselbstverabreichung.
Wir sehen also, dass Gefühle mit Alkohol verändert werden können im Sinne einer Selbstmedikation bzw. einer versuchten »Selbstheilung«.

Lernen am Modell

Durch das Lernen am Modell und durch die Reaktionen in unserem Umfeld entwickeln wir unsere Konzepte im Umgang mit Gefühlen. Dabei kommen schon sehr früh Wertungen ins Spiel: Diese Gefühle sind gut und akzeptiert, jene »schlecht« und folglich zu unterdrücken. »Sei nicht so ein Angsthase!« »Ein Junge weint nicht!« »Seid nicht so laut – was sollen die Nachbarn denken?« »Zieh nicht so ein Gesicht!« »Reiß dich zusammen!« »Da braucht man doch nicht traurig zu sein!« Es geht natürlich auch drastischer: »Hör auf zu weinen – sonst gebe ich dir gleich einen Grund dafür.« »Halt's Maul! Du redest nur, wenn du gefragt wirst!« Oder: »Schäm dich!« »Ich werde dir deinen Zorn schon austreiben!« »Keine Widerrede!«

Zur Unterscheidung von gesunden und ungesunden Gefühlen

Gesunde Gefühle sind kurz, heftig, eindeutig, meistens eine Sache von Sekunden oder gar Sekundenbruchteilen. Kranke Gefühle, die oft durch die Unterdrückung gesunder entstehen, haben dagegen eine kaugummiartige Konsistenz: Sie sind nicht eindeutig, in der Ausprägung unklar – und sie legen sich wie ein Schleier auf das Lebensgefühl oder werden gar selbst zum Lebensgefühl oder Charakterzug, wie traurige Verstimmtheit, Groll, Angst.

Kinder beobachten genau, wie Erwachsene mit Gefühlen umgehen, wie sie Enttäuschungen, Trauer, Demütigungen, Freude, Lust, Wut verarbeiten, zeigen oder nicht zeigen: Pokerface oder individueller mimischer Ausdruck. Es gibt in Familien erlaubte und nicht erlaubte Gefühle, gestattete und verpönte Ausdrucksformen. Wir verinnerlichen das und treffen, ohne uns darüber bewusst zu sein, Entscheidungen, manchmal früher, manchmal später im Leben: Übernehmen wir die Version von Vater oder Mutter, vielleicht von der Großmutter oder vom Onkel?

Nullwörter vermeiden, Gefühle wieder entdecken

Die Sprache ist reich an Ausdrücken, die sich auf Gefühle beziehen. Leider haben wir uns in der Alltagssprache daran gewöhnt, häufig Begriffe zu verwenden, die mehr verbergen als sie aussagen. Da ist von »Stress« die Rede, von »Frust«, aber auch von »Depression« – alles Fremdwörter, die keine Auskunft geben über die Gefühlsschattierungen eines Menschen. Auf die Frage »Wie geht's?« erwarten und geben wir keine wirkliche Antwort außer »Gut!«, »Man lebt« oder vielleicht »Genervt.« Ganz originell auch: »Geht so.«

All diese Nullwörter können wir, wenn wir wollen, differenzieren, denn hinter Stress kann sich Wut und Trauer, Angst, manchmal auch Freude verbergen (verursacht durch so genannten Eu-Stress). Frustration macht im Allgemeinen ärgerlich, vielleicht aber auch traurig und verzweifelt angesichts einer unlösbaren Situation – Angst nicht zu vergessen. Die beliebte »Depression« ist ebenso vieldeutig. Meinen Patienten pflege ich zu sagen: »Das ist ein Fremdwort. Das müssen Sie mir erläutern: Was meinen Sie genau damit?« Nicht zufällig ist die »Depression« die häufigste Fehl- und Deckdiagnose für Suchterkrankungen. Meistens stellt sich heraus, dass in Wirklichkeit eine Mischung von Traurigkeit, Wut und Leere vorliegt, nicht selten auch Anteile von Angst, Scham und Schuldgefühlen.

> Einen neuen Schritt zu machen, ein neues Wort zu äußern, das ist es, was die Menschen am meisten fürchten.
> *Fjodor Dostojewski*

»Ein bisschen vom ersten ...« – neu entdeckte Wörter

Welche Grundgefühle gibt es? Nicht viele: *Angst, Freude, Liebe, Lust, Ärger* (Wut, Groll), *Scham, Schmerz, Schuld, Trauer*. Alle anderen Wörter beschreiben Mischungen, deren Bestandteile unterschiedlich sein können. Nehmen wir das Beispiel »beleidigt«: Was fühlen wir in diesem Zustand? Scham, Ärger bis Wut, Angst, Schuld, Trauer?! Überlegen Sie selbst: Welche Gefühle verbinden Sie mit »verbittert«, »befremdet«, »irritiert«, »empört«, »gedemütigt«, »peinlich berührt«, »beunruhigt«?
In meiner letzten Klinik habe ich ein Kurzzeitprogramm für Suchtkranke eingeführt. Nach dem Muster unserer Kollegen in den USA hatten wir im Gruppenraum eine Tafel hängen mit einer Liste der Grundgefühle. Einer unserer Patienten wollte sich in der Gruppe unter keinen Umständen auf irgendwelche Gefühle festlegen. Nach mehrmaligem Insistieren verwies er etwas ironisch und ärgerlich auf die Tafel: »Ein bisschen vom ersten – und ein bisschen vom dritten ...« Es ging um Wut und Trauer, keine seltene Mischung bei Süchtigen. Das Lachen der Gruppe war ihm natürlich sicher. Später stellte sich

heraus, wie früh seine Distanzierung von Gefühlen begonnen hatte. Dazu eine seiner Anekdoten: Als Kind warnte ihn eine Nachbarin: »Bub, pass auf, gleich fällst du von der hohen Mauer herunter!« Er, unbeeindruckt: »Ist das *unsere* Mauer oder Ihre?«

Die Schwierigkeit im Umgang mit Gefühlen beginnt in dem Moment, wo zwischen richtigen und falschen, guten und schlechten, erlaubten und unerlaubten Gefühlen unterschieden wird. Wir können uns ja nicht dagegen wehren, auch unerwünschte Gefühle zu spüren. Dann fühlen wir uns womöglich schuldig, bezeichnen nicht nur das Gefühl, sondern uns selbst als »schlecht«. Unser Selbstbewusstsein leidet, wir verachten uns selbst – und natürlich andere, die so dreist sind, diese verpönten Regungen sogar zu zeigen ...

Wenn Kinder begonnen haben, altklug ihre Emotionen zu sortieren, tendieren sie dazu, charakterlich zu »erkalten«, wie Wilhelm Reich das genannt hat. Die Kinder legen sich in zunehmendem Maße eine Fassade zu, hinter der sie sich, d.h. ihr Inneres verbergen. Charakterlich panzern sie sich ab, um nicht mehr verletzlich zu sein. Das ist nicht nur im mehr oder minder starren Gesichtsausdruck, sondern auch am gesamten Körperausdruck abzulesen.

Um den Schmerz, den manche Gefühle in uns hervorrufen, nicht mehr zu spüren, bauen wir eine Abwehr auf, die uns das Überleben erleichtert. In der Psychotherapie nennen wir diese Abwehrmechanismen auch Widerstände. Wir bagatellisieren, rechtfertigen, rationalisieren, intellektualisieren, generalisieren, verdrehen, projizieren auf andere, spalten, verdrängen, leugnen usw., usw. Fast alle inneren Abläufe oder äußeren Handlungen können im Dienst der Abwehr stehen. So kann niemand an uns heran.

Wertvolle Hilfen, unsere Gefühle zu manipulieren, sind alle Formen von Suchtmitteln oder süchtigem Verhalten. So können wir die angenehmen Emotionen stärker spüren – Freude, sexuelle und andere Lust, die unangenehmen dagegen dämpfen. Wer wird nicht z.B. mutiger (entspricht geminderter Angst) im Umgang mit dem anderen Geschlecht durch Alkohol? Wie sagte der personifizierte Alkohol im Essay von Jürgen Neffe: »Leise schleich ich durch die Seelen, ins Gemüt, lasse lachen, grübeln, prügeln, dirigiere Mut und Wut. Heimlich herrsch ich über Liebe, über Kriege, Glück und Hass, Menschen zwischen Wohl und Wehe, Körper zwischen Lust und

Last.«[30] Dieses Zitat bietet uns den besten Einstieg in die spezielle Psychodynamik Süchtiger und, mit gewissen Abwandlungen, Co-Abhängiger.

Die Psyche süchtiger Menschen

Eine klassische und eindeutige Sucht-Persönlichkeit konnte in der Forschung nicht herausgefiltert werden. Trotzdem gibt es wiederkehrende Züge, deren Betrachtung das Verständnis und die Therapie dieser Menschen erleichtern.
Laut einer Studie von Rauchfleisch sind Süchtige typischerweise affektlabil. Sie stehen ihren Gefühlsinhalten im Wesentlichen unreflektiert und passiv gegenüber und sind ihnen bei ihrem Auftauchen weitgehend schutzlos ausgeliefert. Folgerichtig versuchen sie Situationen zu vermeiden, die sie emotional ansprechen. »Das stimmt hundertprozentig!«, bestätigte ein Patient. »In meiner Saufzeit bin ich z.B. nie auf eine Beerdigung gegangen – und wenn, habe ich mich hinten rumgedrückt und bin gleich nach dem Friedhof heim und habe mich voll laufen lassen. Vor zwei Wochen musste ich zur Beerdigung eines tödlich verunglückten Freundes. Zum ersten Mal habe ich alles wieder gefühlt, bin mit zum Leichenschmaus gegangen. Es war nicht leicht. Mir war zum Heulen. Die traurigen Eltern zu sehen – furchtbar. Aber es hat gut getan. So ist halt das Leben.«
In seine Erlebnisverarbeitung, in seine sozialen Bezüge baut der Süchtige eine ausgeprägte rationale Kontrolle ein. Es zeigen sich fast zwanghaft anmutende Persönlichkeitszüge. Im Rahmen des freudschen Erklärungsmodells der Seele könnte man die Spannung zwischen den labilen Erlebnisinhalten auf der einen und der strengen rationalen Kontrolle auf der anderen Seite als einen Kampf zwischen der inneren Instanz des Es (triebhafte Regungen) und des Über-Ichs (Hauptanteil des Gewissens) deuten: »In Zeiten der Abstinenz dominieren die Über-Ich-Forderungen und die süchtige Persönlichkeit weist zwanghafte Züge auf, mit denen ein Durchbrechen der latent bereitliegenden, gestauten Es-Regungen verhindert werden soll. In

der akuten Phase der Sucht brechen diese ungesteuerten Gefühlsinhalte, die verdrängten oralen Wünsche und die gehemmten expansiven Bestrebungen hervor, überschwemmen das Ich des Süchtigen und schränken die Wirksamkeit des Gewissens ein.«[31] Angst wird gemindert, unterdrückte Gefühle wie Wut und Trauer brechen durch, sind nicht mehr zu bremsen: »Betrunkene, Kinder und Narren sagen die Wahrheit« – oder: »In vino veritas« (im Wein liegt die Wahrheit). Aber das Über-Ich ist nur begrenzt alkohol-löslich. Nicht das gesamte Gewissen wird außer Kraft gesetzt. Die Grundüberzeugungen bleiben bestehen – wenn nicht tief verdrängte Impulse alles beiseite schieben.

Dr. Jekyll und Mr. Hyde – Das Janusgesicht

Angehörige sprechen oft von Ausnahmezuständen, in denen sie den ihnen sonst bekannten Menschen kaum wiedererkennen. »Jetzt ist er wieder der Größte!«, sagt die Frau eines Patienten fast schon stereotyp am Telefon, wenn ihr sonst so netter und höflicher Mann sich im Alkoholrückfall bösartig und großspurig zeigt. Alkoholiker selbst beschreiben sich manchmal wie gespaltene Persönlichkeiten, deren Teile nicht mehr zusammenkommen. Das klingt an in der Geschichte von Dr. Jekyll und Mr. Hyde. Hyde ist auch ein Wortspiel: Es klingt wie das englische »hide« = verstecken. Der Süchtige versteht es oft ausgezeichnet, nach Bedarf diese oder jene Seite seines Janusgesichts zu zeigen.

Es geht natürlich auch weniger extrem. Innerhalb weniger Tage berichteten mir zwei Frauen unterschiedlichen Alters fast die gleiche Geschichte: Beide fühlen eine ganz schüchterne, verschämte, fast nonnenhafte Seite in sich – und beide flippen gern aus, tanzen im wahrsten Sinne des Wortes gern auf dem Tisch. Die eine musste sich von ihrer Mutter immer wieder anhören: »Du wirst noch wie [die angeblich liederliche] Tante Lisbeth!« Die andere gab lachend zu, dass sie neben ihrer braven Kleidung auch ein »Tigerkleid« im Schrank habe, das sie sich kaum anzuziehen traue.

Die therapeutische Aufgabe besteht darin, beide Anteile wieder zusammenzubringen, z.B. indem die Strenge der Liederlichen mitteilt, dass sie sie insgeheim manchmal um ihren Mut beneidet, dass sie aber nun einmal nicht anders kann. Und umgekehrt kann die Liederliche der Strengen in einer gespielten Szene (mit einem leeren Stuhl) gestehen, dass sie sie um ihre Geradlinigkeit und Ehrlichkeit beneidet – und dass sie gern mit ihr näher befreundet wäre ... So haben beide Frauen wieder – wenn nicht erstmals in ihrem Leben – gelernt, beide Seiten ohne Scham zu akzeptieren und zu lieben: »Was ist daran so schlimm, wenn ich mal so, mal anders reagiere. Es gehört beides zu mir – und ich muss mir nicht vor lauter Scham den Kopf zuballern.«

Suchtmittel für das Gleichgewicht

Gefühle können also von Süchtigen nicht adäquat gelebt, häufig nicht einmal adäquat wahrgenommen werden. Der Suchtstoff oder das süchtige Verhalten dient zur Integration und Erhaltung eines pathologischen inneren Gleichgewichtes. Man könnte auch von einem inneren Mobile sprechen, in dem z.B. der Alkohol seinen festen Platz hat. Dieser dient intrapsychisch als ein Selbstheilungsversuch mit folgenden drei Hauptkomponenten:
- Schutz vor unerträglichen Affekten,
- Repräsentant einer frühen Beziehungsperson und
- Schutz vor entwertenden Über-Ich-Stimmen.

- **Unerträgliche Gefühlsmischung**

Viele Suchtpatienten haben in ihrer Kindheit schwere reale Traumatisierungen erlebt, sind innerlich tief verletzt worden bei gleichzeitigem Mangel an stabilen, stützenden emotionalen Beziehungen. Weit überdurchschnittlich sind sie z.B. von aggressivem sexuellem Missbrauch betroffen. Während für die »Normalbevölkerung« Zahlenwerte zwischen acht bis maximal 28 Prozent angegeben werden, fand Brigitte Schnack in einer Untersuchung an 100 stationär behandelten Alkoholikern und Polytoxikomanen schwere Formen von Missbrauch – leichte lassen sich durch Befragung nicht ermitteln – bei 71 Prozent der befragten Frauen, aber auch bei 55 Prozent der Männer.[32]

Wer unter ständiger körperlicher, seelischer und eventuell sexueller Misshandlung zu leiden hat, entwickelt oft eine Angst vor dem, was Krystal den »traumatisierenden Uraffekt« genannt hat, einem »Gemisch aus (Vernichtungs-)Angst, Depression und Leere«[33]. Diese Leere sieht man auch als einen Ausdruck der so genannten narzisstischen Entleerung, wie sie gut wiedergegeben ist in dem Sponti-Spruch: »Stell dir vor, du gehst in dich – und niemand ist da.« Dazu gibt es auch eine frühere Version in einem Berliner Witz: Unterhalten sich zwei Alkoholiker: »Du musst endlich aufhören zu trinken, Ede! Jeh endlich mal in dir!« – »Ha' ick schon jemacht: ooch nischt los!«

- **Repräsentant einer frühen Beziehungsperson**

Durch Suchtstoffe wird häufig eine künstliche Wärme und Geborgenheit geschaffen (Zitat eines Patienten: »Mit Alkohol bin ich nie allein«). Denken wir nur an das wohlige Gefühl, das schon nach wenigen Schlucken Alkohol im Magen und von dort aus im ganzen Körper entsteht! Alkohol wird zur scheinbar süßen, letzten Endes aber giftigen Muttermilch für den Süchtigen und zum Repräsentanten für die versorgende Person.

Ein Patient kommentierte seinen letzten schweren Rückfall: »Es war nach jedem Schluck Schnaps so, wie am Rockzipfel der Mutter zu hängen. Leider wurde der Moment mit steigender Menge immer kürzer ...« – In einer Dokumentation über einen Alkoholiker fiel auf, dass er in fast jedem Satz seine Frau erwähnte, nie als Partnerin, sondern als Mutter, die ihn stets mit Alkohol zu versorgen hatte. Rein zufällig verursachte er an ihrem Geburtstag einen fast tödlich verlaufenden Autounfall. Er war auf dem Weg »heim zu Muttern«. Süchtige haben aufgrund ihrer traumatischen Erfahrungen Bilder von Menschen in sich verinnerlicht, die geprägt sind von Ambivalenz bis Spaltung. Wie bei dem Suchtmittel wird auch in – entsprechend problematischen – Partnerschaften manchmal die nur gute, dann wieder die nur böse, giftige Seite gesehen. Dem Abhängigen erscheint der Alkohol z.B. oft besser als der reale Partner, da er komplett die Kontrolle bzw. die Verfügungsgewalt hat – oder jedenfalls zu haben glaubt – und die Dosis von Nähe und Entfernung seiner Regie unterliegt. Süchtige gehen häufig süchtige Beziehungen ein (ähnlich John Lennon und Yoko Ono): Wie siamesische Zwillinge hängen sie aneinander, wollen ständig verschmolzen sein, gleichzeitig dem anderen aber nicht zu nahe. Sie kommen nicht voneinander los, ganz im Sinne des Titels eines Buches, das mir ein Polytoxikomaner empfahl (»Der Titel zog mich spontan an«): *Ich hasse dich – verlaß' mich nicht!* Es handelt sich dabei um die Beschreibung des Erlebens und der Psychotherapie der Borderline-Persönlichkeit, wie wir sie bei Süchtigen häufig finden.

Es ist nahe liegend, dass ein Mensch mit verunsichernden Erfahrungen im Umgang mit frühen Bezugspersonen einerseits unabhängig sein möchte – »Bleib mir vom Leib!« –, sich andererseits nach Nähe und Geborgenheit sehnt: »Geh nie weg!« Menschen mit einer derartigen Struktur erleben oft Panik, wenn ein geliebter Mensch nicht anwesend ist, da sie kein konstantes Bild verinnerlicht haben – und zu oft erleben mussten, dass jemand tatsächlich nicht wiederkam. Bindungen im zwischenmenschlichen Bereich sind dann extrem schwierig. So geht einer meiner Patienten regelmäßig zu Prostituierten: »Da bezahle ich und fertig. Ich muss keine Beziehung aufbauen. Das Trauma meines Lebens ist meine Mutter. Über den Vater durfte nicht gesprochen werden. Ich habe ihn nie gesehen. Die Mutter hat mich gefühlsmäßig so eingeengt, dass ich niemals einen Kontakt zu ›normalen‹ Frauen aufbauen konnte – und wollte!«

Der Autonomie-Abhängigkeits-Konflikt wird natürlich auch im Rahmen einer Therapie heftig wiederbelebt.

- **Schutz vor entwertenden Über-Ich-Stimmen**

Nach der Überzeugung vieler Fachleute leiden praktisch alle Suchtkranken unter einer Selbstwertproblematik. Dieses Thema wird im Kapitel »Narzissmus – Zwischen Grandiosität und Minderwertigkeitsgefühl« deshalb ausführlicher erläutert.

Narzisstischen Menschen wurde meist früh vermittelt, etwas Besonderes zu sein. Deshalb leiden sie oft lebenslang unter den quälenden Einflüsterungen innerer Stimmen: »Du bist nicht gut genug!« Der Rausch kuriert zumindest scheinbar daraus entstehende Unzulänglichkeitsgefühle. Er stellt eine »narzisstische Inflation« dar, in der

der Süchtige glaubt, die Alltagsgrenzen zu überwinden, und er sein krankhaftes Größenbild aktiviert.

Ein Patient sagte mir passend zu seinem inneren Bild: »Lieber tot als mittelmäßig!« Theoretisch fasst das Rauchfleisch zusammen: »Die Struktur des Ich-Ideals zeichnet sich durch extrem hochgeschraubte Idealentwürfe von der eigenen Person und den eigenen Zielen aus. Es ist Träger von Ambitionen, die letztlich immer unerfüllbar bleiben müssen und deren Nicht-Erreichen vom Betroffenen als Versagen und tiefe Insuffizienz erlebt wird.«[34]

Die Einflüsterungen der Eltern, später im Über-Ich verankert, können noch bösartiger ausfallen: »Du taugst zu gar nichts! Wärst du doch nie geboren worden!« Eine polytoxikomane Patientin sagte: »Meine Mutter war sogar zu blöde, mich abtreiben zu lassen.« Viele Suchtkranke versuchen ihr – oft kurzes – Leben lang, den Eltern zu beweisen, dass sie etwas wert sind: »Bitte, bitte liebt mich!« Manche stehen am Ende vor dem Dilemma, zwar alles geschafft zu haben, aber gleichzeitig süchtig zu sein: »Da war der Höhepunkt – und dann kam die Scheidung und der Bankrott.« Der unbewusste Sinn der Selbstzerstörung in der Sucht kann die Erfüllung der elterlichen bösen Wünsche sein: »Seht her, jetzt habt ihr's geschafft!«

Der Selbstmord ist beim Alkoholismus die zweithäufigste, bei den Medikamentenabhängigen die häufigste Todesursache. Das Abzählen der Drogentodesfälle in den Medien führt uns das Problem fast täglich vor Augen (viele sind zu verstehen als »russisches Roulett«).

Borderline – Grenzgänger zwischen Neurose und Psychose

Die Borderline-Störung wurde von Wilhelm Reich unter dem Begriff »triebhafter Charakter« (meist falsch rückübersetzt als »impulsiver Charakter«) erstmals beschrieben und später von Stern umbenannt. Leider hat die Bezeichnung »Borderline« eine modische Inflation erfahren und wird mit abschreckenden Assoziationen verbunden. Sicherlich geht es hier um eine schwerwiegende Persön-

lichkeitsstörung, aber die Erscheinungsformen sind außerordentlich verschieden mit einem Spektrum vom Triebtäter bis zum äußerlich angepassten, zu hohen sozialen Leistungen fähigen Menschen. Interessant die Tatsache, dass sozial schlechter eingestuften Menschen viel schneller eine derartige Störung unterstellt wird.
Niemand sucht sich seine Störung aus! Und wir sollten zwischen dem Menschen und seiner Krankheit unterscheiden. Oft kann es für die Betroffenen durchaus hilfreich sein, sich über die eigenen komplizierten Strukturen klar zu sein, statt von einem unrealistischen, relativ gesunden Muster auszugehen.
Laut dem DSM III R, dem Diagnostischen und Statistischen Manual der amerikanischen Psychiatrie, ist bei der Borderline-Störung ein durchgängiges Muster von Instabilität im Bereich der Stimmung, der zwischenmenschlichen Beziehungen und des Selbstbildes zu beobachten. Der Beginn der Störung liegt im frühen Erwachsenenalter, und sie manifestiert sich in den verschiedensten Lebensbereichen. Mindestens fünf der folgenden Kriterien müssen erfüllt sein:

1. Ein Muster von instabilen, aber intensiven zwischenmenschlichen Beziehungen, das sich durch einen Wechsel zwischen den beiden Extremen der Überidealisierung und Abwertung auszeichnet;

2. Impulsivität bei mindestens zwei potenziell selbst schädigenden Aktivitäten, z.B. Geldausgeben, Sexualität, Substanzmissbrauch, Ladendiebstahl, rücksichtsloses Fahren und Fressanfälle;

3. Instabilität im affektiven Bereich, z.B. ausgeprägte Stimmungsänderungen von der Grundstimmung zu Depression, Reizbarkeit oder Angst, wobei diese Zustände gewöhnlich einige Stunden oder, in seltenen Fällen, länger als einige Tage andauern;

4. übermäßige, starke Wut oder Unfähigkeit, die Wut zu kontrollieren, z.B. häufige Wutausbrüche, andauernde Wut oder Prügeleien;

5. wiederholte Suiziddrohungen, -andeutungen oder -versuche oder andere selbst verstümmelnde Verhaltensweisen;

6. ausgeprägte und andauernde Identitätsstörung, die sich in Form von Unsicherheit in mindestens zwei der folgenden Lebensbereiche manifestiert: dem Selbstbild, der sexuellen Orientierung, den langfristigen Zielen oder Berufswünschen, in der Art der Freunde, Partner oder in den persönlichen Wertvorstellungen;
7. chronisches Gefühl der Leere oder Langeweile;
8. verzweifeltes Bemühen, ein reales oder imaginäres Alleinsein zu verhindern.

Es wird deutlich, dass wir hier praktisch alle Kennzeichen süchtiger Menschen finden können. Nicht zufällig hat sich deshalb die Wissenschaft vermehrt den Zusammenhängen zwischen Borderline und Sucht gewidmet und festgestellt, dass mindestens ein Drittel der Alkoholkranken auch der Gruppe der Borderliner zuzuordnen ist.

> Eine Alkoholikerin: »Ich habe tote Zeit mit toten Getränken gefüllt. Es war ein irrer Tanz um eine Mitte, die es gar nicht mehr gab.«

Wenn Sucht zum Problem wird, ist Sucht das Problem

In Fachkreisen plädiere ich seit längerem dafür, bei jeder so genannten frühen Störung von einer oder mehreren Süchten auszugehen. Wenn man sie als Therapeut noch nicht gefunden hat, könnte es daran liegen, dass man nicht genau genug gefahndet hat. Für die Therapie früher Störungen hätte das weit reichende Konsequenzen, denn dann müsste die Sucht im Mittelpunkt stehen: Wenn Sucht zum Problem wird, ist *Sucht* das Problem. Es müssten sich viele ansonsten hoch qualifizierte Therapeuten gewaltig umstellen.

Obwohl wir hier nicht ausführlich auf das Konzept der Borderline-Persönlichkeit eingehen können, es aber immer wieder streifen, nenne ich die häufigsten Abwehrmechanismen dieser Menschen, die den Umgang mit ihnen und damit auch die Therapie so schwierig machen können: Viele dieser Patienten spalten in Gut und Böse, Schwarz und Weiß.»In Kernbergs Konzept führt die Spaltung oft zum ›magischen Denken‹: Aberglaube, Phobien, Obsessionen und zwanghaftes Verhalten werden als Talisman eingesetzt, um unbewusste Ängste abzuwehren.«[35] Primitive Idealisierung kann unvermittelt umschlagen in hasserfüllte Entwertung. Andere Menschen können wiederum nur in Alles-oder-nichts-Kategorien, nicht differenziert wahrgenommen und geschätzt werden. Es fehlt ein stabiles Konzept z.b. des Partners oder des Therapeuten.

Auch die Selbstauffassung ist gestört.»Die ›Identitätsdiffusion‹ beschreibt Kernbergs Konzept des fehlenden Kernidentitätsgefühls ... Die Identität der Borderline-Persönlichkeit hat etwa die Konsistenz von Wackelpudding: Sie kann in jede beliebige Form gebracht werden, aber sie rinnt durch die Finger, wenn man versucht, sie festzuhalten.«[36] Man spricht auch von der Als-ob-Persönlichkeit. Borderliner bzw. Grenzgänger projizieren gern eigene Züge, vor allem negative, auf andere Menschen: Bestimmte Eigenschaften sind für die eigene Person nicht akzeptabel und werden deshalb anderen zugeschrieben. Besonders kompliziert erscheint ein Abwehrmechanismus, der aber wegen seiner Bedeutung unbedingt erwähnt werden muss: die projizierende Identifikation – »eine komplexe Form der Projektion, in der der Projizierende eine bestehende, manipulierende Verwicklung mit einem anderen Menschen, der das Objekt der Projektion ist, fortsetzt. Der andere ›trägt‹ diese unannehmbaren Charakteristika für den Projizierenden, der wiederum daran arbeitet, sie weiter fortbestehen zu lassen.«[37]

Nicht leicht ist die Eigenart mancher Borderline-Patienten zu ertragen, dramatische Ausbrüche zu »liefern«, die Momente später wieder »vergessen« sind, wie bei einem Kind, das nach einem Trotzanfall wieder lacht. Ein weniger gestörter Mensch steht diesem unvorhersehbaren und sprunghaften Verhalten oft fassungslos gegenüber. Man kann sich vielleicht vorstellen, was die künstliche Manipulation durch Suchtmittel zusätzlich an Chaos hervorruft.

Süchtige – Stiefkinder der Psychiatrie und Psychotherapie

»Gute Patienten« sind motiviert, sie tun, was wir ihnen raten, werden schließlich gesund – und empfehlen uns weiter. Diese wunderbaren Züge haben Suchtpatienten meistens nicht: Sie sind unmotiviert, allenfalls fremdmotiviert. Selten tun sie das, was wir ihnen raten – oder erst mit großer Verzögerung. Die Erfolgsquote ist zwar erheblich höher als meist angenommen, aber mit der Heilung des üblichen Suchtpatienten in einer normalen Praxis oder Klinik sieht es nicht besonders erfreulich aus. Und selbst bei gutem Erfolg unserer Bemühungen ist es mit der Weiterempfehlung so eine Sache: Einen guten Zahnarzt oder Chirurgen empfiehlt man gern, aber Sucht ist eine peinliche Diagnose, zu der man sich ja bekennen müsste, wenn man einen Suchttherapeuten empfiehlt. Einsichtige Patienten, die den unglaublichen qualitativen Unterschied vor bzw. nach Stillstand der Sucht erlebt haben, sind aber durchaus bereit, »Reklame« für entsprechende Psychotherapeuten oder Ärzte zu machen.

Narzissmus – Zwischen Grandiosität und Minderwertigkeitsgefühl

»I can get no satisfaction.« Ein Süchtiger ist nie zufrieden, »kriegt den Hals nicht voll«. Für die Persönlichkeit und das Selbstbild der meisten Süchtigen gilt fast immer: Sie leben wie beschrieben unter dem bedrohlichen und beängstigenden Druck des »Ich bin nicht gut genug.« Das trifft nach meinen Beobachtungen auf äußerlich relativ Erfolglose wie etwa viele Drogenpatienten (mit verkorksten Schul- und Berufskarrieren) ebenso zu wie auf sozial nach den üblichen Maßstäben extrem Erfolgreiche, z.B. Manager, Ärzte, Rechtsanwälte etc. All diesen Menschen wurde früh eingetrichtert, auf jeden Fall etwas Besonderes zu werden. Häufig sollten sie dazu narzisstische

Wunden bei dem einen oder anderen Elternteil heilen, d.h. deren verlorene Träume nach Ruhm und Geld doch noch in Erfüllung gehen lassen. Hier spiele ich nicht auf die zur Karikatur geratenen Eislaufmuttis und Tennisvatis an, sondern auf die oft subtilen emotionalen Mechanismen, die von sensiblen Kindern wie von Seismographen aufgegriffen werden, um sie in die Realität umzusetzen. Schließlich wollen alle Kinder die Liebe ihrer Eltern.

Nicht selten geht es hier darum, die Kränkung einer problematischen Existenz zu überwinden. Dazu lohnt es sich, auf den ursprünglichen Mythos von Narziss zurückzublicken. Jeder weiß, dass Narziss ein besonders schöner Jüngling war, der sich im Spiegel eines Gewässers sieht und sich in sich selbst verliebt. Offenbar fehlte ihm der Zugang zum normalen Leben, zum Kontakt und zur Gemeinschaft mit anderen. Er war selbstzerstörerisch und süchtig nur mit sich selbst beschäftigt.

Aber woher kam Narziss, wie entstand er? Aus einer unglücklichen Verbindung, nämlich aus der Vergewaltigung der sicher sehr schönen und erotischen Nymphe Leiriope durch den Flussgott Kephisos. Dieser Aspekt wird in den meisten Betrachtungen des Narzissmus vergessen oder in der Deutung vernachlässigt. Dabei haben es Kinder aus schwierigen Elternbeziehungen immer schwerer als solche aus normalen. Süchtige werden meistens in spannungsreiche Ehen oder Partnerschaften hineingeboren, in denen z.B. ein Partner die großartige, der andere die untergeordnete Rolle spielt oder, sehr häufig, die Beziehung früh, manchmal schon vor der Geburt des Kindes, wieder auseinander bricht – die dramatischste Veränderung im Mobile, wie wir gesehen haben.

Der später Süchtige hat dann die Aufgabe, bsp. als Ersatzpartner eine unangemessene Rolle zu übernehmen. Außerdem ist das Wohl und Wehe des einen (oder beider!) leidenden Elternteile vom äußeren Erfolg des Kindes abhängig: Ist es hübscher, intelligenter, sportlicher, musisch begabter als alle anderen?! Besonders in unserer zunehmend kinderlosen Zeit erleben wir immer häufiger den Typus des narzisstischen (Einzel-)Kindes, um das sich alles dreht, das womöglich von getrennten Partnern in Konkurrenz verwöhnt und verhätschelt wird. Grenzen oder gar Normalität kennen diese im Grunde armen Wesen nicht. Meist dürfen sie noch maßlos fernsehen – und bekommen dort wiederum ausgelebten Narzissmus bis an die Schmerzgrenze zu sehen. Damit dürfen sich dann die Lehrer auseinander setzen.

Das Star-Syndrom

»Stars sind Menschen, die jedermann kennt – außer der eigenen Familie«, sagte einmal ein Betroffener.
»Die narzisstische Persönlichkeit ist, oberflächlich betrachtet, geräuschvoll, exhibitionistisch, selbstsicher, zielstrebig und häufig von einer Aura des Erfolgs in Beruf und Privatleben umgeben. Narzissten scheinen in vielen Fällen alles zu haben – sie sind begabt, reich, schön, gesund und einflussreich, sie wissen genau, was sie wollen und wie sie es bekommen.«[38] So beschreibt James F. Masterson treffend die Fassade des narzisstischen Menschen.
Nicht zufällig heißt sein Buch *Die Suche nach dem wahren Selbst*. Genau das ist dem Narzissten abhanden gekommen, nicht weil er es so gewollt hat, sondern weil seine Sozialisation so gelaufen ist. »Tatsächlich beruht die narzisstische Persönlichkeit auf einem defensiven falschen Selbst, das sie prahlerisch aufrechterhalten muss, aufgeblasen wie ein Ballon, um nicht die zugrunde liegende Wut und Depression zu fühlen, die mit einem unzureichenden und fragmentierten Selbstgefühl einhergeht. Wenn der Ballon platzt, kann der betroffene Mensch sich so elend und unsicher fühlen wie ein anderer mit einem reduzierten Selbst.« (Dieses Selbst ordnet Masterson der Borderline-Persönlichkeit zu.)
Im Leben des Narzissten scheinen Depression, Trauer und Verzweiflung keinen Platz zu haben. Hierzu wieder Masterson: »Die narzisstische Person scheint immun, was die Wechselfälle des Lebens angeht, wie ein Manisch-Depressiver, der in der manischen [rauschhaft-hektisch-euphorischen – der Verf.] Phase steckengeblieben ist, sehr zur Bewunderung oder auch zum Neide der Umgebung.«
Masterson teilt die Narzissten nach ihrem Erfolg ein. Natürlich kommt der hochgradig erfolgreiche Narzisst selten zur Behandlung. Warum sollte er auch? »Für ihn läuft alles nur zu gut, Enttäuschun-

gen lässt er in seiner üblichen egozentrischen Art einfach an sich abprallen. Häufig hat er einen Beruf, in den ein beträchtliches Maß an narzisstischer Versorgung eingebaut ist. Wenn er die richtige Nische im Leben findet, kann es sein, dass er jahrelang überhaupt nicht bemerkt, dass sein Leben im Grunde leer ist und dass sich unter dem narzisstischen Geglitzer ein beschädigtes wahres Selbst verbirgt.« Auch wenn Masterson in Klammern einräumt, dass »nicht alle Vertreter dieser Berufe narzisstische Persönlichkeiten« sind, so sieht auch er die Nischen für Narzissten vor allem in der Schauspielerei, in der Politik und in anderen »von ihrer Natur her exhibitionistischen Berufen«, weil sie diesen Menschen »ein sehr sicheres Umfeld bieten, da sie ständige Rückmeldungen liefern und den Ballon des Narzissten gut aufgeblasen halten.«

> Ein Prominenter sagte einmal zu einem anderen in einer Talkshow: »Wir haben das gleiche Leiden – wir sind zwanghaft sympathisch.«

Narzissmus und Perfektionismus – eine unglückselige Allianz

Fast alle narzisstischen Menschen neigen offen oder versteckt zum Perfektionismus. Sie bestätigen damit unbewusst das Gebot des »Nie-Genug«, denn perfekt ist bekanntlich nichts und niemand. Damit können die Perfektionisten bestens das Gefühl der Zufriedenheit vermeiden: Ich selbst – mein Aussehen, meine Intelligenz, meine Arbeitsleistung usw. – und alles um mich herum ist weit vom Ideal entfernt. Der Tänzer Fred Astaire soll zu seinen Partnerinnen gesagt haben: »Don't be nervous – and don't make a mistake!« (»Sei nicht nervös – und mach keinen Fehler!«), eine teuflische Doppelbotschaft, wie sie sich Süchtige oft selbst geben. In extremer

Form scheint das bei essgestörten jungen Frauen vorzukommen, die später im Leben den Alkoholismus als weitere Sucht entwickeln (oder im Sinne einer Suchtverlagerung die Essstörung ersetzen).

Die heimlichen Narzissten

Es gibt neben der Erscheinungsform, die ich als Star-Syndrom bezeichnet habe und bei der mit viel Lächeln unentwegtes People-Pleasing (»Menschen-gefallen-Wollen«) betrieben wird, noch eine andere, die auf den ersten Blick eher depressiv und wenig selbstbewusst wirkt. Masterson nennt diese Menschen die »heimlichen« Narzissten. Diese treten vorwiegend gehemmt-passiv auf und suchen sich oft Partner, die ihren geheimen Grandiositätsideen entsprechen und von denen sie – meist vergeblich – eine Spiegelung erwarten, die ihrem eigenen Empfinden von Leere und Minderwertigkeit ein Ende bereiten soll. Häufig entspricht das einer ergänzenden Mann-Frau-Beziehung. Bärbel Wardetzki hat in ihrem erfolgreichen Buch *Weiblicher Narzißmus. Der Hunger nach Anerkennung* die unterschiedlichen Erscheinungsformen aufgezeigt (vgl. Gegenüberstellung auf der nächsten Seite).[39]
Der spätere Narzisst erleidet offenbar schon vor der Entstehung des wahren Selbst einen Entwicklungsstillstand, d.h. konkret im Alter zwischen 18 und 36 Monaten. Über die Gründe dafür können wir nur spekulieren. Nicht selten sind die Mütter kalt und ausbeutend. Die perfektionistische Mutter braucht ein perfektes Kind, das als Spiegel ihres eigenen Selbstbildes fungiert. Das Kind soll mit den »idealisierenden Projektionen der Mutter« mitschwingen. Die Entwicklung eines eigenen Profils wird unterdrückt. Das Kind hat sich gefälligst nach den Wünschen der Mutter zu richten.
»Wo bleibt hier der Vater?«, werden einige Leser zu Recht fragen. Er wird aus dieser engen Bindung herausgehalten, nicht selten auch entwertet. Wenn wir den zunehmenden Trend zur alleinerziehenden Mutter sehen, müssen wir davon ausgehen, in Zukunft noch mehr Narzissten und damit Süchtige zu haben.
Eine Patientin sagte: »Ich will immer nur das Schönste – und alles soll toll sein, ich natürlich auch! Mit der Mittellage kann ich nicht umgehen.«

Männlicher Narzissmus	Weiblicher Narzissmus
betont die Grandiosität	ist in der Minderwertigkeit, Depression und Hilflosigkeit verwurzelt
Kampf um Anerkennung und Autonomie	Anerkennung durch Überanpassung
männliches Rollenbild	weibliches Rollenbild
Kompensation der Schwäche durch Grandiosität	Kompensation der Schwäche durch Überanpassung, Leistung und Attraktivität
distanziert, vorwiegend unempathisch	Aufgehen im anderen, empathisches Mitfühlen bis zur Übernahme fremder Gefühle
narzisstisches Wir-Gefühl	depressiver »Gefühls-Sumpf« (Negativität)
Beziehungsablehner (meidend)	Beziehungsannehmer (anklammernd)
Narzisst	Komplementärnarzisstin
Stabilisierung des Selbstwertgefühls durch die Partnerin und ihre Bewunderung	Suche und Entlehnung eines idealisierten Selbst beim Partner und seinen Erfolgen
Identifizierung mit dem Idealbild, das die Partnerin von ihm macht	Identifikation mit Idealselbst des Partners; Partner ist idealisiertes Ersatzselbst
sucht Mutterfigur	sucht Elternfigur und Halt im Partner, bemuttert den Partner
offene Aggressivität, Auflehnung und Abwertung	passive Form der Aggressivität, häufig in Form von Verweigerung, Trotz und interner Abwertung
Verfolgerposition	Opferposition

Schauspieler

Die unglückselige Verquickung von früher narzisstischer Störung mit Suchtverhalten und später z.B. mit alkohol- und nikotinbedingten Folgeerkrankungen wie Leberzirrhose, Karzinomen des oberen Verdauungstraktes von der Lippe bis zum Magen findet sich besonders häufig bei Schauspielern, die laut Michel Piccoli und Rainer Werner Fassbinder (selbst tödliches Opfer seiner Polytoxikomanie) zu 90 Prozent Alkoholiker sind. Auf der Bühne können sie – darin den Politikern ähnlich – viele Fassetten ihrer Persönlichkeit rauschhaft vorführen und die Störung damit quasi zum Beruf machen. Der Ballon wird durch den Beifall immer wieder aufgeblasen. Aber hinterher in einem öden Hotelzimmer mit großen Tapetenmustern zu sitzen, ist ein arger Kontrast, den viele nur mit Alkohol ertragen können – wenn sie nicht schon vorher ihr Lampenfieber, d.h. ihre Angst, mit dem Beruhigungsmittel Alkohol gedämpft haben. Der Preis für den Beifall und für die narzisstische Existenz ist oft hoch, zu hoch. Wie viel Talent, wie viel Genie ist da schon verloren gegangen!

Stellvertretend hierzu einige markante Aussagen – Humphrey Bogart sagte z.B.: »Mein Markenzeichen ist mein Gesicht. Hat mich 'ne Menge durchzechter Nächte, Zigaretten und Drinks gekostet.« Oder auf die Frage in *Casablanca* »Welche Nationalität haben Sie?«: »Ich bin Alkoholiker.« Er, John Wayne, Helmut Qualtinger, Oskar Werner, John Cassavetes etc., etc. – sie alle erlagen letzten Endes der Sucht und ihren Folgen.

Das Dilemma des Süchtigen und Narzissten besteht darin, nie mit sich und seiner Leistung und/oder seinem Aussehen, seinem Ruhm, seinem Geld zufrieden sein zu können: »Die ... Struktur des Ich-Ideals zeichnet sich aus durch extrem hoch geschraubte Idealentwürfe von der eigenen Person und den eigenen Zielen. Es ist Träger von Ambitionen, die letztlich immer unerfüllbar bleiben müssen und deren Nicht-Erreichen vom Betroffenen als Versagen und tiefe Insuffizienz erlebt wird.«[40] Hierher passt auch die Figur des Harald J., der sich einerseits prahlerisch als der größte Entertainer deutscher Zunge präsentiert, in Interviews aber andererseits zu erkennen gibt, dass es da viel höhere Ziele gab oder gibt: Sinatra und Pasetti liegen eben doch ein Stück entfernt, und eine maßgeschneiderte Rolle als

»Der Trinker« (nach dem letzten Buch des Alkoholikers, Sexsüchtigen etc. Hans Fallada – seine Frau: »Bei ihm war alles süchtig«) ist eben nicht der gewünschte »Richard III.«.
Auch hier geht es nicht um die Schmälerung einer Leistung, sondern um das Aufzeigen der mit ihr verbundenen Tragik. Der Schauspieler J. hatte sich – abgesehen von der körperlichen Entgiftung – gegen jede Form der Therapie gewehrt, bis es zur Beinahe-Katastrophe kam. Manche brauchen leider erst eine Wiederbelebung, um zur Besinnung zu kommen. Früher hatte er in typischer Weise den Blick auf seine persönlichen Hintergründe verwehrt, nur unfreiwillig Aufschluss gegeben – so auch in einer Titelzeile des *Stern*: »Man liebt mich noch, wenn ich voll bin wie eine Natter!«[41] Wie gesagt: Es geht immer darum, geliebt werden zu wollen. Außerdem klingt so etwas kernig und männlich. Millionen trinkender Männer können in der Identifizierung mitfühlen.

Sind alle Schriftsteller Alkoholiker?

Ein ziemlich unpassend erscheinender Werbespruch der Firma Ovomaltine für ihr Gesundheitsgetränk lautete: »Alle Schriftsteller sind Alkoholiker.« Das ist nicht ganz richtig, aber leider fast. »Unter den ersten sechs Amerikanern, die den Literaturnobelpreis erhielten, waren nicht weniger als fünf – Sinclair Lewis, William Faulkner, Ernest Hemingway, John Steinbeck und Eugene O'Neill – gestandene Alkoholiker. Durch mich [den Alkohol, d. Verf.] drangen sie in Tiefen vor, die sie als Nüchterne wohl nie erreicht hätten. Der Lohn war Weltenruhm, der Preis nicht selten Siechtum.«[42] Da bekommt der Ausspruch des Schriftstellers Oscar Wilde, der fast zum Prototypen des schillernden Narzissten geworden ist, seltsame Doppelbedeutung: »Mäßigung ist eine verhängnisvolle Sache, denn nichts ist so erfolgreich wie der Exzess.«
Über die Hintergründe der engen Bindung der meisten Schriftsteller an den Alkohol wurde vor allem auch in Selbstzeugnissen viel spekuliert, z.B. in *König Alkohol* von Jack London, *Der Trinker* von Hans Fallada und in der *Legende vom heiligen Trinker* von Joseph Roth.

Es ist sicher nicht nur die Angst vor der leeren Seite, es geht hier auch um existenzielle Fragen. Schriftsteller haben sich in der Regel aus dem normalen Leben ausgeklinkt – wie viele andere Künstler, mit denen sie die Suchtgefährdung teilen. Sie betrachten und beobachten das Leben von außen, als Zuschauer bzw. Voyeure. In der Spannung zwischen dem grandiosen Gefühl, sich erhaben zu fühlen gegenüber den Beobachteten, und der Einsamkeit des nicht unmittelbar Beteiligten entsteht ein gefährliches Terrain der Gefühle. Der Schriftsteller will bewahren, bemerkt aber gleichzeitig schmerzlich das Zerrinnen der Zeit. Dazu kommt ein häufig übersehenes Motiv: Es ist nicht leicht, innerste Gefühle und intime Erlebnisse preiszugeben. Auch gegen Scham ist Alkohol bekanntlich ein probates Mittel.

Gerade die Sucht-Literatur hat Konjunktur unter Menschen, die nach außen erfolgreich und scheinbar glatt dahinleben. Wie erklärt sich sonst der Boom für Kerouac, Baldwin, Bukowski etc.?

Zu viel ist nie genug

»Das Gute und der Dreck« lautete eine Überschrift zum Tod eines Dramatikers: »Werner S. ist tot. S. starb vermutlich an Herzversagen [der anonyme, einsame, unklare Tod vieler Süchtiger – der Verf.] als Folge seines extrem ruhelosen Lebens. Der Alkohol, das wusste jeder [wer hat etwas getan??], war sein großer ehrlicher Freund.« [War er nicht zugleich ein heimtückischer Feind?! Der Verf.]

Lassen wir zum Abschluss der Betrachtungen über Künstler, ihre Produktivität und die Beziehung zum Alkohol nochmals Neffe zu Wort kommen: »So bin ich [der personifizierte Alkohol, der Verf.] ja auch ein glühender Förderer der Künste. Ich lass das Pendel des schöpferischen Geistes weiter ausschlagen. Allein, was ich euch durch die Komponisten sage, durch Maler und Dichter!«[43]

Schöpferische Leistung – nicht durch, sondern trotz Suchtmittel

Es gilt nach der Auflistung so vieler Künstler mit einem schwerwiegenden Missverständnis aufzuräumen und womöglich der Verherrlichung der Sucht Einhalt zu gebieten: Niemand wird künstlerisch produktiv, weil er oder sie übermäßig einem Suchtmittel zuspricht. Im Gegenteil: So anregend für begabte Menschen eine gewisse Dosis dieser oder jener Droge sein mag, so zerstörerisch wirkt sie sich in höheren Dosen aus, auch auf die Kreativität. Ziemlich übereinstimmend vermuten Suchtfachleute, dass z.B. Alkohol eben nur vorübergehend und scheinbar die Schaffenskraft erhöht. Wie viele Sinfonien hätte Beethoven noch geschrieben, wie viele Schubert, welche Opern Gluck, welch aufrüttelnde Musik Mussorgskij, wenn ihnen nicht die Droge Alkohol zum Verhängnis geworden wäre? Insofern ist das zuletzt genannte Zitat von Neffe mit Vorsicht zu genießen. Die schwierige Persönlichkeit vieler Künstler wird durch das »Allheilmittel« Alkohol, durch Laudanum (Opiumzubereitung) oder Haschisch manchmal »behandelt«. Es setzt die inneren Spannungen herab. Darin könnte man die scheinbar förderliche Wirkung sehen, aber im Suff kommt eben doch, wie ein Patient und Schriftsteller mir einmal sagte, nur »Lull und Lall« heraus. Und wie viel kostbare Zeit vergeht damit, den geschundenen Kopf wieder klar zu bekommen ...

Narziss und Echo

Der Seher Teiresias antwortete der mit Narziss schwangeren Leiriope auf die Frage nach seinem Schicksal: »Narziss wird sehr alt werden – aber nur, wenn er sich niemals selbst kennt.« Das passiert z.B. in der Begegnung mit anderen Menschen, aber die vermeidet der Gezeichnete, obwohl er – wie viele Narzissten – von Frauen und Männern angeschwärmt wird. Auch die Nymphe Echo hat keine Chance: Sie war von Hera einst mit dem Verlust der Sprache bestraft worden, da sie Hera mit ihren langen Geschichten von der Untreue des Zeus mit den Bergnymphen abgelenkt hatte. Es blieb ihr also nur das Echo, das Nachplappern. Die Vergeblichkeit ihrer Bemühungen um Narziss will sie sich nicht eingestehen. Geradezu masochistisch läuft sie ihm nach – und wird immer wieder abgewiesen.

Beide, Narziss und Echo – Süchtiger und Co-Abhängige –, sterben früh. Interessant ist die Namenssymbolik: Im Mythos leidet Narziss unter dem Schmerz, den er Echo antut. In einer Version stößt er sich deshalb einen Dolch ins Herz, aus seinem Herzblut entsprang die weiße Narzisse mit ihren rotgelben Herzblättern. Das Narzissenöl – und damit rundet sich die Geschichte – ist ein Narkotikum ...

Alkohol gegen Leere und Spannung

Der Alkohol hilft auch dem Narzissten – wie wir schon angesprochen haben –, innere Leere und bohrende Insuffizienzgefühle zu betäuben. Aber es geht noch um etwas anderes, wie Otto Fenichel andeutet. Er verweist auf die frühe Entstehung der Störung: Diese Menschen »handeln noch, als bringe jede Spannung ein gefährliches Trauma mit sich. Ihre Handlungen sind weniger auf das positive Ziel hin orientiert, etwas zu erreichen, als auf das negative, Spannung loszuwerden. Ihr Ziel ist nicht die Lust, sondern eine Unterbrechung des Schmerzes. Sie empfinden jede Spannung, wie der Säugling Hunger empfindet, d.h. als eine Bedrohung ihrer Existenz.«[44]

Orale Störung – Die Energie am Mund

In der freudschen Theorie gilt die Sucht als orale Störung, die mit dem frühen Lustgewinn durch das Stillen bzw. Ernährtwerden zu tun hat. Die meisten Süchte zeigen sich auch am und um den Mund: Die Bierflasche darf man sich durchaus mit Schnuller vorstellen, die Zigarette ist so etwas wie ein Schnuller! Das hören Trinker und Raucher zwar nicht gern, wer aber unsicher und nervös ist, greift nun mal zu etwas, was die Hände und den Mund beschäftigt: ein Glas, etwas zu essen ... Hier machen sich frühkindliche Erfahrungen bemerkbar, die uns Sicherheit und zumindest scheinbar Geborgenheit geben. Der Alkohol rinnt den Hals hinunter in den Magen, wo ein warmes Gefühl entsteht. Die Fixierung auf diesen Körperbereich bleibt bei Alkoholikern auch nach der Entgiftung erhalten. Sie berichten fast alle, dass sie nach wie vor riesige Mengen an Flüssigkeit zu sich nähmen, um zu*frieden* zu sein und den Bereich Mund bis Magen zu spüren. Viele steigen auf Schokolade um, in der neben Zucker auch andere suchtfördernde Stoffe enthalten sind.

> Süchtige sind wie Fastfood-Kunden: ungeduldig, gierig und faul.
> *Ein-Betroffener*

Wie kommt ein Narzisst in Therapie?

Nach allem, was bisher gesagt wurde: sehr spät, selten und wenn, dann meist fremdmotiviert. Im Verlauf der Suchtkarriere wird die Diskrepanz zwischen grandiosen Zielen und tatsächlich Erreichtem immer größer. Der Narzisst neigt aber dazu, die Realität zu verdrängen, zu leugnen, im Rausch durch die rosarote Brille zu sehen. Selbst- und Fremdwahrnehmung klaffen immer weiter auseinander: Wenn die Umgebung längst den Ernst der Lage erkannt hat, klammert sich der Süchtige an seinen Illusionen fest: »Es ist doch alles nicht so schlimm. Ich habe die Lage im Griff! Ab morgen ist Schluss!« Nicht nur bei bekannten Sängern und Schauspielern muss es zu einem Tiefpunkt kommen, der nahe am tödlichen Abgrund liegt, bevor sich ein narzisstisch geprägter Mensch entschließen kann, Hilfe zu holen.

Auch Helfer sind narzisstisch

Ärzte, Psychologen, Sozialarbeiter, Krankenschwestern und Helfer anderer Berufsgruppen haben eine überdurchschnittliche Betroffen-

heit in Sachen Sucht: Sie haben oft eine narzisstische Struktur mit frühen Kränkungen. Darauf haben u.a. Wolfgang Schmidbauer und Jörg Fengler hingewiesen. Letzterer skizziert schon im Titel seines Buches die Problematik zwischen Helfer und Süchtigem: *Süchtige und Tüchtige*.[45] Die meisten Narzissten der oben genannten Berufe wollen mit Süchtigen – oder mit deren süchtigem Anteil – möglichst nichts zu tun haben. Das kommt in vielerlei Abwehrverhalten zum Ausdruck, das meist unbewusst und unreflektiert ist. Süchtige erinnern an verdrängte eigene Seiten, lösen eine aggressiv geprägte Gegenübertragung aus. Zur Verdeutlichung benütze ich in meinen Seminaren die beiden hier wiedergegebenen Zeichnungen aus dem Buch *Miteinander reden 2* von Friedemann Schulz von Thun (1989 by Rowohlt Taschenbuch Verlag GmbH, Reinbek – in diesem Buch auf den Seiten 79 bzw. 100), die die Kommunikationssituation zwischen dem grandiosen Helfer (»Das schaffen wir schon!« oder Ähnliches) und dem typischen Hilfesuchenden wunderbar zusammenfassen: Der eine verbirgt seine schwachen Seiten, kann sich ganz auf seine Kompetenz stützen und seine erhabene

Fassade, womöglich einen weißen Kittel zeigen, der andere steht da als »armes Schwein«, dessen starke Seiten verborgen bleiben. (Jürg Willi bezeichnete in seinem Buch *Die Zweierbeziehung* diese Form der Kooperation als »narzisstische Kollusion«.) Der Helfer trägt einerseits den Heiligenschein, sperrt andererseits sein eigenes inneres Kind hinter Gitter. Dort schreit es ...[46]

Die Abwehrhaltung gegenüber Süchtigen kann krasse Formen annehmen. Institutionen sind im Zweifelsfall schnell bereit zu sparen – bei psychisch Kranken sowieso, bei Süchtigen aber ganz besonders: In München wurden in den letzten Jahren zweimal wichtige Stationen teilweise oder ganz geschlossen, weil das Personal fehlte ... Noch drastischer die Äußerungen des Chefs einer Privatklinik (die zum guten Teil von Süchtigen und deren Entgiftung lebt!): Man solle doch die Süchtigen alle in einen Raum sperren, ihnen so viel Stoff geben, wie sie wollen. Damit könnten sie sich selbst kaputtmachen. Hinter den ganz anders deklarierten politischen Modellen der »freien« Drogenvergabe (Sucht ist die ultimative Unfreiheit!) steckt – bewusst oder unbewusst? – vielleicht die gleiche Haltung?!

Die Begegnung zwischen Helfer und Süchtigem – ein heikles Unterfangen

Wenn »Süchtiger und Tüchtiger« (Helfer) miteinander zu tun bekommen, sind Probleme vorprogrammiert. So kommen die meisten Patienten mit Alkoholproblemen nicht aus eigenem Antrieb in die Beratung. Vielfach entsteht der nötige Leidensdruck durch das Drängen von Partnern oder Familienangehörigen, die nach vielen Jahren des Erduldens endlich wollen, dass sich etwas ändert. Oder es sind der Arbeitgeber, die Justiz (z.B. nach Beschaffungsdelikten, Körperverletzung usw.) oder die Führerscheinstelle, die den Druck ausüben. Schon zu Beginn steht der Patient vor einem Dilemma: Einerseits sieht er noch gar nicht richtig ein, dass er ein Problem hat – das auch noch mit Alkohol zusammenhängt –, andererseits glaubt er seine wacklige Autonomie – zwischen Grandiosität und Minderwertigkeit gibt es keine Mitte – durch den Eingriff eines »Seelenklempners« bedroht. Der Grundkonflikt zwischen Autonomie und Abhängigkeit wird wieder belebt. Moralische Appelle oder gar herablassende Kommentare sind hier fehl am Platz. Das Arbeitsbündnis für eine Therapie muss klar, direkt und eindeutig sein, im guten Sinne autoritär. Das nimmt nach meinen Erfahrungen kein Patient übel. Wie bereits beschrieben, sind die meisten froh, dass ihnen endlich mal jemand ohne Umschweife die Wahrheit sagt.

Therapie zur Verbesserung der Abwehr?

Natürlich kommen die meisten Patienten als Leidende in die Therapie. Sie möchten, dass ihnen geholfen wird. Aber bitte zu den eigenen Bedingungen ...! Die meisten Menschen mögen es nicht, wenn man ihnen die Charakterkrücken wegnimmt, an die sie sich seit Jahren gewöhnt haben. Deshalb gilt manchmal das zynische Wort, Patienten kämen nicht zur Heilung, sondern zur Perfektionierung ihrer Abwehr. Diese Widerstandsmechanismen sind selten offen, meistens verstecken sie sich hinter einer vordergründig kooperativen Fassade. Gerade Kinder aus dysfunktionalen Familien haben als Überlebenstaktik gelernt, sich zu verstellen, andere mit Schauspielerei zu täuschen und zu manipulieren.

Psychotherapie muss diese Mechanismen erkennen und durchbrechen. Sonst haben Patienten, insbesondere solche mit narzisstischer Prägung, schnell genügend Gelegenheit, die Führung zu übernehmen und lediglich ihren Status quo zu stabilisieren. Manche Therapeuten unterstützen dies, indem sie z.B. ständiges Jammern und Anklagen zulassen, gemeinsam mit dem Patienten in die Abgründe hinabschauen, ohne jemals über Lösungen nachzudenken, d.h., um in diesem Bild zu bleiben, Wege vom Abgrund weg zu suchen und mit positiven Phantasien zu füllen.

Wenn ich einmal oder mehrmals pro Woche Gelegenheit habe, mich über mein Leiden und die bösen Mitmenschen auszujammern, sinkt unter Umständen immer wieder der Leidensdruck, der notwendig wäre, *wirkliche* Veränderungen in Angriff zu nehmen.

Das Lösen eines Problems scheint oft tatsächlich der schwierigere Weg zu sein. Leiden ist leichter. Zusammenfassen könnte man das mit dem Spruch: *Ich weiß keinen Ausweg, aber ich bin fasziniert vom Problem.*

Die Bestrafung der Ratgeber

Besonders Ärzte können ein Lied davon singen: Ein Patient hält sich nicht an die gegebenen Ratschläge – und beklagt sich, dass es ihm immer noch schlecht geht ...: »Ich konnte ihre Tipps nicht befolgen. Für Sport hatte ich keine Zeit, mit der Diät hat's nicht geklappt. Dem Alkohol konnte ich einfach nicht widerstehen: Wissen Sie, es wird einem so viel angeboten!« Das Ganze kommt quasi als Vorwurf. Wenn dann noch als Ergänzung nachgereicht wird: »Na ja, so schlimm ist es ja auch nicht!«, kommt manchmal Wut beim Helfer auf.

Krankheitsgewinn

Nicht wenige Menschen haben wenig anderes im Leben als ihr Leiden und ihre Krankheit. Co-Abhängige haben oft massive Angst vor der Leere, die sie überfallen könnte, wenn sie plötzlich Kapazitäten ganz für *sich* frei hätten, nicht mehr auf einen anderen Kranken achten müssten. Süchtige fürchten sich zu Recht vor dem nüchternen Blick auf das Leben.

»Je ne regrette rien« – Ich bereue nichts?

Der berühmte Song »Je ne regrette rien« von Edith Piaf beschreibt die Situation vieler Menschen vor der Kapitulation, vor der Wende: Tapfer und stolz wird behauptet, man habe nichts zu bedauern ... Dabei ist Sucht nicht gelebtes Leben, Co-Abhängigkeit ebenfalls. Die Piaf war schwer alkohol-, medikamenten- und morphiumsüchtig. Vielleicht ist eine andere, früher heroin-, dann medikamentenabhängige Patientin ehrlicher, wenn sie traurig gesteht: »Mir fehlen 15 Jahre – und niemand bringt sie mir zurück! Ich habe Chancen im Leben verpasst, die mir nicht mehr begegnen. Ich kann z.B. keine Kinder mehr bekommen.« Viele Süchtige sterben gerade in der Auflehnung gegen die Einsicht, dass es sehr wohl vieles zu bedauern gäbe. Trauerarbeit nennt man das.

»A la recherche du temps perdu« – auf der Suche nach der verlorenen Lebenszeit. Ein Schüler beklagte sich immer wieder: »Jetzt habe ich zwei Schuljahre durch meine blöde Sucht [nach Haschisch, Alkohol, Hormonen] verloren, so ein Mist!« »Ich verstehe Ihre Klage. Aber seien Sie froh! Andere blicken auf 10, 15, 30 Jahre zurück, die mehr oder minder verloren sind. Es ist gut, dass Sie jetzt gekommen sind. Noch heißt es nicht: ›Rien ne va plus – nichts geht mehr‹! Im Alkoholdunst gehen Karrieren unter, Ehen, Besitz, vor allem Glück.« »Na ja, stimmt. Ich muss kleinere Brötchen backen. Ich bin der glücklichste Mensch, wenn ich nur das nächste Schuljahr geschafft habe und nicht rausgeflogen bin.«

Die Spannungsfelder

Süchtige (meines Erachtens auch die meisten Co-Abhängigen) bewegen sich in typischen Konfliktfeldern, die so zusammengefasst werden können:[47] Abhängigkeit gegenüber Unabhängigkeit, Größenideen gegenüber Minderwertigkeitsgefühlen, Zurückgezogensein gegenüber übertriebener Geselligkeit, Schuldgefühle gegenüber der starken Schuldzuweisung an andere, Depression gegenüber Rückfall, Flucht gegenüber Auseinandersetzung und schließlich Rebellion gegenüber Unterwerfung.

Aus diesen in der Suchtkarriere gern betretenen »Minenfeldern« herauszukommen, ist schwierig, vor allem wenn die dämpfende, beruhigende oder antriebssteigernde rauschhafte Wirkung des oder der Suchtmittel fehlt. »Der Alkohol gibt Geborgenheit, er gibt mir alles. Es gab nichts anderes«, sagte ein Patient, um fortzufahren: »Gleichzeitig kriege ich durch den Alkohol alles Negative. Ich bin unsicher und faul. Alkohol war meine Persönlichkeit. Die negativen Dinge waren meine Abwehr. Ich habe nie nach den kleinen wichtigen Dingen geschaut. Dabei kann man doch gerade dadurch sein eigenes Glück schmieden. Es kann funktionieren. Was ich früher Geld ausgegeben habe, nur um meine Sucht zu ›füttern‹! Heute glaube ich wieder an mich selbst.«

Nüchtern und schüchtern

Die meisten Patienten mit Suchtproblemen tun sich nüchtern recht schwer mit dem Kontakt und der Kommunikation. Gerade deshalb ist Alkohol für sie ein wichtiges Mittel, die Zunge und die Hemmungen zu lösen. Ohne Alkohol will es erst einmal gelernt sein, beredt und charmant zu wirken.
Vor allem kann dann, wie im folgenden Kapitel über die Wut noch ausführlicher beschrieben, die Wut ins Spiel kommen: »Die Wut war der Motor meiner Sucht. Früher habe ich mit Alkohol zurückgeschlagen, jetzt mit Worten.«

Suchttherapie – ein Lern- und Lehrprozess

»Der Therapeut sollte eine Überwachungsfunktion etablieren, mit deren Hilfe er von Sitzung zu Sitzung evaluieren kann, wie die Behandlung den Patienten außerhalb der Sitzungen beeinflusst. Man sollte vom Patienten erwarten, dass er den Therapeuten stets gut über alle Entwicklungen in seinem Leben informiert und Problem- und Konfliktbereiche sofort und vollständig mit ihm bespricht ... Wenn keine dringenden Probleme, keine neue Information oder ›Meldung‹ zu besprechen ist, dann sollte der Patient frei äußern, was ihm während der Sitzung in den Sinn kommt.«[48] Soweit Otto Kernberg, eine anerkannte Autorität in der Theorie und Praxis der Psychotherapie bei schwer und früh gestörten Patienten.
Bei aller sachlichen Richtigkeit klingt das doch zu einfach. Nach meiner Erfahrung muss man zwar ähnliche Instruktionen zu Beginn der Therapie geben, aber trotzdem mit allem rechnen und *selbst* genau nachfragen. Wenn man das nicht moralisierend oder vorwurfsvoll tut, wird der Patient selbst nach und nach spüren, dass es viel angenehmer ist, ehrlich zu sein.
Der Süchtige sucht fast immer nach einem Suchtmittel, mit dem er ungefährlich glücklich werden oder sein kann. Deshalb ist die oben beschriebene Doppelstrategie so wichtig: Neben der Behandlung der Persönlichkeitsstörung ist genaues Augenmerk auf das Ausagieren im Sinne eines Rückfalles oder einer Verlagerung auf andere Süchte

zu richten, denn damit wird auf andere Weise das seelische Gleichgewicht in alter Form wiederhergestellt. So bedeutet es ein Stück gute Elternfunktion, wenn Therapeuten einen Rückfall zwar nicht moralisch verurteilen, ihm aber auch nicht mit falschem »Verständnis« begegnen. Das würde dem Patienten vermitteln, dass es doch nicht so ernst gemeint ist, dass der Therapeut auch nicht genügend Sachkenntnis besitzt und man mit ihm »umspringen« kann, wie man will. Gerade der narzisstisch gestörte Patient möchte gern die Kontrolle über die Situation wieder gewinnen. Insgeheim wird dann der – vorher womöglich idealisierte – Therapeut für seine Schwäche verachtet.

Ärger und Wut: missverstandene Gefühle

Es ist eine Tatsache mit verhängnisvollen Folgen, dass fast alle Süchtigen massive Probleme mit aufgestautem Groll, Ärger und Wut haben. Unter meinen Patienten habe ich bisher keinen gefunden, dessen Umgang mit Aggression unproblematisch gewesen wäre. Gleichzeitig fiel mir und meinen Co-Therapeuten auf, dass keine Emotion in meinen Gruppen so stark tabuisiert wurde. Da kamen die Themen Trauer, Schuld, Angst, manchmal auch Scham und Sexualität zur Sprache – aber die Wut wurde gemieden »wie die Pest«.
Ein besonders angepasster Patient, viele Jahre co-abhängig gegenüber seiner trinkenden Mutter, jetzt gegenüber seiner dominanten Frau und selbst »an der Flasche«, erhielt noch kurz vor Ende der Therapie, nach langer Nüchternheit, viel positive Rückmeldung in der Gruppe – um eine Woche danach im Weihnachtsstress seinen Wagen und sich an der Tankstelle aufzuladen, einen Bagatellschaden zu verursachen und so lange trotzig im Auto sitzen zu bleiben, bis der irritierte Unfallgegner die Polizei holte ... Das »Auftanken« kostete viele tausend Mark: vom Blechschaden am eigenen Auto über Regressforderungen der Versicherung bis zum erneuten Erwerb des Führerscheins. Da hatte er sich monatelang bemüht, seine gestrichenen Lohnzulagen zurückzubekommen, wieder in den Schichtdienst eingeteilt zu werden – um alles mit einem Schlag

wieder zu verlieren, weil er sich vor der Auseinandersetzung mit seiner Aggression gedrückt hatte – in der Gruppe wie im realen Leben:»Das ist bei mir kein Problem.«
Es kann alles noch dramatischer ausfallen, wie wir aus täglichen Zeitungsberichten wissen. Im Alkohol liegt die gefühlsmäßige Wahrheit: Der brave Familienvater, den der Zeitungsbericht laut Interviews der Nachbarn als »stets freundlich« darstellt, hat unter Alkohol ein Blutbad angerichtet: Warum??? Alkohol schwächt die Instanz des Gewissens und stärkt gleichzeitig die Triebanteile. Unterdrückte Gefühle bahnen sich ihren Weg: Bei Totschlag ist Alkohol in der Statistik der Straftaten zu über 60 Prozent der Fälle im Spiel, bei Mord in mehr als einem Drittel. Oft wird die Unterscheidung zwischen Mord und Totschlag ohnehin über den Alkoholspiegel getroffen. Bei Körperverletzung mit Todesfolge ist zu 50 Prozent Alkohol ein wesentlicher Faktor. Vergewaltigungen finden ebenfalls zu nahezu 50 Prozent unter Alkohol statt.[49] Keine Statistik weist allerdings aus, wie viele Vergewaltigungen in der Ehe unter Alkohol stattfinden ...
Offen ausagierte Wut ist der Bearbeitung meist besser zugänglich als versteckte Wut. Manche Menschen glauben, sie hätten kein Problem mit der Aggression, bloß weil sie sie nicht spüren: »Was machen Sie eigentlich mit Ihrer Wut?« »Ich hab keine!« »Dann kann man ja gratulieren. Aber warum trinken Sie dann so viel? Es fällt mir auch auf, dass Sie ständig mit dem Fuß wippen ...« »Habe ich noch gar nicht bemerkt.«
Um einen ersten Zugang zur Wut bei einem aggressionsgehemmten Menschen zu finden, gehe ich mit ihm die »Checkliste verdrängter Ärger« durch:

1. Verzögerung bei der Erfüllung von auferlegten Pflichten.
2. Ständige oder häufig Verspätungen.
3. Vorliebe für Ironie oder sadistische Witze.
4. Sarkasmus, Zynismus oder Schnoddrigkeit im Gespräch.
5. Übertriebene Höflichkeit, ständige Fröhlichkeit, Neigung, gute Miene zum bösen Spiel zu machen.

6. Häufiges Seufzen.
7. Lächeln, auch wenn es wehtut.
8. Überkontrollierte, monotone Stimme.
9. Langeweile, Apathie, kein Interesse mehr an Dingen, die sonst Spaß machen.
10. Ein- oder Durchschlafschwierigkeiten.
11. Verlangsamung der Bewegungen.
12. Ungewöhnlich schnelle Ermüdung.
13. Übermäßige Reizbarkeit wegen Kleinigkeiten.
14. Schläfrigkeit zu unpassenden Zeiten.
15. Länger schlafen als gewöhnlich – 12 bis 14 Stunden pro Tag.
16. Statt erfrischt und ausgeruht eher müde aufwachen.
17. Verspannter Kiefer – besonders während des Schlafs.
18. Gesichtsticks, »nervöse« Fußbewegungen, gewohnheitsmäßig geballte Faust und Ähnliches, das man unbeabsichtigt oder unbewusst tut.
19. Mit den Zähnen knirschen – besonders während des Schlafs.
20. Chronisch schmerzhafter oder steifer Nacken bzw. Schultermuskulatur.
21. Chronische Depressionen, lange Zeitspannen, in denen man sich schlecht fühlt.

Es wird deutlich, dass es sich hier um eine Mischung aus körperlichen »Symptomen« und anderen Gefühlen handelt, die scheinbar nichts mit Wut und Ärger zu tun haben. Die meisten Menschen wissen nicht, dass es auch Formen passiver Aggression gibt wie z.B. Verspätung, Verzögerung von Pflichten etc. Die meisten Suchtpatienten, aber auch Co-Abhängige beschäftigen sich gern mit der »Liste« und sind ganz erstaunt, wie viele Punkte bei ihnen zutreffen.

Zum ersten Mal dringt es in ihr Bewusstsein, dass ständiges Lächeln (Zähne zeigen!), monotone Stimme, die geballte Faust in der Tasche (bei gleichzeitig strahlender Miene dem Kunden gegenüber!), Zähneknirschen, zynische Witze, verlangsamte Bewegungen und vermehrte Schlafneigung auf einem gemeinsamen Hintergrund beruhen: unterdrückter Ärger. Viele gehen sehr nachdenklich aus der Stunde und berichten gleich in der nächsten Sitzung über weitere Anzeichen oder über ganz neue Beobachtungen an anderen.

»Freiheit von Ärger« – ein wichtiges Therapieziel

Freedom from Anger – so lautet der Originaltitel eines Buches des amerikanischen Psychologen Roger Daldrup, das bei uns erschienen ist unter dem Titel *Weg mit der Wut! Aggressionen verstehen, abbauen und nutzen* – wobei »Weg« mit kurzem e zu lesen ist, hier hat es schon mehrfach Missverständnisse gegeben!
Natürlich meint Daldrup keineswegs, dass wir es schaffen könnten, aggressionslos zu leben. Aber: Lang aufgestauter Ärger, auch als Groll bezeichnet, muss nicht sein. Gesunde Gefühle sind in der Regel kurz, scharf und präzise, kranke Gefühle legen sich chronisch auf unser Lebensgefühl, sind sozusagen zäh wie ein altes Kaugummi, dessen schalen Geschmack wir nicht wegbringen. Aufgestaute Wut legt sich wie Teer auf unser Gehirn. Oder um einen anderen Vergleich zu benutzen, der den energetischen Aspekt besser beschreibt: *Mit aufgestautem Ärger leben ist wie Autofahren mit angezogener Handbremse.*
Die Energie, der Schwung ist weg, es geht alles so mühsam – und zuletzt ist einiges demoliert, wie beim Auto die Bremse, die dann merkwürdigerweise eines Tages gar nicht mehr funktioniert: Der Ärger bricht völlig unkontrolliert durch – als zerstörerische und grenzenlose Wut. Hier treffen wir eine erste wichtige Unterscheidung, die im Amerikanischen etwas leichter möglich ist: »anger« bedeutet so viel wie Ärger, »rage« ist dagegen die eindeutig pathologische Form. Wenn wir Ärger nicht regelmäßig loswerden, nicht entsorgen, staut er sich auf und wird zu jenem schwarzen Teer, der unser Lebensgefühl beeinträchtigt.

Entscheidungen und Neuentscheidungen über Gefühle

Daldrup beginnt seine Seminare meist mit einer Meditation: »Stell dir vor, du gehst in das Haus deiner Kindheit. Du trittst ein und suchst deine Eltern. Vielleicht sind sie in einem Raum, vielleicht in verschiedenen. Nun überlege: Wie ging dein Vater mit seinen Gefühlen um? Wie äußerte er Angst, Trauer, Scham, Schuld, Liebe, Schmerz und Ärger? Und nun zur Mutter: Wie äußerte sie Gefühle? Und nun zu dir selbst: Welche Entscheidungen hast du über deine Gefühle getroffen? Wie steht es mit ...?«

Mit dem Bewusstsein über unsere Gefühlsentscheidungen werden wir wieder wach: Haben wir uns für die Modelle von Vater oder Mutter entschieden – oder beschlossen: »Bloß nie so wütend wie der Vater!« oder: »Diese Heulerei von der Mutter – niemals!« Wenn ich mich als Kind entschlossen habe, ein Gefühl zu unterdrücken, entwickle ich von da ab ein Problem. Es ist nicht möglich, wie am Anfang des Kapitels beschrieben, bestimmte Gefühle *nicht* zu haben. Es kann sein, dass wir die Gefühle tief vergraben oder in ein düsteres Kühlfach legen – und dafür andere Emotionen entwickeln, die scheinbar nichts mit dem verdrängten Gefühl zu tun haben. Ärger kann so als »Depression« zum Ausdruck kommen: Es wird etwas »herabgedrückt« (vgl. die Handbremse). Ich habe aber auch Patienten gehabt, die ihre chronischen Angstgefühle nach genauer Betrachtung in Verbindung mit altem Groll bringen konnten. Kaum waren die Kanäle der Aggression geöffnet, verschwand plötzlich die Angst ...

Vergrabenes kann man wieder ausgraben, Eingefrorenes wieder auftauen. Das soll hier heißen: Wir können die scheinbar verloren gegangenen Gefühle wiederentdecken und wiederbeleben. Ich mache das an einem Beispiel aus der Natur deutlich: Es gibt Pflanzen, die auch extreme Trockenheit über längere Zeit ertragen können. Die »Rose von Jericho« sieht trocken so aus, als sollte man sie schleunigst auf den Kompost werfen. Legt man sie aber in ein Gefäß mit Wasser, saugt sie sich in kurzer Zeit voll, wird grün und lebendig.

Konzepte der Wut – Tränen hinter Wut, Wut hinter Tränen

Wer, wie die meisten Süchtigen und Co-Abhängigen, aus einer dysfunktionalen Familie kommt, hat gerade bezüglich Wut meist schlimme Modelle erlebt. Oft war die Wut einseitig verteilt: Väter haben das Monopol, alle anderen müssen unter der psychischen und/oder physischen Gewalt kuschen. Die Co-Abhängigen entscheiden sich verschieden. Das häufigste weibliche Stereotyp: Wut hinter Tränen verbergen. Männer dagegen neigen dazu, Tränen hinter Wut zu verstecken. Wie soll ein Kind sich da auskennen? Es kann der Eindruck entstehen, jede direkte Äußerung von Ärger sei etwas Schreckliches und Verbotenes. »Werd ja nie so ein Jähzorniger wie dein Vater!«, sagt z.B. die Mutter hinter Tränen von Angst und Ärger.

Beruf und Ärger

Ein besonders alkoholgefährdeter Berufsbereich ist jede Form von Außendienst. Woran liegt das? »Die besten Geschäfte macht man beim Wein«, sagten schon die alten Römer. Das ist aber nur die eine Seite, es gibt noch eine andere: Im Außendienst stehen die Gefühle dessen, der etwas kaufen oder einen Vertrag unterschreiben soll, immer im Vordergrund. »25 Jahre waren meine eigenen Gefühle egal – und jetzt soll ich umlernen?«, fragte mich etwas verzweifelt ein Patient, ein chronischer Alkoholiker, sehr erfolgreich mit seiner Firma, die vom Außendienst lebt. »Wenn ein Abschluss klappt, ist es wunderbar. Ein Anlass zum Trinken! Wenn ein Abschluss nicht klappt: erst recht ein Anlass zum Trinken! Oder abends in einem Hotel rumhängen: fürchterlich! Da muss man sich doch die Hucke voll saufen.«
Was bei ihm besonders auffiel: sein chronisches zwanghaftes Lächeln. Bald kamen wir darauf, dass dahinter eine massive Wut steckte, die sich schon seit der Kindheit angestaut hatte. Die Mutter konnte keine Wutäußerungen vertragen, der Vater schon gleich gar nicht. Auf der Beerdigung seines Vaters wurde der Patient vom

Pfarrer gemeinsam mit seinem Bruder »getadelt«, weil beide nicht weinen konnten (und wollten). Die gebremste Wut hatte auch die Trauer erstickt.

Und jetzt seit Jahren die Kunden, die immer die gleichen »blöden« Fragen stellen und diesen und jenen Rabatt wollen ... Er brachte mir lachend (nicht lächelnd) seine jahrelange Lektüre mit: »Lehrbrief Außendienst« mit unendlichen Listen von Aufforderungen, vor allem die eigene Wut im Zaum zu halten: »Achtung: Absturzgefahr ... Ein Verkaufsgespräch ist wie eine gefährliche Gipfelbesteigung. Vermeiden Sie deshalb die folgenden fünf häufigsten Abschlussfehler. 1. Heftige Streitgespräche ...«

Kein Wort in den Lehrbriefen, wie man mit den runtergeschluckten Gefühlen umgehen kann, wie man Ärger und Enttäuschung nicht mit Alkohol runterspült oder sich ein Magengeschwür »anlacht«.

Wie befreie ich mich von aufgestautem Ärger?

Daldrup hat seine Therapieform, die ergänzt werden kann durch andere Methoden, zunächst einfach »Wutarbeit« genannt, später im Rahmen wissenschaftlicher Untersuchungen umbenannt in »fokussierte expressive Therapie«. Das beschreibt sehr gut den Ansatz: Es geht nicht darum, sinnlos und ungezielt auf einem Schaumstoffkissen oder einer Matratze herumzuschlagen, sondern um einen gezielten Abbau von Aggressionen durch die Verbindung von bewusster Klärung und realem körperlichen Ausdruck von Ärger. Das Ganze soll nicht außer Kontrolle geraten, kein Ausbruch von Jähzorn oder Raserei werden. Die Patienten bekommen dazu konkret einen Schläger in die Hand gedrückt, der gut abgepolstert ist, damit sie weder sich noch andere verletzen können. In sehr engem emotionalen Kontakt mit dem Therapeuten erarbeitet der Patient ein Wutthema – z.B. im Zusammenhang mit dem Vater oder einem Expartner, um dann dieser Wut Ausdruck zu verleihen, indem er auf einen Schaumstoffblock einprügelt, oft begleitet von kurzen Sätzen wie: »Lass mich in Ruhe!«, d.h. einer knappen Zusammenfassung der anstehenden Problematik. Das kann auch heißen: »Scheiß Alkohol« oder »Scheiß Drogen«.

Interessanterweise kommen manche wortkarge und verschlossene Patienten im Umweg über die Wutarbeit zum Reden: Ganze Lebensgeschichten entwickeln sich da entlang der Schiene Wut.

Wut tut gut

Zu Beginn der Therapie rätseln viele Patienten, was es mit dem »merkwürdigen« Schaumstoffblock in meinem Behandlungszimmer auf sich hat. Darüber aufgeklärt, versichern die meisten, dass sie das »nie tun werden«. Das sei ganz unmöglich, da müsste ich das Zimmer verlassen. Sie würden sich ja schämen ... Manche »übersehen« den Block auch völlig oder können keinerlei Phantasie entwickeln, wozu er dienen könne.
Es bedarf oft einiger Überzeugungskraft, Patienten dazu zu bringen, aus voller Kraft auf den Block einzuschlagen. Wenn jemand ein Wutthema hat, biete ich den Block an: »Sie drücken mimisch und körperlich so viel Wut aus: Wollen Sie es einmal direkt zeigen?« Nach einigen zögernden Schlägen frage ich manchmal etwas ironisch. »War das wirklich die Wut, die Sie loswerden wollten? Warum so zaghaft?« Manchen fällt nicht auf, dass sie – aus welchem unbewussten Motiv? – mehr sich selbst als den Block schlagen: Beim Ausholen schlagen sie sich die Bataka (so heißt der spezielle Therapieschläger) in den Rücken, um in der Vorwärtsbewegung nur noch ganz sanfte »Hiebe« zustande zu bringen. Wichtig ist die Erlaubnis: »Es kann nichts passieren. Nichts geht kaputt, Sie befinden sich in einer sicheren Umgebung. Ich passe auf. Es ist völlig in Ordnung, Wut zu empfinden und auszudrücken. Sie verletzen auch die Person in keiner Weise, auf die sich die Wut bezieht. Besser hier den Zorn rauslassen, als ständig damit rumzulaufen oder sie indirekt in mannigfacher Weise am Partner oder an den Kindern auszutoben durch bissige Bemerkungen, düsteres Schweigen oder riskantes Autofahren!«
Die meisten freunden sich nach einiger Zeit mit dieser Methode an. Andere erschrecken schon bei dem Krach der Schläge: »Das erinnert mich an die Prügel, die ich selbst bekam.« Manchmal kommt es zu Trauer und Tränen, die wir annehmen und abwarten müssen, bis es

weitergehen kann. Aber es soll natürlich kein Rückzug sein: Weinen und gleichzeitig schlagen ist unsinnig. Die Gefühle sollen klar erlebt werden. Wenn ich wütend bin, kann ich nicht gleichzeitig heulen. Jammern ist keine Wut, sondern ein Beweis, dass derjenige im Grunde nichts ändern will. Jammern ist eine ungute Mischung, die zäh den emotionalen Fortschritt verhindert.

Es gibt noch andere Anzeichen abgewehrter Aggression: Manche Patienten schauen nicht hin auf das Ziel: »Haben Sie schon einmal einen Boxer erlebt, der wirkungsvolle Schläge anbringt mit geschlossenen Augen oder einem Blick in den Himmel?« Manche haben auch »keinen festen Stand«. Sie stehen unentschlossen, tänzeln hin und her, weichen immer wieder zurück, sobald sie geschlagen haben. Das geschieht alles ohne Absicht. Wenn ich es beschreibe oder imitiere, lässt es sich leicht korrigieren. Der Unterschied zwischen einem halbherzigen Geplänkel und einem satten Schlag wird schnell deutlich. (Viele machen z.B. im Tennis erst Fortschritte, wenn der Lehrer ihnen zeigt, dass sie vor vielen Bällen zurückweichen, statt voll in sie hineinzugehen.)

Therapeut und Patient müssen in engem gefühlsmäßigen Kontakt stehen. Sonst gelingt die Arbeit nicht oder wird kontraproduktiv. Wie viel kann man zumuten? Wann schlägt die Wutarbeit um in sinnloses Ausagieren? Wann ist sie nur noch künstlich – um z.B. dem Therapeuten einen Gefallen zu tun?

Gute Wutarbeit – fokussierte expressive Psychotherapie – ist lustvoll und produktiv für Patienten und Therapeuten, in der Einzeltherapie wie in der Gruppe. Gegen Ende der Sitzung wird meist viel gelacht (Wut und Lachen sind verwandt: Bei beiden Formen werden die Zähne gezeigt!) Etwas Befreiendes kommt auf. Das kann man an der gesamten Körperhaltung ablesen, vor allem aber an der Atmung, die für den Lebensprozess insgesamt steht: Die Patientin, deren Bilder zum sexuellen Missbrauch so erschütternd sind (vgl. S. 183), weigerte sich extrem lange, an ihre eigene Wut heranzugehen. Langsam kamen wir dazu, immerhin ihre Phantasien anzuschauen: Sie hatte schon als Kind daran gedacht, den Vater umzubringen, aber schön langsam, damit er lange leiden muss ... Wenn sie heute einen Streit mit jemandem hat, muss sie sich auf dem Absatz umdrehen, um den anderen nicht körperlich anzufallen ...

Es kam dann doch zur Wutarbeit. Ich wunderte mich, dass sie zwar heftig loslegte, aber offensichtlich nicht oder nur minimal atmete: »Wie schaffen Sie das? Spüren Sie, dass Sie praktisch nicht atmen?« »Ja, stimmt! Das liegt daran, dass ich erst wieder geatmet habe, wenn der Vater das Zimmer verlassen hatte ...«

In der Wut liegt die Kraft

Nicht aufgearbeitete Gefühle können unser Leben negativ beeinflussen – und auch vielen anderen schaden. Wenn wir in geschützter Umgebung Ärger losgeworden sind, belästigt er uns nicht mehr. Oft werden ungeahnte Kräfte frei. Die Bremse ist gelöst, Menschen können wieder lachen, frei atmen, sich freuen, Lust empfinden. Aufgestaute Wut dämpft alle anderen Gefühle und Fähigkeiten wie das Dämpfungspedal am Klavier oder der Dämpfer auf der Geige: Alles bekommt eine ganz andere Färbung. Daldrup spricht auch von einem Filter, durch den wir die Sinfonie des Lebens hören. Beethoven durchgehend mit Dämpfer oder auf Zimmerlautstärke – das ist wie die Musik aus den Lautsprechern eines Kaufhauses: nichts Halbes und nichts Ganzes.

Hier ist noch ein weiterer wichtiger Punkt zu nennen: Vorwürfe befreien nicht von Ärger! Aussagen wie »Du machst aber ... Warum tust du nicht?« etc. vermitteln nur die Illusion, die Aggression losgeworden zu sein. Es ist etwas ganz anderes, von sich zu sprechen in der Konfrontation: »Ich bin wütend, wenn ich sehe, dass du die Kinder allein lässt, nur weil du wieder zur Flasche greifen musst.« In diesem konkreten Fall drohte genau das, was Daldrup beschreibt: Die Wut zwischen den Expartnern wird zum Dauerzustand, belastet alles Weitere: »Wenn die Bücher nicht abgeschlossen werden, erscheint der Übertrag dieses Sollsaldos der alten Beziehung womöglich als Eröffnungsbuchung im Hauptbuch einer neuen Beziehung. Und dann steht diese Beziehung von Anfang an in den roten Zahlen.«[50]

Diesen kaufmännischen Vergleich kann man wörtlich nehmen. Es ist erschreckend zu beobachten, wie viel Wut in Beziehungen über die Finanzen ausgetragen wird. Geld geben oder vorenthalten, den eigenen Vorteil suchen, dem anderen unlauteres Verhalten unterstellen, ihm oder ihr bei einer Trennung möglichst viel Geld abpressen – das ist fast schon Volkssport geworden. Wie im Film *Der Rosenkrieg*, in dem er – nachdem er ihre Katze überfahren und sie seinen Hund buchstäblich verwurstet hat – gierig seinem Rechtsanwalt den Triumph schildert: Bei der Teilung des Hauses hat er »mehr Quadratmeter« erwischt. Zuletzt stürzen sie gemeinsam mit dem schönen Kronleuchter ihres früher gemeinsamen Treppenhauses in die Tiefe, ins Verderben.

Beziehungen, in denen es nie offen kracht, gehen meistens ebenso sang- und klanglos auseinander. Ein Lehrstück über unterdrückte Wut ist Loriots bekannte und nicht zufällig so beliebte Szene über das hart gekochte Frühstücksei: »Vielleicht stimmt da mit deinem Gefühl was nicht!« Zuletzt stammelt der Ehemann nur noch: »Ich bringe sie um. Morgen bringe ich sie um!«

Ärger und Sex – angry sex

Ein Bereich, der unter versteckter Wut besonders leidet, ist die Sexualität. In vielen Beziehungen geht es um den Kreislauf: »Ich trinke so viel und bin so wütend, weil du nicht mit mir schläfst!« Sie darauf: »Ich schlafe nicht mit dir, weil du so wütend bist und so viel trinkst!« Der fatale Zirkel erhält sich selbst: Verweigerung – Wut – noch mehr Verweigerung usw. Auch männliche Impotenz, soweit sie nicht wie bei manchen Alkoholikern im Spätstadium organisch verursacht ist, kann auf verleugnetem Ärger beruhen, ohne dass das bewusst wird. Ohne eine lebendige Auseinandersetzung kein lebendiges Sexualleben.

Problematisch ist die Lösung mancher Paare, die ihre Aggressionen unmittelbar in der Sexualität ausleben: »Das Einzige, was bei uns noch funktioniert, ist die Sexualität.« Das ist etwas, das meist nicht lange funktioniert. Eindrucksvoll ist das dargestellt im Film *Die Frau meines Lebens*, in dem sie versucht, ihn, wenn nicht rückfällig zu machen, so doch über Sexualität ohne Intimität zu fesseln.

Freiheit von alter Wut – eine Arbeit in vielen Etappen

Wer Jahre seines Lebens zugebracht hat ohne adäquaten Ausdruck berechtigten Ärgers, vielleicht nicht einmal mehr wusste, wie sich Wut anfühlt, kann nicht durch wenige gezielte Wutsitzungen geheilt werden. Ich halte auch überhaupt nichts davon, wie in manchen alternativen Therapieschulen üblich, in Marathonsitzungen stundenlang Wut auszutoben. Es gibt immer wieder mal ein Stück Wut abzuarbeiten – aus aktuellen oder alten Quellen. Da kann es helfen, wenn wir z.B. zu Hause ein altes Handtuch wütend durchwringen oder damit auf einen Stuhl einschlagen. Wir können auch im Auto – allein – unserem Herzen Luft machen und endlich einmal so laut brüllen, wie wir es als Kind gekonnt haben. Vielleicht ist das Objekt unserer Wut nicht oder nicht mehr erreichbar. Dann hilft es trotzdem, mit der Wutarbeit verbal zu beginnen, klar und offen zu bekennen, wie wütend wir über das oder jenes sind, ohne dabei in beleidigende Worte zu verfallen.

Viele Menschen meinen, sie hätten gar kein Recht auf Ärger oder Wut, vor allem nicht gegenüber Eltern, die man laut dem Gebot »ehren« soll – auch dann, wenn diese ihre Kinder beschimpft und geschlagen, verhöhnt und womöglich sexuell missbraucht haben. Da wird es schwierig. Jeder Mensch hat meines Erachtens ein Recht auf seine Gefühle – und darauf, dass diese anerkannt und nicht stillschweigend übergangen werden. Es ist sicher problematisch, wenn in vielen Psychotherapien jahrelang die Eltern »angeklagt« werden, letzten Endes auch ohne Effekt. Ein direkter Ausdruck in einem Brief und/oder durch Wutarbeit können da weit mehr erreichen.

Neue Beziehungen durch Wutarbeit

Vor allem die aufgestaute Wut verhindert eine liebevolle Beziehung z.B. zu Expartnern und Eltern. Wenn Wutarbeit gelingt, passiert auf geradezu magische Weise immer dasselbe: Ohne dass ich in dieser Richtung etwas gesagt hätte, berichten die Patienten, sie könnten jetzt viel freier bsp. auf Vater oder Mutter zugehen (oder an sie

denken). Es habe schließlich auch so viele positive Seiten gegeben, die durch das rote Tuch der Wut ständig verschleiert waren. Außerdem seien die Eltern auch nur Menschen, die es so gut gemacht haben, wie sie konnten. Manche gehen zum ersten Mal wieder zum Grab der Eltern und halten stumme Zwiesprache. Das Verzeihen kommt dann wie von selbst.
Verbotene Wut ist destruktiv. Es gibt – täglich – genügend Anlässe zum Ärger. Wir müssen unsere eigene Lösung für die Bearbeitung von Wut finden und praktizieren.

A wie Angst und A wie Alkohol – ausgeliefert sein

Angst gibt es als eigenständige Erkrankung, häufig aber auch in Verbindung mit anderen psychischen Störungen. Ein enger Zusammenhang besteht zwischen Alkoholabhängigkeit und Angst, wobei in mehr als 80 Prozent der Fälle erst die Angststörungen und dann zusätzlich das Alkoholproblem eintreten. Vor allem die Begleiterscheinungen wie Unsicherheit und Stressanfälligkeit machen besonders empfänglich für den Angstlöser Alkohol. Etwa jeder zweite Patient mit einer posttraumatischen Stressstörung, die nach schweren Traumatisierungen wie z.B. Vergewaltigungen, Kriegserlebnissen etc. auftritt, ist drogen- bzw. alkoholabhängig!
Posttraumatisch geschädigt sind auch die Kinder aus dysfunktionalen Familien. Das spontane Familienbild einer Alkoholikerin spricht atmosphärisch für sich (vgl. nebenstehende Abbildung).
Die Patientin in der Mitte kniend, dem übermächtigen – gesichtslosen – Vater ausgeliefert. Die Mutter bzw. Ehefrau wird gebieterisch auf Distanz gehalten. Ihr sind nicht einmal Arme gewachsen, um sich zu wehren. Die Zeichnerin selbst wurde in allen ihren Lebensäußerungen abgewürgt und bestraft, vor allem, als es um Liebe und Sexualität ging. (Der Vater war krankhaft eifersüchtig, flirtete selbst bei jeder sich bietenden Gelegenheit, traute sich allerdings nicht mehr als das ...)

Zur Therapie bei mir kam die Patientin über eine Paartherapeutin, zu der sie mit ihrem zweiten Mann ging, weil er in ein Gerichtsverfahren verwickelt war, in dem ihm vorgeworfen wurde, er habe – verhaltensgestörte! – Kinder »an die Wand geworfen« und seine Frau habe ihm noch eigene Schüler zur Bestrafung »zugeführt«. Beide hatten in der bisherigen Therapie herausgefunden, dass sich ihre Familiengeschichten auf erschreckende Weise glichen. Beide hatten auch das gleiche Lieblingsmärchen: *Hänsel und Gretel*. Grausame Eltern – gewiss selbst in Not – schicken ihre Kinder in den düsteren und keineswegs romantischen Wald, wo sie durch Hunger oder wilde Tiere zu Tode kommen sollen.

Das Paar fühlte sich nicht nur in der Kindheit den Eltern ausgeliefert, sondern auch – in der jetzigen Situation – den Eltern der Schulkinder und dem Gericht, das eine Strafe hätte aussprechen können, die beruflich fatale Folgen gehabt hätte. Die – ständig lächelnde – Patientin bekämpfte ihre Angst, aber auch ihre aufkommenden Aggressionen mit viel Alkohol. So war sie oft »zu« und musste nicht mehr spüren, wie es ihr eigentlich ging. Ihr Mann trank nicht viel weniger, zeigte aber keine Anzeichen körperlicher oder psychischer Abhängigkeit.

Vom Alkohol entgiftet, taute die Patientin in der Einzeltherapie nach und nach auf und fand wieder Zugang zu ihren Gefühlen. Erst jetzt wagte sie es, die ganze Grausamkeit ihrer Eltern nüchtern anzuschauen – und ihre Verwicklung in deren verkorkste Beziehung. Die symbiotisch-unklare Partnerschaft mit ihrem Mann entwickelte sich zu mehr Selbständigkeit und Freiheit.

Die extremste Form des Ausgeliefertseins: sexueller Missbrauch

Was ein Kind erlebt, das sexuell missbraucht wird, können Nichtbetroffene nur erahnen. Meist sind es Familienangehörige (Stiefväter, Väter, Brüder, Onkel, aber auch Mütter!), die sich an ihren Kindern vergehen – und das Kind womöglich noch an andere »weiterreichen«, damit z.B. die Saufkumpane ihre perversen Wünsche ausleben können. Nur die oberste Spitze eines entsetzlichen Eisberges wird jemals in der Öffentlichkeit oder vor Gericht bekannt. In der bereits zitierten Untersuchung an 100 alkoholabhängigen bzw. polytoxikomanen Patientinnen und Patienten aus verschiedenen Fachkliniken fand sich bei 71 Prozent der Frauen und bei 55 Prozent der Männer massiver sexueller Missbrauch in der Vorgeschichte.[51] (Subtilere Formen wie verbale Demütigungen oder Anspielungen und inadäquates sexuelles Verhalten der Eltern lassen sich nicht ermitteln.) Keiner der Fälle aus dieser Studie war vor Gericht gekommen, auch keiner der Fälle, die mir in meiner Praxis bekannt geworden sind. Ohnehin bleibt zu fragen, ob die Zerstörung der sexuellen Identität eines Menschen, nicht selten die Zerstörung seiner gesamten Identität, noch »gesühnt« werden kann – und ob es dem Opfer etwas bringt. Manchmal nehmen die Opfer die Sache selbst in die Hand – wie in dem Falle eines Familienvaters, der seine beiden Töchter missbraucht und geschwängert hatte: Die Familie beschloss eines Tages seine Hinrichtung durch eine Gewehrkugel. Die Zeichnung rechts ist einer ganzen Serie entnommen, die eine Patientin, nennen wir sie Frau T., wie unter einem Zwang stehend produzierte, als sie zu ihrem 50. Geburtstag einen Malkasten geschenkt bekam. Erst jetzt war sie in der Lage, *andere* Bilder zu entwerfen, z.B. schöne Katzenporträts ... Der sexuelle Missbrauch fand zwischen ihrem vierten und vierzehnten Lebensjahr statt – durch ihren leiblichen Vater, der sich nach der Heimkehr aus der Kriegsgefangenschaft regelmäßig an ihr verging. Das passierte in den Stunden zwischen der Rückkehr des Vaters und der Mutter von den Arbeitsstellen. Verzweifelt versuchte sie der Mutter ihre Angst klarzumachen, demonstrierte ihr sogar die Handlungen des Vaters, der sie nicht nur sexuell missbrauchte (die grausamen Details sollen

hier ausgelassen werden), sondern auch gelegentlich halb totschlug. Keiner der behandelnden Ärzte wurde stutzig angesichts der blauen Flecken, der merkwürdigen Knochenbrüche etc. Von der Mutter musste sich die Patientin anhören: »Das bildest du dir bloß ein!« Noch heute zweifelt die Patientin an ihrer eigenen Wahrnehmung: Wenn der Vati gesagt hat, die weiße Wand ist schwarz – dann ist sie eben schwarz ...

Über den Umweg ihrer Co-Abhängigkeit kam die Patientin in Behandlung: Als Betriebsratsvorsitzende fühlte sie sich zuständig für eine alkoholabhängige Kollegin, lieferte diese persönlich in der Klinik ab. Wegen ihrer düsteren Stimmung und der schwarzen Kleidung fragte ich, was denn mit *ihr* los sei. Zunächst wiegelte sie ab. Später stellte sich heraus: Sie hatte ihren eigenen Suizid schon vorbereitet, nach einem früheren Versuch vor ungefähr zehn Jahren. Ihre geliebten Katzen waren woanders untergebracht. Es störte also nichts mehr.

Mit einiger Mühe wurde Frau T. in die Klinik aufgenommen. Der sexuelle Missbrauch war zunächst kein Thema. Sie hatte ihn komplett verdrängt und vergessen. Erst durch die Berichte anderer Patientinnen in der Gruppenpsychotherapie fand sie anhand eines unscheinbaren Details den Zugang zu ihrer schrecklichen Vergangenheit. Eine Lawine löste sich. Tagelang konnte sie kaum schlafen unter dem Druck ihrer Erinnerungen. Die Nachtschwestern mussten sie in »Schutz« nehmen.

Inzwischen ist viel passiert. Frau T. (»Seit ich auf dieser Welt bin, friere ich«) kann besser für sich selbst sorgen – nicht nur für andere. Männern gegenüber fühlt sie sich nach wie vor weitgehend hilflos, vor allem wenn sie groß sind und »große Pranken« haben – wie ihr Vater. Die Gedanken an Rache werden langsam schwächer, aber sie plädiert für solche Täter bei all ihrer Liberalität für die Todesstrafe. Ihre Scham hätte durch eine Bestrafung des Täters reduziert werden können. So bleibt das Ausmaß der Scham immer gleich: »Ich schäme mich, auf der Welt zu sein. Mit *allen* Gefühlen kann man umgehen, mit Scham *nicht*! Wenn ich mich wasche, dann nicht in der Wanne, sondern unter der Dusche, sonst bleibt mein Schmutz im Wasser stehen. Er muss gleich abfließen. Dauernd habe ich Angst vor Scham – und wenn ich mich für andere schäme.« Manchmal zweifelt sie daran, ob es richtig war, sie vor dem Selbstmord zu bewahren.

Scham – ein Gefühl, das niemand mag

Kinder aus dysfunktionalen Familien können mit Gefühlen insgesamt schlecht umgehen, aber wenn man die Frage nach dem unbeliebtesten Gefühl stellt, wird wie bei Frau T. die Scham am häufigsten genannt. Woher kommt das? Wir können Angst empfinden, Trauer, Wut und Schmerz, werden davon gelegentlich überwältigt. Trotzdem bleibt uns eine Gewissheit erhalten: Es ist nicht unsere Existenz an sich, die in Frage gestellt wird. Auch Schuldgefühle sind noch besser zu ertragen, da sie vom Intellekt her erfassbar sind, sozusagen einen »Grund« haben und eventuell auch korrigierbar sind, z.B. durch Reue und Wiedergutmachung. Es geht hier um die Verletzung von Werten, das Gefühl, Normen und Regeln verletzt zu haben. Trotzdem bleibt auch im Extrem des »Mea culpa, mea maxima culpa!« (Meine Schuld, meine allergrößte Schuld!) eine Form heroischen Märtyrertums, die Selbstachtung nicht ausschließt.

Aber wenn wir Scham empfinden, geht es ums Ganze, um die Existenz. Das spiegelt unsere Sprache in zahlreichen Varianten: »vor Scham im Boden versinken«, »sich zu Tode schämen«, »bodenlose Scham«. Im Talmud heißt es sogar: Jemanden öffentlich beschämen ist wie Blutvergießen. Demütigung, also Scham bei einem anderen Menschen auslösen, ist schlimmer als körperlicher Schmerz.

Sprachlich geht das Wort »Scham« im Indogermanischen zurück auf »cam« oder »cäm«, was so viel heißt wie »zudecken, verbergen, verschleiern«. Die Voranstellung des »S« fügt reflektive Bedeutung hinzu, meint also »sich zudecken« etc. Altgermanisch gibt es dann schon »scam«: Schamgefühl, Beschämung, Schande.

Scham ist ein Gefühl, das sich der sprachlichen Bearbeitung weitgehend entzieht. Dabei gibt es kaum einen Menschen, der – auch bei sonst weitgehend fehlender Erinnerung – nicht Situationen oder Träume aus der Kindheit erinnert, in denen das Gefühl der Scham im Mittelpunkt stand. Leider – und trotzdem – wird in vielen Psychotherapien und in einem großen Teil der psychotherapeutischen Literatur das Thema Scham kaum oder gar nicht angesprochen. Kein Mensch kann auf Dauer mit einem starken Schamgefühl leben. Scham hat viel zu tun mit Aggression gegen sich selbst. Nicht zufällig gebrauchen Menschen, die nach einem Selbstmordversuch gerettet wurden, oft die Formulierung: »Ich wollte der Schande [= der Scham über die eigene Existenz] ein Ende bereiten.«

In dysfunktionalen Familien spielt Scham eine überragende Rolle. Die Familientherapeuten Fossum und Mason haben die Scham in ihrem Buch *Aber keiner darf's erfahren. Scham und Selbstwertgefühl in Familien* zum zentralen Thema gemacht. Nach ihnen geht es bei der Scham um mehr als um Gesichtsverlust oder Verlegenheit. »Scham ist ein inneres Gefühl der völligen Herabwürdigung und Unzulänglichkeit als Person. Sie ist das Selbst, das das Selbst verurteilt. Ein Augenblick, in dem man Scham erlebt, kann eine so schmerzliche Demütigung oder so tiefe Entwürdigung bedeuten, dass man das Gefühl hat, seiner Würde beraubt zu sein oder als im Grunde unzulänglich, schlecht und ablehnenswert bloßgestellt zu werden. Wenn das Schamgefühl vorherrscht, so geht man stets von der Prämisse aus, man sei als Mensch grundsätzlich schlecht, unzulänglich, mit Fehlern behaftet, wertlos oder minderwertig.«[52]

Scham ist ein Affekt, der mit Selbstverachtung und gestörter Integrität zu tun hat. Scham ist auf uns selbst bezogen, nicht auf andere oder andere Objekte. Scham schützt im Prinzip den Kern unserer Persönlichkeit, bildet eine Art innere Grenze, Intimsphäre, definiert die Grenzen der Privatheit.

Charakteristika eines schamdominierten Systems sind laut Fossum und Mason u.a.:[53]

1. die Mischung von Kontrolle und Chaos;

2. Schuldzuweisungen und entwertende Botschaften, z.B. unter Partnern;

3. die verbale und nonverbale Äußerung von Scham, etwa durch abgewandten Blick, gesenkten Kopf, hängende Schultern – und in der Psychotherapie das Gefühl, ein »hoffnungsloser« Fall zu sein;

4. die Unfähigkeit, Transaktionen zum Abschluss zu bringen, d.h., es fehlt an Entschlossenheit und Kraft, oft aufgrund scheinbar endloser Verstimmung, Handlungen gedanklich vorzubereiten, zu diskutieren und schließlich zur Lösung, also in die Tat umzusetzen.

Therapeuten haben im Umgang mit schamdominierten Familien oft den Eindruck, dass sie irregeführt werden oder im Gespräch wesentliche Teile fehlen. Das liegt daran, dass Fragen der Scham eine Stufe tiefer liegen als die Probleme, die offiziell an den Therapeuten oder die Therapeutin herangetragen werden.
Die Möglichkeiten im schamdominierten System sind weit gestreut: Scham liegt vor, wenn Menschen sich selbst zwanghaft missbrauchen (etwa durch Sucht), zwanghaft andere missbrauchen (körperlicher, sexueller und/oder emotionaler Missbrauch), Zwänge in Bezug auf Geld und materielle Güter zeigen (z.B. Kaufsucht, Verschwendungssucht, »Hamstern«, zwanghaftes Sparen und Ladendiebstahl), Zwänge in Bezug auf Sexualität haben (Voyeurismus, Exhibitionismus, zwanghafte Masturbation, Affären, Gebrauch von Pornografie, Inzest, Vergewaltigung etc.), unter Essstörungen leiden (Anorexie, Bulimie, zwanghafte Diäten und Überfressen), schließlich auch bei Platzangst und bei bestimmten psychosomatischen Problemen.
Gesunde Systeme dienen den Menschen, die zu ihnen gehören. Im kranken System kehrt sich das Ganze um: Die Mitglieder dienen dem System, obwohl sie mehr oder minder krampfhafte Bemühungen anstellen, aus der Falle herauszukommen.
Meistens sind im Zyklus der Scham in einem entsprechenden Familiensystem ein oder mehrere Familienmitglieder auf die Kontrollfunktion spezialisiert – er bzw. sie macht alles richtig, hält die Familie zusammen, während mindestens ein anderes Mitglied auf die pathologischen Lösungs- oder Selbstheilungsfunktionen konzentriert ist, d.h. unverantwortlich, grenzenlos und süchtig agiert. Unschwer können wir das Modell von Abhängigkeit und Co-Abhängigkeit wieder erkennen, wobei beide unbewusst bestrebt sind, das Gleichgewicht aufrechtzuerhalten, da sonst das System als Ganzes bedroht und etwa eine Trennung unvermeidlich wäre.

Schuld und Scham – Zur Unterscheidung funktionaler und dysfunktionaler Systeme

Das Erleben von Beziehungen im schamdominierten System ist geprägt von tatsächlicher oder angedrohter wiederholter Ablehnung, Bestrafung oder Verlassenwerden, manchmal im Wechsel mit gefühlsintensivem Kontakt. Es besteht kein Zusammenhang, keine Kontinuität des Austausches von Gefühlen, von Geben und Nehmen. Außenstehende können besser als die Mitglieder des Systems die Sinnlosigkeit der Interaktionen erkennen. Ohne es auszusprechen, glauben viele Mitglieder schamdominierter Systeme: »Ich bin nicht so gut wie andere.« »Ich bin als Person irrelevant.« Oder: »Ich bin kein Bestandteil eines größeren Ganzen, meiner Gruppe, Gemeinschaft.« So lässt sich auch die überwältigende Sehnsucht von Kindern aus dysfunktionalen Familien nach Gemeinschaft und Geborgenheit erklären, die sich leider nicht nur im Besuch von Selbsthilfegruppen und professionell geleiteten Psychotherapiegruppen äußert, sondern auch im Bedürfnis, mit seiner Existenz z.B. in einer Sekte aufzugehen. Warum würden sonst Menschen auch ihre letzte Mark, ihre gesamte berufliche und persönliche Existenz opfern, um endlich *dazuzugehören*?

Den schamdominierten Systemen stellen Fossum und Mason das respektvolle System gegenüber. In der Gegenüberstellung zeigt sich der Stellenwert von Schuldgefühlen bzw. Scham:[54]

Respektvolle Systeme ...	... erzeugen Menschen, die
Verletzung der Werte führt zu Schuldgefühlen. Das Selbst ist abgegrenzt und Bestandteil eines größeren Systems. Regeln verlangen Verantwortlichkeit. Beziehung ist Dialog.	Verantwortungsgefühl, die Fähigkeit, etwas wieder gutzumachen, und Entschlossenheit besitzen; ihre Wertvorstellungen im Lauf der Zeit vertiefen und modifizieren; immer mehr Einfühlungsvermögen entwickeln; ihr Selbst und ihre Persönlichkeit als Ganzes entwickeln.

Schamgebundene Systeme ...	... erzeugen Menschen, die
Verletzung der Person führt zu Scham. Das Selbst weist verschwommene persönliche Grenzen auf. Regeln verlangen Perfektionismus. Beziehung ist immer in Gefahr.	sich immer mehr schämen und verzweifelt sind; zunehmend rigide werden; Entfremdung und Distanz zeigen; ein Image und Kontrolle entwickeln.

Ohne Abbau der Scham keine Heilung!

Scham spielt nicht nur in den Ursprungsfamilien vieler Süchtigen eine große Rolle, sondern auch im Gesamtzyklus der Sucht: Ein unangenehmes Gefühl wird immer stärker. Der Betroffene grübelt immer mehr, greift schließlich zum bewährten Selbstheilungs- bzw. Lösungsmittel Alkohol – und schämt sich schon nach dem ersten Schluck: »Jetzt ist es wieder passiert. Ich bin ein Versager. Jetzt gibt es sowieso keinen Ausweg mehr. Wie kann ich das wieder gutmachen?« Neben der Scham wachsen hier auch die Schuldgefühle immer mehr an. Gerade das Schamgefühl scheint letzten Endes aber entscheidend zu sein für die Zerstörungskraft vieler Rückfälle. Die Betroffenen fühlen sich wieder in ihrer Existenz bedroht: »Wie stehe ich jetzt vor anderen da? Es ist entsetzlich! Jetzt ist es egal, da kann ich gleich weitertrinken!« Irgendwann lässt mit steigendem Alkoholpegel der Druck des Schamgefühls nach. Spätestens mit dem Kater am nächsten Morgen sind die Scham- und Schuldgefühle aber wieder da – usw., usw.

Es ist außerordentlich erleichternd für Suchtkranke, in der Therapie über ihre meist als vernichtend erlebten Schamgefühle sprechen zu können. Je mehr man dazu übergegangen ist, diesem Thema Raum zu geben, desto erfolgreicher verlaufen die Therapien.

Scham in »Der Kleine Prinz«

In seinem berühmten Buch[55] beschreibt Antoine de Saint-Exupéry die Begegnung des kleinen Prinzen mit einem Alkoholiker:
»Was machst du da?« fragte er [der kleine Prinz] den Säufer, den er stumm vor einer Reihe leerer und einer Reihe voller Flaschen sitzend antraf.
»Ich trinke«, antwortete der Säufer mit düsterer Miene.
»Warum trinkst du?« fragte ihn der kleine Prinz.
»Um zu vergessen«, antwortete der Säufer.
»Um was zu vergessen?« erkundigte sich der kleine Prinz, der ihn schon bedauerte.
»Um zu vergessen, daß ich mich schäme«, gestand der Säufer und senkte den Kopf.
»Weshalb schämst du dich?« fragte der kleine Prinz, der den Wunsch hatte, ihm zu helfen.
»Weil ich saufe!« endete der Säufer und verschloß sich endgültig in sein Schweigen.

Scham und Sexualität

Bei sexuellem Missbrauch aller Art ist in der Regel zu beobachten, dass der Täter die üblichen Grenzen der Intimsphäre überschreitet – und das Opfer die Scham und die Schuldgefühle trägt, die der Täter bei sich abwehrt. Was frühere Untersuchungen an Prostituierten schon vermuten ließen, konnte Brigitte Schnade durch die schon zitierte Befragung zumindest für diese Stichprobe belegen: Nur wer die gewaltsame Überschreitung von Schamgrenzen durch sexuellen Missbrauch in der Kindheit erlebt hatte, war später in der Lage, sich zu prostituieren, d.h. den eigenen Körper in grausamer Weise benutzen zu lassen.
Sexuelle Hingabe kann nur dann stattfinden, wenn das Vertrauen in die eigene Integrität und die anderer Menschen nicht verletzt wurde. Nicht nur Sucht, sondern auch Sexualität steht im Spannungsfeld von Kontrolle und Kontrollverlust. Niemand braucht sich des Kontrollverlustes im sexuellen Akt zu schämen – aber Millionen tun es oder sind zum Kontrollverlust nicht fähig, da ihre Grenzen verletzt worden sind.

Der Zusammenhang zwischen Scham und Tabu

Es gibt eine Intervention in der Gruppenpsychotherapie, die stets für große Aufregung und eine schlagartige Belebung der Dynamik sorgt. Dabei hat jeder auf einem kleinen Zettel die Frage zu beantworten: »Welches Geheimnis würde ich als allerletztes in dieser Gruppe verraten?« Es geht ein Beutel im Kreis herum, jeder steckt seinen Zettel hinein. Nun kann man verschieden vorgehen: Entweder belässt man die Geheimnisse im Beutel, oder jeder in der Runde zieht einen beliebigen Zettel heraus und liest die Antwort vor. Meistens genügt schon die gedankliche Vorbereitung, um das erste schambesetzte Thema zur Sprache zu bringen. Wenn die Zettel geöffnet werden, ist der Effekt immer gleich: Es gibt nur eine sehr begrenzte Anzahl von Themen. Einige Probleme tauchen mehrfach auf, sind also bei mehreren Gruppenteilnehmern identisch. Neben den Themen Selbstmord und Geisteskrankheit geht es meistens um sexuelle Fragen wie sexuellen Missbrauch, Homosexualität, Vergewaltigung etc.

Schamthemen sind über mehrere Generationen wirksam, wenn das Schweigen nicht gebrochen und das Familienmitglied, dessen man sich schämt, nicht wieder in die Familie aufgenommen wird. (Diese Fragen lassen sich am besten darstellen in der Familienaufstellung nach Bert Hellinger, wie sie weiter oben schon skizziert wurde.)

Sucht als Schamthema in Familien

Suchtkrankheiten sind ebenfalls ein zentrales Schamthema. So etwas »Schmuddeliges« hat man nicht ...

Aus einer schamerfüllten Familie kam eine gewisse Norma Jean Baker, bekannt geworden unter dem Künstlernamen Marilyn Monroe. Sie wurde unehelich geboren, der Vater war ihr unbekannt. Die Mutter litt unter einer Geisteskrankheit. Die Tochter wurde im Waisenhaus erzogen. Später versuchte sie wie so viele die Kränkungen ihrer Existenz wettzumachen. Sie arbeitete in einer Fabrik, prostituierte sich gleichzeitig in Bars am Sunset Boulevard in Hollywood, bis sie entdeckt wurde. Ihre Karriereleiter war offenbar von sexuellem Missbrauch begleitet. Einmal kommentierte sie die Begegnung mit einer einflussreichen Person aus der Filmbranche: »This is hopefully the last cock I have to suck.« (Frei übersetzt etwa: »Das ist hoffentlich der letzte Gockel, für den ich die Henne sein darf.«) Sie hatte Umgang mit den Großen aus Film und Politik, z.B. ein Verhältnis mit zwei Brüdern aus dem Kennedy-Clan. Sie verfiel in Depressionen, schluckte Tabletten und Alkohol. Ihre Therapie – sie war eine Borderline-Persönlichkeit – wurde von einem prominenten Psychiater beschrieben. Letzten Endes starb Norma Jean Baker den einsamen Tod vieler Süchtiger. Über die Hintergründe herrscht bis heute Unklarheit: War es Selbstmord oder Mord? Als Marilyn Monroe spielte Norma Baker immer wieder mit Schamattitüden. Noch relativ harmlos die Szene, die sich ein Filmregisseur für sie ausgedacht hatte: Marilyn ging über einen Entlüftungsschacht und ihr Rock wurde so hoch geweht, dass man ihren Slip sehen konnte. Joe di Maggio, ihr damaliger Ehemann, stand wutentbrannt daneben.

Marilyn zeigte jenes Verhalten, was von Fossum und Mason als typisch für schamorientierte Familien beschrieben ist: eine extreme Ausprägung der Geschlechtsrollen, sozusagen »Macho« und »Weibchen«. Marilyn verkörperte das »Weibchen« in Vollendung. Hoffentlich nehmen die Verehrer, die sie bis heute hat, auch wahr, wie viel Elend hinter ihrer Fassade steckte! Was muss in ihr vorgegangen sein, dass sie sich buchstäblich in Kleider einnähen ließ, um jeden Millimeter ihrer Rundungen zur Geltung zu bringen? Eine Journalistin soll sie bei einem Besuch gefragt haben, ob sie etwas dagegen hätte, wenn sie sich die Haare mache. Die Journalistin hatte nichts dagegen, war aber doch überrascht, dass die Schauspielerin ihre Schamhaare gemeint hatte ...

Auswege aus der Scham – ein steiniger Weg

Fossum und Mason machen in ihrem Buch *Aber keiner darf's erfahren* immer wieder deutlich, dass es bei Scham auch zentral um Sucht geht. Der Begriff »Sucht« stammt im Übrigen nicht, wie immer wieder vermutet, von Suchen, sondern vom althochdeut-

schen Wort »suht« = Krankheit. In *Wahrig Deutschem Wörterbuch* ist der Begriff definiert als »krankhaft gesteigertes Bedürfnis, gesteigertes Streben«.
Sucht ist Ausdruck des Systems und wird selbst zum Stützpfeiler des Systems. Das hatten wir anhand des Mobiles gesehen. Auch die Folgerung können wir nachvollziehen: »Wenn man eine Sucht behandelt, hat man oft das Gefühl, man müsste einen Fisch im Wasser mit bloßen Händen fangen.«[56] Die Therapie eines schamorientierten Systems oder von Einzelpersonen aus diesem System kommt meistens dann ins Stocken, wenn eine Suchtverlagerung stattgefunden hat oder eine der vielen Abhängigkeiten nicht offen dargelegt wurde.
Fossum und Mason benutzen als Metapher für die Scham das Bild des inneren und äußeren Reißverschlusses, das der Amerikaner J.B. Rotter erstmals zur Diskussion gestellt hat.[57] So wie wir uns schämen, wenn wir in der Öffentlichkeit plötzlich feststellen, dass der Reißverschluss unserer Hose nicht geschlossen ist, so dringt die Scham in schamdominierte Systeme ein. Die üblichen Grenzen können fehlen oder verzerrt sein. »Manchmal ist dies auf eine Verletzung der Generationsgrenzen zurückzuführen oder auf Krankheiten, Unfälle oder weitgehende Verarmung, die das Kind daran hindern, den natürlichen Entwicklungsweg von der Abhängigkeit zur Unabhängigkeit zu gehen.«[58] Besonders für sexuell Missbrauchte trifft das unmittelbar Folgende zu: »Das betroffene Mädchen hat gelernt, sich wie ein Objekt zu fühlen, und lässt zu, dass man sie wie ein Ding und nicht wie eine Person behandelt.«
Hier muss ich an Frau T. denken, bei der es sicher nicht an mangelndem Intellekt liegt, dass sie mit dem übertragenen Begriff »Grenze« lange Zeit nichts anfangen konnte, genauer gesagt: bis in die Therapie hinein. Grenzen hatten für sie mit konkreten Dingen zu tun, z.B. Landesgrenzen. Grenzen zwischen Personen oder gar Grenzen für eine Intimsphäre waren der Patientin absolut unbekannt. Sie durfte nicht einmal das Bad oder die Toilette absperren. Jederzeit musste sie damit rechnen, dass ihr Vater ihr die Kleidung öffnete, in ihren Schulsachen wühlte usw.
»Wenn die Grenze übertreten wird, fühlen sich die Opfer wie gelähmt vor Scham.« Deshalb müssen sie in der Therapie Schritt für

Schritt lernen, gesunde Grenzen aufzubauen. Rotter unterscheidet dabei wie angedeutet zwischen dem inneren Reißverschluss (der Selbstachtung) und dem äußeren Reißverschluss (der Scham). Die Selbstachtung sorgt innen dafür, dass Intellekt, Gefühle und Körper gegenüber anderen geschützt werden, genauso wie der (äußere) Reißverschluss der Scham die Grenzen nach außen definiert. Frau T. konnte als Kind nicht verhindern, dass ihr andere Kinder etwas wegnahmen. Nicht mal einen Radiergummi oder Bleistift konnte sie verteidigen.

Es ist entscheidend, Tabus zu durchbrechen und über Dinge offen und ehrlich zu reden, die früher geleugnet, verdrängt oder von Scham zugedeckt waren. »Einfach etwas mitzuteilen, kann in bestimmten Fällen explosiv wirken und oft große Erleichterung bringen – aber helfen tut es fast immer.«[59] Behutsam müssen wir darangehen, verschüttete Gefühle wieder zu entdecken, tiefgefrorene Gefühle langsam wieder aufzutauen – und mit unserer neuen Sensibilität umzugehen. Starke Gefühlsschwankungen sind immer ein Anzeichen für eine Veränderung, auch wenn es am Anfang subjektiv manchmal noch schlimmer zu werden scheint als vor Beginn der Therapie. Meist kommt erst nach dem Tal der Tränen die Erleichterung. Besonders hilfreich ist dabei, sich selbst in der Vorstellung als Kind liebevoll in den Arm zu nehmen und zu beschützen. Das innere verletzte Kind begleitet uns durch unser ganzes Leben. Es geht ihm und uns besser, wenn wir ihm Liebe und Verständnis zukommen lassen.

Liebe, Sexualität und Sucht – eine brisante Mischung

Die meisten Suchtkarrieren beginnen in der Pubertät, häufig im Zusammenhang erster erotischer und sexueller Erfahrungen. Leider haben wir in unserer Kultur eine seit langem bestehende lust- und sexualfeindliche Tradition, die durch die Kirchen vertreten, durch manche Sekten aber noch übertroffen wird. Sexualität wird deshalb

oft nicht als etwas Natürliches und Schönes empfunden, das essenziell zum Leben gehört, sondern als eine mit Scham- und Schuldgefühlen beladene Angelegenheit, über die man besser nicht spricht.
Trotz der so genannten sexuellen Revolution Ende der 60er- und Anfang der 70er-Jahre haben nach wie vor nur wenige ein unbefangenes und positives Verhältnis zur Sexualität. Das Zerrbild zunehmender schamloser Pornografie und das (halb) öffentliche Austoben von Perversionen jeder Art ist kein Gegenbeweis, sondern entstammt der gleichen Quelle. Es ist der gewaltsame Versuch, sich Lust zu verschaffen, wo der natürliche Zugang verloren gegangen ist.
Alkohol als die Hauptdroge unserer Gesellschaft hat die Eigenschaft, uns angstfreier und kontaktfreudiger zu machen, den starken Druck des Gewissens zu mildern und unsere Triebregungen deutlicher hervortreten zu lassen. Der ritualisierte Gebrauch des Alkohols bei Feiern fördert die Gemeinschaft und den Kontakt zwischen den Geschlechtern.
Problematisch wird es dann, wenn die Scham- und Schuldgefühle im Zusammenhang mit Sexualität so groß sind, dass immer größere Mengen eines oder mehrerer Suchtmittel (z.B. Zigaretten) benötigt werden, um die entsprechende »Stimmung« und das Selbstwertgefühl herzustellen. Dann kommt es, wie in der Suchtkarriere beschrieben, zum Stadium der kritischen Gewöhnung, in der z.B. der Alkohol regelmäßig und zwanghaft eingesetzt wird, um das zu erreichen, was im nüchternen Zustand nicht möglich ist. Viele Alkoholiker, vor allem Frauen, berichten darüber, dass sie ihre gesamte erwachsene Sexualität nur unter Alkohol erlebt hätten, im Grunde ihres Herzens aber schüchtern und schambeladen seien. Typisch der Bericht einer Patientin, dass ihre bisherigen Partner einschließlich ihres Ehemannes gern darauf eingegangen seien, dass sie unter dem Einfluss von Alkohol viel »wilder und ungehemmter« gewesen sei. Bloß könne sie sich an besonders heftige Liebesnächte überhaupt nicht mehr erinnern ...
Natürlich sind auch Männer von der Problematik der Sexualität unter Alkohol betroffen. Viele können erst Annäherungsversuche unternehmen, wenn sie entsprechend alkoholisiert sind. Bei Paargesprächen hat sich zu diesem Gesichtspunkt immer wieder eine

interessante Tatsache ergeben: Die Frauen hatten über viele Jahre komplett verdrängt, dass z.B. schon die erste Aufforderung zum Tanz geprägt war durch Alkohol: »Oh, der hat aber schon ganz schön einen sitzen!« Erst im Nachhinein wird dann deutlich, dass es sich hier oft nicht um einen »Ausrutscher« handelte, sondern um ein regelmäßiges Ereignis. Nicht selten sind Männer unter Alkohol sexuell aktiver und potenter. Nicht wenige berichten, dass sie unter Alkohol wesentlich länger »durchhalten« konnten als ohne – was für die Therapie nicht unproblematisch ist.

Homosexualität und Sucht

Viele Tabus unserer Gesellschaft gehören immer noch dem sexuellen Bereich an. Darunter fällt trotz aller Liberalisierung die Homosexualität, die bei manchen Menschen unter Alkoholeinfluss deutlicher sichtbar wird. Sie schämen sich ihrer verurteilten Neigungen und versuchen das nüchtern wieder auf den Alkohol zu schieben, aber auch hier gilt: Im Wein liegt die Wahrheit. D.h.: Eine latente Homosexualität kann unter Alkohol zum Tragen kommen.
Der Alkoholkonsum unter Homosexuellen ist ein bisher wenig untersuchter Bereich. Nach meinen Beobachtungen liegt hier eine noch stärkere Suchtgefährdung als bei der heterosexuellen Mehrheit der Bevölkerung vor. Dazu könnten verschiedene Faktoren beitragen: Die Tabuisierung und Verurteilung von Homosexualität stellt einen zusätzlichen Stressfaktor negativer Art dar, der im Suchtdreieck zur Suchtentstehung beitragen kann. Weiterhin sind viele Homosexuelle narzisstisch geprägt: Sie lieben nicht das andere Geschlecht, sondern das eigene Spiegelbild wie Narziss – und suchen es im gleichgeschlechtlichen Partner. Die üblichen Rollen, z.B. bei der Kindererziehung, fallen weg, so dass ein entlastender Faktor fehlt. Es ist sicher kein Zufall, dass wir in den Massenmedien, in der Kunst, in der Modebranche sehr häufig eine Verbindung finden von ausgeprägtem, zum Teil pathologischem Narzissmus, Homosexualität und Suchtproblematik. Das ist nicht wertend zu verstehen, sondern realitätsbeschreibend. Viele exponierte Menschen sind oft bis zu ihrem Tod darauf bedacht, ihre wahre sexuelle Identität zu

verheimlichen. Sie leben nicht kongruent mit sich selbst. Die Spannung wird durch Alkohol oder andere Suchtstoffe vermindert.
Nach einem Coming-out spüren die meisten Betroffenen eine große Erleichterung, so dass auch eingefahrene Mechanismen, negative Gefühle zu betäuben, nachlassen können. Erst kürzlich sah ich den erwachsenen Sohn eines Alkoholikers, der zwar angesichts des schlimmen Vorbildes des Vaters exzessiven Alkoholkonsum vermieden hatte, dafür esssüchtig war und sich ein Übergewicht von gut 50 Kilo zugelegt hatte. Als er zum Entschluss gekommen war, seine Freunde über seine sexuelle Orientierung zu informieren, konnte er nach vielen fehlgeschlagenen Diätversuchen relativ schnell viele Pfunde abnehmen und sich seinem Normalgewicht annähern.

Sex, Sucht und Therapie

Auch in den Einrichtungen, die sich mit Suchttherapie beschäftigen, ist die Sexualität kein einfaches Thema. Nicht selten setzt sich die Tabuisierung hier fort. Sexualität wird als Thema nur gestreift. Es fehlen oft sorgfältige und detaillierte Anamnesen. Wissenschaftliche Untersuchungen sind hier eine Rarität – und bringen Fakten zutage, die mehr als deutlich machen, wie wichtig es wäre, Sexualität allgemein und sexuelle Dysfunktionen im Besonderen zum Therapieschwerpunkt zu machen.
Eva-Maria Fahrner hat verschiedene Untersuchungen über die Sexualität und Partnerschaft im Rahmen der stationären Behandlung von alkoholabhängigen Männern durchgeführt. So konnte sie zu Beginn der Therapie eine erstaunlich hohe Anzahl von Patienten mit Sexualstörungen diagnostizieren: 77 Prozent der befragten 115 Patienten gaben eine oder mehrere Störungen im sexuellen Bereich an.[60] (Vergleichsstudien kommen zu ähnlichen Werten.) Ejaculatio präcox (vorzeitiger Samenerguss) und Libidomangel sind die häufigsten Störungsarten. In der Literatur schwanken die Zahlen dabei zwischen 54 und 71 Prozent.
Wie in der Sucht, so wird auch im Bereich der Sexualität häufig geleugnet und schöngeredet. Nach Fahrner sahen lediglich sechs

Prozent eine Problematik in der Partnerbeziehung. Von den Partnerinnen der Alkoholabhängigen bezeichneten immerhin 22 Prozent ihre Partnerschaft als eher unglücklich. 37 Prozent der Frauen schätzten ihre eigene Sexualität als problematisch ein, wobei von einem knappen Drittel Libidomangel genannt wurde und etwas mehr als ein Drittel beschrieb, selten oder nie einen Orgasmus zu haben. Auffällig auch die Häufung von psychosomatischen Symptomen wie Kreuz- und Kreislaufbeschwerden sowie nervöser Überlastung: Jede zweite Frau gab dies an, wobei die Hälfte davon einen Zusammenhang zwischen körperlichen Beschwerden und seelischen Belastungen sah.

Wenn man sich in einer Fachklinik gezielt mit dem Bereich Sexualität beschäftigt, sind die Ergebnisse zumindest etwas erfreulicher: 81 Prozent der befragten Patienten geben an, dass sich ihre Partnerschaftsbeziehung durch die Therapie verbessert hat. Dies zeigt sich z.B. in der sexuellen Kommunikation. So hat die Häufigkeit von Gesprächen mit der Partnerin über sexuelle Schwierigkeiten oder Wünsche seit dem Therapiebeginn deutlich zugenommen. Trotzdem wurde immerhin die Hälfte der Patienten noch mit sexuellen Problemen entlassen – und ist auch ein Jahr nach der Entlassung überwiegend sexuell gestört. Nur ein Drittel der Patienten hat am Ende der Behandlung keine sexuellen Probleme (mehr). Die restlichen zwei Drittel leiden (nach wie vor) unter Sexualstörungen, knapp die Hälfte sogar in zwei oder mehr Bereichen. Als belastend werden berufliche Sorgen und Stress genannt. Das ist nachvollziehbar, denn die Situation nach der Entlassung aus der Klinik ist dadurch geprägt, dass in vielen Lebensbereichen neue Verhaltensweisen aufgebaut werden müssen, was mit vermehrtem Stress verbunden ist. »Der zweithäufigste Grund für die Sexualstörungen ist ein emotionaler: Angst vor sexuellem Versagen. Das zeigt, dass zumindest ein Teil der Patienten erkannt hat, in welchem Teufelskreis sie stecken. Aufgrund des Alkoholmissbrauchs oder einer anderen Ursache kam es zu einer sexuellen Problematik, und im Laufe der Zeit hat sich über den so genannten Selbstverstärkungsmechanismus eine Selbstbeobachtung bis hin zur Angst vor sexuellem Versagen aufgebaut, die die Sexualstörungen aufrechterhält.«[61]

Depression, Sucht und Selbstmord

Viele süchtige Menschen verstricken sich, wie wir an den Fallbeispielen gesehen haben, immer tiefer in einen Kreislauf mit Problemen körperlicher, psychischer und sozialer Art. Die Lösungsversuche über vermehrten Konsum des Suchtstoffes oder eine Kombination mehrerer Drogen verschlimmert die Situation, so dass zuletzt weder für den Süchtigen noch für die Umgebung erkennbar ist, was nun zuerst da war. Fast jeder Süchtige hat sich im Sinne einer Projektion und Rechtfertigung eine Geschichte zurechtgelegt, in der andere Menschen oder äußere Faktoren für die Suchterkrankung verantwortlich gemacht werden: der böse Chef, die überkritische Ehefrau, Arbeitslosigkeit usw. Probleme haben aber die Eigenart, z.B. dem Ertränken durch Alkohol zu widerstehen: Entsprechend einem alten Witz können sie schwimmen oder blasen sich wie ein Frosch erst zur richtigen Größe auf.

Bei der Betrachtung psychischer Probleme von Suchtkranken wird von diesen selbst wie von der Umgebung viel zu wenig beachtet, wie sehr die Substanzen sich negativ auf den Gefühlshaushalt auswirken. Die meisten Normalkonsumenten kennen die Folgen eines Rausches: Man fühlt sich hundeelend – körperlich und psychisch. Die Umgebung leidet mit. Wenn wir uns vorstellen, dass jemand sich ständig im Kreislauf von Rausch und »Kater« bewegt, ist nachvollziehbar, wie sehr chronischer Konsum von Drogen aller Art auf das Gemüt drückt. Alkohol wirkt ohnehin in größeren Mengen depressionsfördernd.

Meine erste intensive Auseinandersetzung mit Suchtproblemen bei psychiatrischen Patienten fiel zusammen mit der Beobachtung und Behandlung suizidaler Patienten, und zwar auf der Kriseninterventionsstation des Max-Planck-Instituts für Psychiatrie. In einer Nachuntersuchung eines Patientenjahrgangs zwei bis drei Jahre nach der stationären Behandlung ergaben sich bei fast zwei Drittel der Patienten erhebliche Suchtprobleme, d.h. Alkoholabhängigkeit bzw. -missbrauch und Medikamenten- bzw. Drogenabhängigkeit und -missbrauch. Über 40 Prozent der Patienten hatten unmittelbar vor der Aufnahme einen Suizidversuch begangen. *Alle* Patientinnen und

Patienten der Station hätten ohne die Stütze einer stationären Behandlung weiterhin als suizidal betrachtet werden müssen. Es zeigte sich insgesamt eine hohe Korrelation zwischen suizidalem Verhalten und Suchtproblemen, selbst wenn die Gruppe von ca. 400 Patienten nicht repräsentativ war.[62] Dennoch besteht kein Zweifel, dass Selbstmordhandlungen, Depressionen und Sucht häufig gemeinsam auftreten: Es gibt Schätzungen, nach denen die Suizidrate bei Alkoholikern 60- bis 120-mal höher ist als in der Normalbevölkerung (ausgenommen die psychisch Kranken)!

»Eine depressive Störung ist gekennzeichnet durch eine länger anhaltende [mindestens zwei Wochen] depressive Verstimmung oder Freudlosigkeit sowie eine Anzahl von Symptomen, die diese depressive Stimmung oder Freudlosigkeit begleiten. Solche Symptome können sein: Appetitmangel oder deutlicher Gewichtsverlust oder Gewichtsabnahme ohne Diät, Schlaflosigkeit oder vermehrter Schlaf, psychomotorische Unruhe (z.B. unruhiges Umherlaufen) oder psychomotorische Hemmung (z.B. langsames Sich-Bewegen), Müdigkeit oder Energieverlust, Gefühle der Wertlosigkeit oder exzessive oder unangemessene Schuldgefühle, verminderte Denk- oder Konzentrationsfähigkeit oder Entscheidungsunfähigkeit sowie wiederkehrende Gedanken an den Tod, wiederkehrende Suizidideen ohne einen genauen Plan oder ein Suizidversuch oder ein genauer Plan für einen Suizidversuch.«[63] Thomas Bronisch nennt in seinem Buch *Der Suizid* weitere Einzelheiten zum Zusammenhang zwischen Suizidalität und Sucht. So wurde in so genannten psychologischen Autopsie-Studien retrospektiv bei durchschnittlich 40 Prozent (!) der Verstorbenen die Diagnose Suchterkrankung gestellt.[64]

Im Gegensatz zu depressiven Störungen ohne Sucht erfolgen Selbstmorde häufig erst im Spätstadium der Suchterkrankung (zumindest beim Alkoholismus), d.h. nach 20 bis 30 Jahren. Das könnte möglicherweise damit in Zusammenhang stehen, dass der Alkohol oder andere Drogen über längere Zeit als stabilisierende Faktoren im inneren psychischen Mobile wirken – und der Süchtige im Lauf seines Lebens vor einer zunehmend bitteren Bilanz steht.

Während der körperlichen Entgiftung (und vor dem Honeymoon-Gefühl) sind bei den meisten Süchtigen, neben vielfältigen anderen körperlichen und psychosomatischen Symptomen, oft depressive

Verstimmungen zu beobachten. Dies könnte z.B. Alkoholiker zu Suizidhandlungen prädisponieren. Unter ansteigendem, insgesamt erhöhtem Alkoholspiegel und vermehrter Einnahme von anderweitigen Suchtstoffen kann es zu einer Enthemmung mit unvorhersehbaren aggressiven Handlungen kommen, verbunden mit der Abreaktion aufgestauter Gefühle wie Wut, Aggression und Hyperaktivität.

Explosion oder Implosion – Fremdaggression oder Autoaggression

In jedem Mord steckt ein Selbstmord, in jedem Selbstmord ein Mord. Impulsiv wird jeweils ein hohes Aggressionspotenzial freigesetzt. Häufig geht es dann nur noch um die Frage, gegen wen sich die Aggression richtet. (Mörder haben eine hohe Suizidrate!)
Im Konzil von Arles 452 wurde der Selbstmord zu einem Verbrechen erklärt – mit der Folge, dass die Kirche über Jahrhunderte dem Selbstmörder das christliche Begräbnis verweigert hat. Als letztes europäisches Land schaffte England erst 1961 ein Gesetz ab, das Selbstmord als Verbrechen mit Mord gleichsetzte und versuchten Selbstmord als Vergehen bewertete, das strafrechtlich verfolgt werden sollte.
Im Kapitel über Ärger und Wut hatten wir gesehen, dass kaum ein Suchtkranker adäquat mit seinen Aggressionen umgehen kann. Das wird u.a. deutlich an der erschreckend hohen Anzahl von Gewaltdelikten unter Alkoholeinfluss (nicht dagegen bei Opiaten oder Cannabis) und den alltäglichen gefühlsmäßigen Entgleisungen, wie sie die Angehörigen und Partner von Alkoholikern z.B. im Sinne des Dr. Jeckyl und Mr. Hyde ertragen müssen.

Das präsuizidale Syndrom – Der Trichter wird immer enger

Vor allem von Karl Menninger stammt die Beschreibung der Suchterkrankung als protrahierter, d.h. verzögerter bzw. über längere Zeit hingezogener Selbstmord. Auch wenn einige andere Autoren sich skeptisch dazu äußern, spricht nach meiner Einschätzung einiges für diese Hypothese. Der Zusammenhang zwischen Sucht, Depression und Selbstmord ist wie erwähnt unbestritten.

Besonders interessant ist in diesem Zusammenhang die Betrachtung der Entwicklung *vor* einem Selbstmordversuch oder Selbstmord. Erwin Ringel hat aufgrund eigener Untersuchungen an 745 Patienten den Begriff des »präsuizidalen Syndroms« geprägt und damit eine Entwicklung beschrieben, deren Ähnlichkeit mit Phasen der Suchtkarriere unverkennbar ist: Gemeint ist vor allem die Einengung sämtlicher Lebensbereiche. In der Beschreibung der Sucht hatten wir gesehen, dass nach einer anfänglichen scheinbaren Bereicherung des Lebens jedes Suchtverhalten letzten Endes zu einer Einengung und Verarmung der Lebensdynamik führt. Der Süchtige befindet sich wie in einem Trichter, der zunehmend enger wird und zuletzt nur noch den Blick auf die Droge frei lässt, auf den Teufelskreis von Gebrauch und Entzug. Anderweitige Aktivitäten lassen nach, der Freundeskreis schränkt sich ein, das Denken und Handeln wird nach der Sucht oder den Süchten ausgerichtet.

Im präsuizidalen Syndrom sehen wir ebenfalls eine Einengung in allen Dimensionen – bezüglich der Werte, in der Dynamik und Aktivität der Person, im Umgang mit Menschen und Situationen. Es entwickelt sich Hoffnungslosigkeit und Aggression gegen sich selbst: »I hate myself and want to die« (Ich hasse mich selbst und möchte sterben), sagte Kurt Cobain, angehimmelter Star der Musikgruppe »Nirvana« (!) vor seinem Drogentod. Idealisierende Todesphantasien ersetzen den Blick auf eine bessere Zukunft. Der Blick ist rückwärts bzw. nach innen gerichtet.

Ein wichtiger Faktor für Selbstmordabsichten ist die soziale Vereinsamung – und auch die tritt bei Suchtkranken häufiger auf als bei anderen Menschen. Für Süchtige und Co-Abhängige – und insbesondere für die Kombination beider Verhaltensweisen – trifft folgende Beschreibung zu: »Die Aggression des Patienten ist nach Ringel eine vorwiegend gehemmte, d.h. der Ausbruch der Aggression wird nicht gestattet, obwohl das Bedürfnis dazu sehr wohl vorhanden ist. Die Patienten können sich nicht Luft machen, fressen alles in sich hinein, halten eine quälende Situation ... unerträglich lange aus. Die Entladung der Aggression erfolgt dann oft durch eine relativ geringfügige auslösende Ursache.«[65]

Sucht, Selbstmord – und die Angehörigen

Wenn sich jemand umbringt, beginnt meistens, vom Toten teils bewusst, teils unbewusst vorgegeben, die Suche nach Schuldigen. Ein interessantes Beispiel bot dazu der Artikel »Das war Liebe, als ich von dir ging« von Jürgen Serke, der das Schicksal der Exfrau des (inzwischen auch verstorbenen) Schriftstellers Heiner Müller beschrieb.[66] Schon zu Beginn der Lektüre hatte ich ein zunehmend unangenehmes Gefühl angesichts der verzwickten Darstellung einer dramatischen Beziehung, die letztlich tragisch endete. Schnell drängte sich mir der Gedanke auf: Hier sind Suchtmittel im Spiel – obwohl nichts dergleichen erwähnt wurde. Es ging um Schuldzuschreibung und Abrechnung, wie so häufig in (süchtigen) Beziehungen: »Verraten, verschwiegen, vergessen« – ein Abschnitt im Untertitel des Artikels.

»Inge Müllers Gedichte entstehen in ihren letzten sieben Lebensjahren. Die Lyrikerin geht von Selbstmordversuch zu Selbstmordversuch. Den Kern der conditio humana nur noch finden, wenn der Stoffwechsel stockt. Jede Rückkehr aus dem Selbstmordversuch erweist sich als Niederlage. ›Ohne Boden kann ich nicht stehen. / Nur singen. / Oben irgendwo ganz unten.‹« Inge Müllers Sohn erinnert sich: »Irgendwann trank sie heimlich. In Abständen, die kürzer wurden. Wenn sie dann getrunken hatte, war das wie ein Aufschrei. Den ganzen Schmerz lebte sie im Alkohol aus. Bereits in Lehnitz begannen die Selbstmordversuche. Ein wesentlicher Grund war Heiner. Sie hat ja in seinem Schatten gelebt. Als Stütze, nicht als gleichberechtigter Partner ...« Und Heiner Müller? »Immer, wenn es kritisch wurde, bei Selbstmordversuchen, war er der erste, der gegangen ist. Er flüchtete vor Auseinandersetzungen. Alles, was ihn belastet hat, hat er gemieden. Immer, wenn es schwierig wurde, war er weg. Ein Fluchtmensch ...« – und ein Suchtmensch: Zigaretten und Whisky.

In typischer Art wird hier die Eigendynamik der Sucht und der Selbstdestruktivität nicht adäquat berücksichtigt. Auch andere Menschen, die Frau Müller nahe standen, taten sich sehr schwer, so der Schwager Wolfgang Müller: »In Lehnitz waren es die Pulsadern, die sie sich aufschnitt ... In Pankow war es der Gasherd in der Küche.

Wenn du zum vierten Mal den Kopf aus dem Gasherd gezogen hast, kommst du an den Punkt, wo du zu dir sagst: ›Wenn sie es doch endlich schaffen würde.‹ Irgendwann sagt man sich: ›Bleib weg!‹«
Und was muss der Sohn der Dichterin, der schon genannte Bernd Müller, gefühlsmäßig durchgemacht haben, wenn er schreibt: »Ich rannte von der Schule nach Hause. Mein ewiger Gedanke: Hat sie getrunken oder nicht? Es gab fast sichere Anzeichen dafür, dass etwas passierte. Wenn sie stundenlang in ihrem Zimmer Akkordeon gespielt hatte und es still wurde. Ich hab gelauscht, auch wenn die Balkontür aufging oder das Fenster. Ich bin rein und habe mich angeklammert wie ein Verrückter, wenn sie zu springen versuchte.«
Hier nur so viel zu dieser tragischen Beziehung, in der bei näherem Hinsehen wohl Parallelen von gegenseitigem Sadismus und Masochismus zu entdecken wären wie im viel beachteten Film *Wer hat Angst vor Virginia Woolf?*, dargestellt vom zweimal verheirateten polytoxikomanen Ehepaar Elizabeth Taylor und Richard Burton. (Der im Film überdeutliche Suchthintergrund wurde übrigens in der Kritik wie so häufig kaum reflektiert.)
Scham, Schrecken, Angst, Trauer und Schmerz kommen hier zusammen. Da erübrigt sich fast die Suche nach dem Schuldigen. Wer soll hier noch durchblicken und richten, wenn es schon die Betroffenen nicht mehr schaffen?
Sicher ist: »Die Liebe und der Suff regen die Menschen uff.«

Depression – die häufigste Fehldiagnose

Suchtkrankheiten haben wie beschrieben oft so fatale soziale Folgen, dass eine depressive Reaktion darauf nahe liegend ist. Häufig werden alkoholisierte Krisenpatienten unter dem falschen Etikett »Depression« in die Klinik aufgenommen. Man gibt Antidepressiva auch im körperlichen Entzug. Dabei haben kontrollierte Studien eindeutig ergeben, dass deren Gabe während der körperlichen Entgiftung, aber auch danach wenig sinnvoll ist. Häufig bekomme ich Patienten überwiesen, die noch unter dem Einfluss von Antidepressiva stehen – und mich fragen, ob sie auf diese Medikamente verzichten könnten. Bisher haben alle dies getan, ohne negative

Folgen. Im Gegenteil: Nebenwirkungen verschwinden schließlich auch.
Selbstverständlich bin ich nicht prinzipiell gegen die Gabe von Antidepressiva, aber ich sehe die Indikation wesentlich enger als manche chemisch-pharmakologisch orientierte Kollegen. So bot ich einem Patienten wegen einer lang dauernden depressiven Verstimmung Antidepressiva an. Er zögerte etwas – bis sich im Rahmen der Gruppentherapie eine Wende zum Besseren ergab, ganz ohne Einsatz eines Medikaments.
Es gibt, wie von Eckart Rüther kürzlich wieder betont, auch den entgegengesetzten Weg, vor allem bei älteren Menschen:
»... auch eine länger dauernde Tranquilizer-Medikation kann häufig, vor allem in höherer Dosierung, chronifizierte Depressionen verursachen, die leicht übersehen werden.«[67] (Ein derartiger Fall wurde in der Fachzeitschrift *Psychiatrische Praxis* erstaunlich unkritisch dargestellt, so dass ich mich zu einem Kommentar veranlasst sah und die Redaktion diesen auch in einer späteren Nummer abdruckte. Wiederum wurde mit Antidepressiva herumhantiert, bevor Wochen später die wahre Diagnose herauskam.) Rüther ergänzte sein Statement mit dem wichtigen Hinweis: »Und nicht zuletzt ist – nach Schätzungen in bis zu 10 % der Fälle – Alkoholismus eine Ursache der Depression im Alter.«

Co-Abhängigkeit und Depression – fast dasselbe?

Viele Charakteristika depressiver Störungen finden sich bei der Co-Abhängigkeit wieder. In einer Diplomarbeit im Fach Psychologie an der Universität Mannheim wurde dieser Zusammenhang (1996) herausgearbeitet (und ist bei den Korrektoren auf erhebliche, z.T. irrationale Ablehnung gestoßen). Danach sind die Übereinstimmungen bei allen neueren Klassifikationsschemata (DSM III R, ICD 10) verblüffend.
Sicher wäre es eine erhebliche Bereicherung üblicher Depressionstherapien, wenn der Aspekt der Co-Abhängigkeit wesentlich mehr einbezogen würde. Nicht selten erlebe ich, dass Patienten ganz überrascht sind, wenn ich vor allem Wert auf die Beziehungsdyna-

mik und die spezifischen Auswirkungen der Suchtkrankheit im Mobile lege. Co-Abhängige richten ihr Leben einseitig auf den – manchmal nur scheinbar noch »kränkeren« – Partner oder Angehörigen aus. Sie müssen lernen, wieder auf sich zu achten, die Verantwortung nicht für das Leben des anderen, sondern für sich zu übernehmen. Dann ergeben sich oft erstaunlich positive Perspektiven. Manchmal geht es hier auch darum, klare Entscheidungen zu treffen – lieber ein Ende mit Schrecken als ein Schrecken ohne Ende, vor dem alle Menschen, besonders aber die Co-Abhängigen Angst haben.

Es wäre interessant zu erforschen, ob die Hypothese zutreffend ist, dass Süchtige ihre Aggression eher nach außen tragen, Co-Abhängige dagegen mehr zur Selbstaggression neigen. Co-Abhängige sterben jedenfalls oft früher als Abhängige – und sei es durch einen Auffahrunfall: Auch hier ist schwer zu klären, ob Selbst- oder Fremdaggression vorliegt.

Die Frau eines Alkoholikers erzählte mir kürzlich ihre Geschichte zu der geschilderten Problematik. In meiner ambulanten Therapie war sie immer wieder durch ihr Weinen aufgefallen, das unmittelbar und fast zwanghaft einsetzte, sobald sie auf die Sucht ihres Mannes kam. Wir konnten klären, dass sich hinter den Tränen viel Wut versteckte.

Es ging ihr wieder schlechter, so dass ich eine stationäre Therapie einleitete. Als sie zurückkam, berichtete sie viel Positives, aber auch Gefährliches: Die Wut auf ihren uneinsichtigen Ehemann hatte sich so gesteigert, dass sie ihn am liebsten mit dem Auto überfahren hätte. Es war nur gut, dass sie sich in einer intensiven Tanztherapiestunde den Knöchel verletzt hatte und nicht fahren konnte ... Als sie dazu wieder in der Lage war, kochte ihre Wut noch immer. Sie versuchte ihren Mann in der früher gemeinsamen Wohnung zu konfrontieren. Da er zu ihrem Ärger nicht da war, musste sie sich auf dem Rückweg zur Klinik gewaltig zusammennehmen, um nicht ihrerseits gegen einen Brückenpfeiler zu rasen und damit Selbstmord zu begehen.

Alkohol – ein Narkosemittel

Vor der Einführung moderner Schmerzmittel und Anästhetika zur Narkose war Alkohol ein wichtiges Medikament, was uns heute noch in manchen Western-Filmen vorgeführt wird, in denen die Schusswunde erst versorgt wird, wenn der Held eine kräftige Portion Brandy zu sich genommen hat.
Körperlicher Schmerz beeinträchtigt das Wohlbefinden und Lebensgefühl so entscheidend, dass manche Menschen zu jedem Mittel, manchmal zu abenteuerlichen Mixturen aus Medikamenten und Alkohol greifen, um für einige Zeit Ruhe von ihren Symptomen zu haben. Dabei kann es ungewollt zu einer Suchtentwicklung kommen.
Nicht selten sind nicht adäquat behandelte Schmerzsyndrome auch ein Alibi, ein moralischer Freispruch, die Suchtkarriere auf anderen Wegen fortzusetzen. Schließlich liegen hier scheinbar triftige Gründe vor, sich psychotrope, d.h. die Seele verändernde Substanzen zuzuführen. Es entstehen oft Graubereiche, die für alle Beteiligten – Patienten wie Ärzte – kaum mehr zu durchdringen sind. (Auch unter diesem Gesichtspunkt ist eine konsequente Ausbildung aller Ärzte bezüglich Sucht zu fordern.)
Eine besondere Gruppe sind neben den Patienten, die es »im Kreuz« haben (vielleicht tragen viele ein »Kreuz«!?), die Migränekranken. Über deren Problematik tobt ein Kampf der medizinischen Schulen, dessen Darstellung leicht ein eigenes Buch füllen könnte. Das beginnt schon bei der Beschreibung und Diagnose. Kopfschmerz ist ein weites Feld. Jedenfalls gehen vernünftige Fachleute davon aus, dass es *die* rettende chemische Substanz nicht gibt – und dass die sekundären Erscheinungen des Medikamentenmissbrauchs häufig die Probleme des ursprünglichen Symptoms noch übertreffen.
Gewiss gibt es bei der Migräne physiologische Veränderungen, aber wer weiß, an welcher Stelle der Kausalität sie stehen! Ohne Zweifel sind psychotherapeutische Maßnahmen angezeigt. Gerade bei Süchtigen und Co-Abhängigen sehe ich immer wieder Menschen, für die das, was sie Migräne nennen, fast selbstverständlich zum Leben dazugehört. Wenn wir dann in der Therapie fortgeschritten sind, zeigen sich oft massive Aggressionen, Trauer und verdrängte Se-

xualität hinter dem Kopfschmerz, der dann zu verschwinden beginnt, wenn die anderen Gefühlskanäle offen sind. Sowohl hinter dem, was als Spannungskopfschmerz bezeichnet wird, wie hinter der Migräne stecken enorme psychische Energien, die von manchen Patienten zu Recht mit einer geballten Faust symbolisiert werden.

Trauer und Trauervermeidung – Anlass zum Trinken?

Der Alkohol begleitet uns buchstäblich von der Geburt bis zum Tod – und wir können nur hoffen, dass Freunde und Angehörige nach unserem Tod Gelegenheit zu einem ritualisierten Umtrunk haben, einem der wichtigsten gemeinschaftsfördernden Rituale unserer Gesellschaft. Typisch ist der Bericht eines Süchtigen, der seine Trauer vor der Ernüchterung lieber im Alkohol ertränkte, als sie mit anderen auszuhalten und in der Gemeinschaft Trost zu finden.

Schicksalsgemeinschaft Suchtfamilie – Schicksalsgemeinschaft Gruppe

Psychotherapie darzustellen und gefühlsmäßig nachvollziehbar zu machen, ist schwierig. Das gilt für Gruppentherapie noch mehr als für Einzeltherapie. Trotzdem will ich versuchen, zumindest schlaglichtartig Einblicke in die Dynamik einer Gruppe von Süchtigen zu geben, die ich einige Zeit als Therapeut behandelt und damit in ihrem Leben begleitet habe. Bemerkenswert ist, dass es sich um eine der ganz wenigen von einem ärztlichen Psychotherapeuten im Großraum München geleiteten Suchtgruppen handelt.

Albert – »Meine Geltungssucht einschränken«

Alberts Einstieg in die Gruppe lief über die Schiene »Alkohol am Arbeitsplatz«: Der Arbeitgeber, ein bekanntes Unternehmen der

Metallbranche, hatte seinen hoch bezahlten Mitarbeiter Albert vor die Alternative gestellt: Entlassung oder Suchttherapie. Auch in seinem Fall hatten die früheren Drohungen der Ehefrau mit Scheidung und die Anklagen seiner beiden Kinder nichts bewirkt. Jetzt sah er sich endgültig in der Zwickmühle.
Er kam wenig begeistert zu mir, zunächst zu einem Einzelgespräch. Beim ersten Mal war er nach einer aktuellen Entgiftung nüchtern, schon beim zweiten Gespräch wieder alkoholisiert, schwitzend, mit hochrotem Kopf. Das Gesicht aufgeschwollen, die Fettpolster am Körper nicht zu übersehen. Nein, eine stationäre Therapie käme bei ihm nicht in Frage. Die würden doch alles übertreiben ...
Eher widerwillig gestand ich ihm – nach erneuter Entgiftung – einen Versuch in meiner ambulanten Gruppe zu. Nach wenigen Stunden wurde deutlich, dass Albert damit nicht ausreichend therapiert war. Er wurde rückfällig. Trotzdem flüchtete er sich – entgegen aller Ratschläge – noch einmal in einen alkoholisierten Urlaub ins Weinland Italien. Rückblickend wurde ihm deutlich, dass er dort dem Tode näher war als dem Leben. Mehrfach kam es zu gefährlichen Situationen, als er schwer alkoholisiert den Weg vom Hotel zum Strand oder umgekehrt antrat. Die Rückreise wurde nur dadurch möglich, dass der italienische Gastgeber ihn – wiederum extrem alkoholisiert – von der Strandliege auflas, ins Auto packte und mit der total verzweifelten Ehefrau Richtung Flughafen fuhr. Zu Hause angekommen, bekam der Arbeitgeber von der Geschichte Wind und setzte erneut ein Ultimatum. In Zusammenarbeit zwischen der Sozialberatung der Firma, der Ehefrau, dem Patienten und mir suchten wir eine passende Suchtfachklinik, die der Patient nach der Genehmigung durch die Bundesversicherungsanstalt tatsächlich besuchte. Einige Monate später kam Albert zurück in die Gruppe und berichtete etwas martialisch, man habe ihn in der Klinik geradezu »aufgeschnitten«, das Innerste nach außen gekehrt – aber es habe genutzt. Er habe den festen Entschluss gefasst, nun nicht mehr zu trinken.
Bevor wir hier mit der Schilderung der Therapie fortfahren, ein Rückblick auf Alberts Leben: Der Vater war bereits bei derselben Firma tätig, hatte es zuletzt zu einem Posten gebracht, der genau einen Rang höher lag als der seines Sohnes Albert. Mutter und Vater tranken gern, animierten ihre beiden Söhne schon früh zum Mittrin-

ken, so dass Bier und Wein zur Atmosphäre der Familie G. gehörten. (Interessant war, dass Albert später immer wieder auswich, wenn er auf diese frühen Lernerfahrungen angesprochen wurde. Er wollte das nicht gelten lassen, pochte auf seine Eigenverantwortlichkeit.) – Nach der Beschreibung sind beide Eltern von Albert als alkoholabhängig anzusehen. Von Natur aus waren sie offenbar mit einer zähen Gesundheit ausgestattet und hatten inzwischen ein gesegnetes Alter erreicht. Das war ihrem zweiten Sohn nicht vergönnt, der – anderthalb Jahre vor Beginn von Alberts Therapie – an den Folgen einer Leberzirrhose verstorben war.

Albert wuchs zunächst bei den Großeltern auf, wurde dann gegen seinen Willen zu seinen Eltern gebracht, als der Großvater verstorben war. Dieser hatte im Übrigen angeboten, den Enkel zu adoptieren! Albert fühlte sich dem dezidierten Willen des Vaters ausgeliefert, der Sohn habe gefälligst das Gleiche zu lernen, die gleiche Karriere einzuschlagen wie er selbst. Als Schüler war Albert ein passabler Musiker und Schauspieler, der sich gern in den Mittelpunkt stellte. Aber der Wille des Vaters war ihm Befehl. Er begann eine Karriere in der Branche und Firma des Vaters. Albert ging eine frühe Ehe ein. Der Schwiegervater vertrat die gleichen Ansichten wie der Vater: erst eine Wohnung, dann ein Haus. Erst die Abteilungsleitung, dann die Filiale, dann der Bereich ...

Mit zunehmendem Alkoholkonsum betäubte Albert seine aufkommenden negativen Gefühle. Er schaffte die Vorgaben – und war am Höhepunkt seiner Karriere ebenso Alkoholiker wie sein Vater. Zu seinen Kindern hatte er den Kontakt schon lange verloren, auch zu seiner Ehefrau, die lange Zeit brav und leidend in der Rolle der Co-Abhängigen geblieben war.

Aufgrund seines dominanten Umgangsstils war Albert in der Gruppe immer wieder Stein des Anstoßes. Er rivalisierte natürlich besonders mit mir als Gruppen-Vater, betätigte sich als Ersatz-Gruppenleiter und Hilfstherapeut, teilte Ratschläge aus, unter denen die Betroffenen zusammenzuckten. Ins Wanken geriet er erstmals, als sein greiser Vater nun doch mit einem Leberschaden ins Krankenhaus musste und er sich um die ebenfalls trinkende Mutter zu kümmern hatte. Wenig später verstarb der Vater – als einer der etwa 50.000 Alkoholtoten pro Jahr. Zufällig war am Todestag des Vaters auch Gruppe. Auf dem Weg überlegte Albert sich, ob er nun wieder zuschlagen solle ... Er rettete sich trocken in die Gruppe und berichtete über seine Gefühle.

Als schmerzhaft erlebte Albert den Ablauf, wie wir ihn am Mobile beobachtet haben. Durch die Sucht hatte er sich über 15 Jahre lang immer stärker von der übrigen Familie isoliert. Die Familienmitglieder waren aggressiv und verbittert auf Distanz gegangen. Das Echo auf seine Bemühungen, den Kontakt wieder aufzunehmen – nicht ohne etwas gewalttätige und verspätete Erziehungsversuche an Sohn und Tochter –, war gering. Ein gemeinsames Familiengespräch wurde abgelehnt. Ehefrau und Kinder kamen – mit Zustimmung von Albert – allein zu einem Gespräch und deklarierten noch einmal ihre Absicht, sich auch weiterhin nicht umstimmen zu lassen. Albert hatte immer vermieden, den Zusammenhang mit der Familiengeschichte herzustellen. Nach langem Zögern fand er sich endlich bereit, seine Ursprungsfamilie aufzustellen. Er platzierte sich selbst zwischen alle Stühle, zwischen Großeltern und Eltern. Auch der inzwischen verstorbene Bruder wurde mit einbezogen: Albert stellte ihn weit weg von sich und der Familie. Interessanterweise schaute aber Alberts Stellvertreter genau in seine Richtung ... Wie in solchen Aufstellungen nicht selten, äußerte plötzlich ein nicht in die Aufstellung involviertes Gruppenmitglied eine mit heftigen Gefühlen vorgetragene Phantasie: »Da fehlt doch noch jemand!« Albert stimmte sofort zu: »Ja, da gab es einen Bruder zwischen mir und meinem verstorbenen Bruder: Hans, der wenige Wochen nach seiner Geburt gestorben ist, in der Familie aber häufiger erwähnt wurde.« Schlagartig wurde deutlich, warum Alberts jüngerer Bruder so viel zu leiden hatte: Der Vater konnte den Tod seines zweiten Sohnes nicht betrauern und war aggressiv gestimmt gegenüber seinem dritten Sohn. (Als dieser 14 Jahre alt war, verhinderte Albert durch sein Eingreifen, dass der Vater den jüngeren mit einem schweren Aschenbecher erschlug!)

Fast alle Familienmitglieder, d.h. deren Darsteller, fühlten sich in der Konstellation ziemlich unwohl. Es wirkte alles zerrissen. Albert hatte Schuldgefühle gegenüber seinem Bruder, empfand ihn als »zu weit weg«. Der Großvater, der ihn ja adoptieren wollte, war zu nah. Die Auflösung: Wir trennten zunächst die Generationen. Vor allem die Großmutter, auch der Großvater freuten sich, dass sie entlastet waren. Der tote – zweite! – Bruder rückte nahe zur Mutter, der dritte Sohn stand schließlich neben Albert – dieser nun nicht mehr ganz so im Brennpunkt des Interesses. In der Aufstellung wurde dem gefühlsscheuen Albert die plötzliche Nähe zum verstorbenen zweiten Bruder zu viel. Abwehrend begann er zu reden und zu reden, bis ich ihn abrupt stoppte. In der nächsten Sitzung berichtete er, dass ihn das Bild ununterbrochen beschäftigt habe ...

Rückfall – ein Bestandteil der Krankheit

Lange bevor Suchtkranke bereit sind, sich wirklich helfen zu lassen, haben sie den Kreislauf von guten Vorsätzen und Rückfällen meist mehrfach durchlaufen. Sie haben also längst erfahren, wie furchtbar es ist, von der Droge wegkommen zu wollen – und ohne Hilfe immer wieder Niederlagen zu erleiden.

Der Teufelskreis

Im Rückfall spiegelt sich wie in einem Brennpunkt das gesamte Geschehen der Suchtkarriere: Irgendein unangenehmes Gefühl in einer unangenehmen Situation steigert sich und steigert sich. Der Betroffene gerät ins Denken und Grübeln. Eine Spannung wird aufgebaut, der Drang, zum Suchtmittel zu greifen, steigt vom Bauch nach oben. Die Gefühle und die Spannung werden immer unerträglicher. Letzte, fast krampfhafte Versuche, den Rückfall zu vermeiden – und dann ist es wieder so weit: Der Gebrauch der Droge befreit für einige Momente (je nach Substanz verschieden lang) von der Spannung und den unangenehmen Gefühlen. Alles scheint in Ordnung – bis dem Betroffenen klar wird: »Du bist rückfällig – du solltest dich schämen! Was mache ich jetzt? Ach – jetzt ist eh alles egal. Die anderen werden mich beschimpfen – oder vielleicht merken sie es auch gar nicht?« Scham und Schuldgefühle sind wiederum gute Anlässe zum Trinken – und die Spirale hat aufs Neue begonnen.

»Es ist vielleicht besser, du trinkst wieder was!«

Frau B. ist eine attraktive, intelligente, fröhliche Frau mit klaren Augen. Kaum jemand könnte sich vorstellen, was sich in den letzten Tagen bei ihr zu Hause abgespielt hat. Nach einigen Wochen der Abstinenz berichtet sie mir in der Therapiestunde: »Ich muss Ihnen was beichten. Ich bin umgekippt. Ich habe manchmal das Gefühl, mein Mann kann gar nicht aushalten, dass ich nichts mehr trinke. Er behauptet, ich sei wie ein Eisklotz. Er hat sogar schon gesagt: ›Vielleicht wäre es doch besser, du trinkst wieder was!‹ Über irgendeine Kleinigkeit haben wir uns gestritten. Zuletzt haben wir uns angebrüllt. Ich war völlig verzweifelt, bin rüber in die Wohnung von Nachbarn. Es ist ein älteres Ehepaar. Wenn die beiden weg sind, kümmere ich mich um die Wohnung und die Blumen. Ich also rüber, die Hausbar aufgemacht – und erst mal einen großen Schluck Wodka aus der Flasche. Tat das gut! Dann habe ich mich auf die Erde gesetzt und geheult. Es ist mir so peinlich und ich habe es noch nie jemandem gesagt: Auch früher habe ich dort immer wieder aus der Hausbar geräubert. Eigentlich ist das ja unverschämt. Ich habe die Sachen dann sorgfältig aufgefüllt, damit niemand etwas merkt. Dieses Mal war es also der Wodka. Mit einem Schlag fühlte ich die Erleichterung. Mein ganzer Körper war wieder in Ordnung, meine Gefühle im Gleichgewicht. Abends habe ich noch etwas draufgeschüttet und bin früh ins Bett gegangen. Am nächsten Tag habe ich im Bett gelegen und den Kindern etwas erzählt von ›Blasenschmerzen‹. Aber ich glaube, die haben das längst kapiert. Jedenfalls musste ich irgendwann anfangen zu brechen. Meine Tochter Regina – sie ist zehn – hat nur gesagt: ›Hoffentlich kotzt du wie verrückt – dann ist wenigstens das Ende abzusehen!‹ Das Ganze lief dann über vier Tage. Zuletzt musste der Notarzt kommen und mich versorgen. Er hat mir eine Spritze gegeben, weil mir immer noch schlecht war.«
Fazit: Sie hat den Wunsch ihres Mannes erfüllt! Wenn wir uns an das Mobile erinnern, wird deutlich, dass das neue Gleichgewicht ohne das Suchtmittel erst wieder neu ausbalanciert werden muss. Der einfachste Weg, das Gleichgewicht wieder herzustellen, ist der Rückfall des Süchtigen.

»Mir wird jetzt erst deutlich, dass mein Mann ein schlimmer Choleriker ist. Ich schlucke aber meinen Ärger nicht mehr runter und folge nicht mehr all seinen Wünschen. Ich war tatsächlich in einer gereizten Stimmung. Tausend Kleinigkeiten haben mich gestört, die ich früher großzügig übersehen habe. Jetzt schäme ich mich so. Ich bin halt wirklich ein Suchtmensch. Irgendwie kommt es mir so vor, dass ich in unregelmäßigen Abständen zu dem Punkt komme, wo ich eine Pause brauche – und ein Alibi dafür: *Das verlorene Wochenende* – so kann es nicht weitergehen.« (Dies ist eine Anspielung auf den berühmten Film von Billy Wilder über das Wochenende eines Alkoholikers und Schriftstellers. Er sollte eigentlich heißen: *Last weekend – Das letzte Wochenende*. Damit wäre der Wiederholungscharakter des Rückfalls noch deutlicher geworden.)

»Ich muss aufpassen. Mein Bruder hat sich schließlich schon zu Tode gesoffen. Den Absprung von zu Hause hat er nicht geschafft. Dann ist er zuletzt mit dem Sarg raus, erst 42 Jahre alt ... – Ich hatte mehrere Alpträume, bin schweißgebadet aufgewacht. Einmal sah ich mich selbst: Ich hatte meine Zähne verloren, war vom Saufen völlig entstellt. Die Haare strähnig, die Klamotten verkotzt. Und dann stand auch noch ein widerlicher Mensch über mir, ein gewalttätiger Alkoholiker, den ich von früher kenne.«

Der Patientin wird erst bei der weiteren Bearbeitung deutlich, dass ihr Rückfall hauptsächlich auf ihre eigene Co-Abhängigkeit gegenüber ihrem Mann zurückgeht. Trotz zweier gemeinsamer Kinder benimmt er sich wie ein Einsiedler. Kommentar der achtjährigen Tochter: »Entweder du schläfst oder du liest!« Die Patientin hat sich ein fast unendliches Arbeitsprogramm aufgebaut, will die perfekte Mutter sein, von der Köchin über die Nachhilfelehrerin bis hin zur Chauffeuse. Vor lauter Hetze kommt sie nicht zur Ruhe – eben bis zu jenen »zufälligen« Pausen, die durch den unkontrollierten Alkoholgenuss entstehen.

Rückfall im ärztlichen Notdienst

Da Ärzte besonders im Notdienst sehr häufig mit Suchtkranken konfrontiert sind (leider gibt es dazu keine konkreten Zahlen), berief ein Münchner Arzt eine gut besuchte Versammlung zu diesem Thema ein. Es gab eine lebhafte Diskussion, die leider bis heute ohne konkrete Folgen geblieben ist. So gibt es im Großraum München im Gegensatz z.B. zu Hamburg keine zentrale Betrunkenenambulanz.
Der Kollege hat bei dieser Veranstaltung in einem eigenen Fallbericht die Schwierigkeiten ärztlichen Handelns bei Sucht treffend charakterisiert:
»Einsatzdiagnose: Depressiver Zustand nach Verlust des Autos, man wünsche eine telefonische Beratung.
Enddiagnose: Alkoholentzugssyndrom mit Schwächezustand.
Datum: Sonntag, ..., 18.30 Uhr.
Eingangsanamnese: Ich fuhr wegen des unklaren Meldebildes zum Patienten, zumal ich bei Sommerhitze keinerlei Lust hatte, in einer stickigen Telefonzelle Gespräche mit unbekannten und noch möglicherweise suizidal gefährdeten Patienten zu führen.
Der 41-jährige Patient sitzt mit zitternden Händen auf dem Sofa im Wohnzimmer. Fragen nach Alkohol verneinte er. Er sei seit sechs Wochen krankgeschrieben wegen einer Hodenoperation mit nachfolgender Blutung. ›Story‹: Vor fünf Tagen sei er von einem Auto im Nachbarort abgedrängt worden, der Fahrer habe Fahrerflucht begangen, sein Auto sei völlig zerstört worden (30-Km-Zone!). Auf Befragen: Seit fünf Tagen esse er nichts mehr, behalte nur Flüssigkeit, heute morgen Erbrechen.
Befund: ...
Spezielle Anamnese: Die alte Mutter, mit der er zusammenlebt, sagt, sie wisse nicht, ob ihr Sohn Alkohol tränke. Bierkästen gebe es im Hause nicht. Erst die hinzugekommene Schwester erwähnt, dass der Patient vor eineinhalb Jahren eine stationäre Alkohol-Entwöhnungskur mitgemacht hätte. Nun war klar, dass es sich um einen Rückfall handelte.
Ich sage dem Patienten auf den Kopf zu, dass er schwer alkoholkrank sei und dass der Unfall im Nachbarort wohl anders verlaufen sein muss. Erst jetzt gibt er zu, dass er volltrunken in einen Graben

gefahren sei, dass die Polizei ihn habe blasen lassen, ihm den Führerschein abgenommen und eine Blutentnahme zwecks Alkoholbestimmung veranlasst habe ...
Probleme: Mutter und Sohn verschwiegen die Alkoholsucht (Bier!), der Familie werden Lügengeschichten aufgetischt, dem Notdienstarzt ebenfalls! Pikant: Eine benachbarte Kinderärztin, die mit der Familie befreundet ist, hat dem Patienten, ohne ihn gesehen und untersucht zu haben, Diazepam-Tabletten [= Valium] geben lassen. Diese Medikation half nicht, sondern verschleierte den Fall.«
Derartige Geschichten sind häufig. Kollegen berichteten z.B. über Einsätze mit dem Hubschrauber auf eine Berghütte, um dort eine schwer übergewichtige, völlig betrunkene Touristin zu »behandeln«, oder den vergeblichen Versuch, einen schwer rückfälligen Mann in einem Krankenhaus unterzubringen, der halb nackt in der Nähe einer S-Bahn-Linie aufgefunden wurde und kurz zuvor noch mit dem Auto durch die Gegend gekurvt war.

Rückfall hat viele Gesichter – und ist doch immer wieder gleich

An den Beispielen wird deutlich, dass es keinen Sinn macht, Sucht nur aus dem Blickpunkt des Individuums zu beschreiben. Sucht macht Sinn – Rückfall macht Sinn.
Ohne erste Ansätze von Therapie und damit von Einsicht in die Dynamik von Gefühlen sind Rückfälle nicht produktiv. Sie führen immer stärker in den Strudel hinein. Erst durch die Reflexion über den geheimen Sinn des Selbstheilungsversuches Sucht, d.h. auch des Rückfalls, kann dieser paradoxerweise eine heilsame Funktion entfalten.
Ich halte es für problematisch, wenn manche trockenen Alkoholiker behaupten: »Ich weiß nicht, warum ich getrunken habe. Das ist auch egal. Hauptsache, ich trinke nicht mehr.« Es ist geradezu charakteristisch für Süchtige, dass sie *keinen* Zusammenhang herstellen wollen oder können zwischen verletzten Gefühlen und Rückfall. Die meisten geben über längere Zeit die klassische Auskunft: »Ich weiß gar nicht, wie es passiert ist: Plötzlich lagen die Pikkolos in meinem

Einkaufswagen ...« Oder: »Da stand das Bier vor mir!« Gefühle wurden nicht wahrgenommen, verdrängt, vom Leben abgekoppelt. Angeblich ist ja nichts gewesen, ein ganz normaler Tag ... Deshalb die so notwendige Aufgabe in der Therapie, die allerersten, noch schwachen Gefühle in einer belastenden Situation zu erspüren und anzunehmen, sie nicht zu leugnen. Sonst kommt es zum Gefühlsstau und Rückfall.

Schauen wir uns im Folgenden Rückfälle an, wie sie sich in der Gruppe darstellen.

Der Rückfall in der Gruppe

In ambulanten Gruppen »passieren« Rückfälle häufig in Therapiepausen, wie sie etwa durch die Ferien gegeben sind. Besonders anfällig sind wir alle, nicht nur die Süchtigen, für übertriebenes Essen, Trinken, Rauchen und Konsum aller Art zu den Festzeiten, besonders zu Weihnachten und Silvester. Es war also nicht verwunderlich, dass drei oder, wie sich später herausstellte, sogar vier Patienten meiner Gruppe während der Weihnachtsfeiertage rückfällig geworden waren. Gleichzeitig soll aber auch betont werden, dass mindestens vier zum allerersten Mal Weihnachten und Silvester ohne Alkohol verbracht hatten – seit fünf, zehn, zwölf bzw. siebzehn Jahren! Und alle haben sich dabei sehr wohl gefühlt.

Manfred ist schon einige Jahre trocken, allerdings mit einem heftigen Rückfall und Klinikaufenthalt vor der jetzigen Gruppentherapie. Trotz dringender Warnung hatte er immer wieder so genanntes alkoholfreies Bier zu sich genommen. Das hatte bisher keine schlimmen Konsequenzen gehabt. Nun berichtete er Folgendes: »Es war schon lange nicht mehr so lustig. Die ganze Familie war zusammen. Es gab ein griechisches Essen mit vielen Gängen. Entgegen meinen Vorsätzen versuchte ich es mit einem Ouzo. Dabei sollte es dann auch bleiben, aber das Geschehen nahm seinen Lauf. Zuletzt war ich total betrunken, auch am nächsten Tag noch. Ein richtig schönes griechisches Gelage!«

Wir überlegen gemeinsam, was die Auslösesituation gewesen sein könnte. Manfred wehrt sich beharrlich. Es sei »alles normal« gewesen. »Niemand kommentierte meinen Rückfall, nicht mal meine Frau oder meine Kinder.« Plötzlich wirft eine Patientin, die für Manfred starke Sympathien empfindet, ein: »Keiner liebt dich!« Manfred versucht die Fassung zu bewahren, wird abwechselnd rot und blass. Vorher hatte er gerade darauf bestanden, dass es »überhaupt keine Probleme« in dieser Familienrunde gab. Jetzt stellt sich die tiefe Sprach- und Kommunikationslosigkeit heraus. Die Gleichgültigkeit geht schon so weit, dass nicht mal sein Rückfall kommentiert, vielleicht nicht einmal wahrgenommen wird.

Der Rückfall ist Anlass, ein Schlaglicht auf seine Vorgeschichte zu werfen: Er wurde von seiner Mutter komplett abgelehnt, die ihn für die eigene verpasste berufliche Karriere verantwortlich machte. Er wurde vernachlässigt und geschlagen. Trotzdem bewältigte er sein Leben über längere Zeit sehr gut. Er lernte eine etwas blasse Frau kennen, die er heiratete und mit der er zwei Kinder hat. Beruflich machte er eine vergleichsweise gute Karriere. Das Leben insgesamt war aber reichlich langweilig. Unter Alkohol habe er sich da viel besser gefühlt. Oft unternahm er mit Freunden tolle Touren, z.B. in den Süden Italiens, nur um dort in einem bestimmten Lokal gut zu essen – und dann beschwingt und volltrunken wieder heimzufahren. Das waren Ausflüge in die Lebensfreude – wie jetzt beim Rückfall. Die Erotik zwischen seiner Frau und ihm war längst eingeschlafen. Er hatte sich eine Geliebte zugelegt, wollte sich aber nicht von seiner Frau trennen. Der Alkohol war sein ständiger Begleiter. Erst unter hohem Druck seitens des Arbeitgebers entschloss er sich zu seinem letzten körperlichen Entzug. Er verfiel in eine tiefe Depression, in ein »absolutes emotionales Loch«. Er wechselte das Suchtmittel, ging zu Schokolade über, die er in so rauen Mengen zu essen begann, dass er bald 15 Kilo zugenommen hatte, die er bis heute mit sich herumträgt.

In der Gruppe hatte er sich nur sehr zögernd geöffnet. Er misstraute der Ersatzfamilie. Immerhin kam er regelmäßig und zuverlässig, knüpfte hier und da Beziehungen an. Zuletzt war er über anderthalb Jahre trocken geblieben. Nach dem beschriebenen Rückfall war er eher bereit, die Hilfe der Gruppe anzunehmen. Seine düstere Verstimmung löste sich nach und nach, so dass er die Therapie inzwischen zufrieden und regulär abgeschlossen hat.

Frau P. berichtet ganz traurig, aufgeregt und beschämt, sie habe sich zu Weihnachten wieder einmal »zum Affen gemacht«. Vielleicht sei es ja auch alles zu viel gewesen: »Ich habe 14 Leute bekocht – und während des Kochens ein Glas Rotwein zu mir genommen. Das war nur der Anfang. Ich betrank mich völlig, hängte mich an einen Mann, ausgerechnet an meinen Schwager.« Völlig ratlos schaut sie in die Runde. Um die realen Umstände deutlicher werden zu lassen, frage ich sie nach dem Ablauf der Einladung: Wer war noch da, was hat sie gesehen und wahrgenommen?
»Mein Mann hat mir so nett geholfen, aber irgendwie kameradschaftlich, nicht als wirkliche Beziehung und Liebe. Ich selbst werde bald 50. Und da saßen die Schwiegereltern meiner Tochter mit 70. Plötzlich wurde mir deutlich: ›Die haben sich noch was zu sagen!‹ Hinterher empfand ich eine totale Leere. Ich hätte mich am liebsten vom fünften Stock gestürzt. Ich habe aber an die Gruppe gedacht und wollte hier weitermachen.«
Der Gruppe wird schlagartig deutlich, dass auch Frau T. eine berechtigte Sehnsucht nach Liebe und Sexualität hat. Ihr Bedürfnis wird anerkannt. Sie ist erleichtert, arbeitet auf dieser Schiene weiter: »Von meinem Mann bekomme ich nie eine richtige Umarmung, er klopft mich nur so, wie ein Pferd ...«

Das Gemeinsame bei Rückfällen ist deutlich geworden: Es geht immer um unbewältigte Gefühle, vor allem Kränkungen mit nachfolgenden Gefühlen von Schmerz, Trauer, Wut und Ärger.

Schlechte Gefühle auch ohne Rückfall

Ein Patient berichtete, er habe sich drei Tage miserabel gefühlt, nachdem er aus Versehen in einen mit Kirschwasser getränkten Kuchen gebissen hatte. »Es ist nichts passiert. Trotzdem hatte ich furchtbare Erinnerungen. Die Assoziation mit dem Geschmack hat schreckliche Gefühle ausgelöst, richtige Gefühlslöcher. Das hat die ganze Sucht wieder lebendig werden lassen. Wenn ich mir denke, was ich gelitten habe in den Ferien, an den Feiertagen und an den Wochenenden! Es erschien mir alles unendlich lang ...«

»Willst du gern nett sein?!«

Nicht nur für Frauen, auch für Männer kann die Helferrolle, die Co-Abhängigkeit, die Falle für den Rückfall sein: »In jeder neuen Arbeitsstelle bin ich nach kurzer Zeit derjenige, den man dauernd wegen irgendetwas fragt, um einen Gefallen bittet, vielleicht einen freien Tag tauschen lässt etc.« Eine erfahrenere Gruppenteilnehmerin ganz aggressiv: »Willst du gern nett sein?!« Er überhört das geflissentlich, bis sie noch einmal nachhakt und über sich selbst erzählt: »Vor einigen Wochen habe ich beschlossen: Ich will kein nettes Mädchen mehr sein! Ich bin nicht mehr für alle Leute der Depp, der sich alles anhört und alles erledigt. Auch *meine* Kräfte haben Grenzen.« Ein entscheidender Schritt zur Genesung: Sie hat ihren offiziellen Namen eingefordert, will nicht mehr auf ihren alten Rufnamen hören, der so viel bedeutet wie »Puppe«.

Harmoniesucht bis zum Tod

Herr P. gab nur ein kurzes Gastspiel in der Gruppe. Er wurde mir von einer praktischen Ärztin (selbst »Heldin« in einer Suchtfamilie) überwiesen, die ihn als sehr sympathisch und umgänglich beschrieb. Äußerlich merkte man ihm nichts an, aber in seinem Körper schaute es sehr schlecht aus: Die Leber war in einem desolaten Zustand. Weitere Rückfälle: lebensbedrohlich.
Herr P. kann es nicht aushalten, wenn über Konflikte mit Menschen gesprochen wird. Er beschützt und verteidigt vor allem seine Mutter als »fehlerlos und lieb«. Er ist zum zweiten Mal verheiratet. Seine erste Frau habe der Mutter nicht gepasst: »Ihr zwoa passt's net zsamm.« Nun seien seine zweite Frau und seine Mutter »wie Schwestern«.
Ich konfrontiere ihn mit einem Satz aus seinem letzten Arztbericht: »Er gab auf, den Grund für seinen Alkoholismus zu suchen.« Wie kann es sein, dass er so nett und harmlos erscheint, scheinbar keine Konflikte hat, körperlich aber so schlecht dran ist wie sonst niemand – und so schlimme Rückfälle erleidet? Die Gruppenmitglieder beißen sich an ihm die Zähne aus. Herr P. reagiert nicht auf Konfrontation. Frau und Mutter »stehen unter Naturschutz«, wie ein Mitpa-

tient ironisch bemerkt. Herr P. hat keine Ecken und Kanten. Er hat scheinbar auch keinen Grund zu trinken.
Eines Tages erhalte ich seinen Abschiedsbrief. Mit einem einzigen Satz teilt er mit, dass er an der Gruppe nicht mehr teilnimmt. Einige Wochen später höre ich aus der Toxikologie, dass Herr P. mit einem erneuten Rückfall eingeliefert wurde und daran verstarb.

Das Suchtmittel als Repräsentant einer Bezugsperson

Ein anderer Patient stellt die Gruppe ebenfalls auf eine harte Probe: Er wehrt sich gegen die Zugehörigkeit zum »Club«. Ihm ist das alles nicht individuell und vornehm genug. Schon die Autos zweier Gruppenteilnehmer sind für ihn Anlass zu hämischen Kommentaren. (Sein eigenes schaut nicht weniger schäbig aus.) Bevor er die Gruppe nach nur wenigen Sitzungen wieder verlässt, gibt er immerhin folgende aufschlussreiche Geschichte bezüglich seiner Rückfälle zum Besten: »Ich habe bei allen Gefühlen getrunken: Wenn ich mich freute, wollte ich mich noch mehr freuen. Wenn ich mich ärgere, will ich den Ärger weg haben. Überhaupt fühle ich mich wie so ein Hund hinter einem Jägerzaun, wo jemand vorbeigeht und so ratter, ratter mit einem Stock dran entlangfährt: rasend vor Wut und gleichzeitig ohnmächtig. Alle meine Freunde habe ich weggesoffen – und dann habe ich jeden Abend bei meiner Mutter angerufen, obwohl ich sie hasse!« Deutungsversuche schmettert er ab: Vielleicht suchte er doch nach der Liebe der Mutter!?

Weitere Gründe für einen Rückfall

- **Die emotionale Querschnittslähmung**

Auf diesen Begriff komme ich durch einen Patienten, der die Situation für sich so beschreibt: »Zwischen Kopf und Gefühl ist bei mir der Draht gekappt. Mein Gesicht trage ich hier nur als Maske herum. Das hat mit mir und meinen Gefühlen nichts zu tun. Meine Bauchseite bricht nur unter Alkohol durch. Dann ist der Draht plötzlich wiederhergestellt.«

- **»Damit die Sonne noch schöner scheint!«**

So beschrieb eine Patientin ihren Drang zum Rückfall in den Alkohol. Das normale Gefühl ist nicht gut genug, das Spannungspotenzial noch zu hoch. Belohnung findet statt durch Konsum, nicht durch Handeln.

- **Bestrafung für Erfolg?**

Ein überraschend häufiges Motiv für Rückfälle sind Erfolge: »Ich trinke nie, wenn es mir schlecht geht. Wenn es mir prima geht, dann muss ich das doch feiern. Ein anderes Mittel als den Alkohol habe ich noch nicht gefunden. Blöderweise geht es mir dann natürlich schlecht: So'n Mist, jetzt hast du wieder getrunken ...«
Es kann viel mit unbewusster Autoaggression zu tun haben, wenn jemand berichtet: »Wenn es mir so richtig gut geht, alles geklappt hat, dann mache ich mir wieder alles kaputt durch den Stoff.«
Zwei Arbeitssüchtige, die beide zum episodischen Typ des Alkoholikers gehören, berichteten mir fast die gleiche Geschichte. Nach sechs bis sieben Wochen härtester Arbeit ziehen sie sich zurück, wollen nichts mehr hören und sehen, verlieren durch ihre Rückfälle weitgehend das Geld, das sie sich mühsam verdient haben. Der eine geht außerdem noch zum Spielen und ins Bordell. Da ist das Geld schnell dahin.

- **»Ich gebe mir die Kanne«** – **für vermisstes Lob**

So der Kommentar eines Patienten zu seinen Trinkgewohnheiten im Rückfall. Die sprachliche Nähe zu »Ich gebe mir die Kugel« ist sicher nicht zufällig. Zu Hause hatte er keine Anerkennung gefunden. Wie ein kleiner Junge wartete er noch immer – aber nichts geschah. Dann kommt die Leere auf, die der Alkohol so wohlig füllt. Mit Lob umzugehen ist für viele Süchtige sehr schwierig – aus Mangel an Erfahrung.

»Rückfall muss keine Katastrophe sein«

So lautet der Titel eines Buches über den Rückfall.[68] Leider kommt es aber doch häufig zur Katastrophe, da wie beschrieben die Spirale der Sucht immer wieder beginnt mit Scham und Schuldgefühlen, Selbstvorwürfen, Aggression gegen sich und andere (»Da habt ihr 's!«) etc. Trotzdem – oder gerade deshalb – sollte jeder Süchtige im Lauf seiner Therapie Strategien erlernen, wie Rückfälle zu verhindern sind oder begonnene nicht im Chaos enden. Dazu müssen erst einmal die Konzepte im Kopf überdacht und geändert werden. So ist z.B. *jeder* Alkoholkonsum als Rückfall zu werten. Die Gefahr besteht gerade darin, dass viele Rückfälle zunächst recht harmlos enden, sogar nach »kontrolliertem Trinken« aussehen. Aus dem einen Glas werden immer mehr – und zum Schluss ist der Süchtige wieder da angelangt, wo er lange vor der Therapie schon einmal war.

Es gibt kein »ein bisschen schwanger«. Das bedeutet hier: So schmerzlich es ist – ein Alkoholiker kann mit dem Stoff nie wieder so umgehen wie andere. Der Kontrollverlust ist auch nach längerer Abstinenz verankert und verschwindet nicht mehr.

Süchtige neigen ohnehin dazu, sich zu isolieren, um sich in ihrem Einzelgängertum teils großartig, teils schrecklich zu fühlen. Vor dem körperlichen Rückfall findet häufig schon ein Rückzug statt mit Gedanken, die immer stärker um die eigene Person kreisen: »Du bist sowieso allein und schaffst es nicht! Was hat das alles für einen Sinn? Wozu bin ich trocken, wenn es mir doch so schlecht geht!?«

- **Das Telefon**

Der allerwichtigste und für viele Süchtige so unendlich schwere Schritt ist der, den Rückzug zu vermeiden und bei ersten Anzeichen die Fühler auszustrecken, um Hilfe zu suchen. In unserer kommunikationslosen Gesellschaft – je mehr Kommunikationsmittel, desto weniger Kommunikation – gibt es zumindest *ein* technisches Hilfsmittel, das geeignet ist, die Isolation schlagartig zu durchbrechen: das Telefon. Sobald jemand Anschluss an eine Selbsthilfegruppe gefunden hat, wird er meist mit mehreren Telefonnummern ver-

sorgt, so dass er sich an Schicksalsgenossen wenden kann, sobald er oder sie sich in Gefahr glaubt.
Auf diesen Weg verweise ich auch in meiner Alkoholikergruppe. Da ich selbst natürlich nicht immer verfügbar bin, sollen die Gruppenteilnehmer untereinander Telefonnummern austauschen – und diese auch nutzen.

Rhythmus und Disziplin gegen das Chaos

Hier handelt es sich um ein ganz allgemeines Prinzip in der Genesung: Sucht hat immer etwas mit ungeordnetem Leben zu tun. Wer die natürlichen Rhythmen des Lebens und damit auch seines Körpers missachtet, muss mit Rückfällen rechnen. Wer Hunger oder Müdigkeit ignoriert, z.B. im Rausch der Arbeitssucht bis zur Erschöpfung weiterschuftet, darf sich über Rückfälle nicht wundern. Immer wieder berichten mir Patienten, dass Rückfälle erst seltener wurden und aufhörten, als sie begannen, ihr Leben zu normalisieren, z.B. Essenszeiten einhielten, rechtzeitig schlafen gingen, Sport, Erholungsphasen und Urlaub einplanten.
Vor kurzem rief mich ein früherer Patient an, der inzwischen eine weitere Therapie in einer Klinik gemacht hat: »Was meinen Sie, was ich dieses Mal als das Wichtigste erkannt habe, nachdem meine Suchtgeschichte ja schon ziemlich lange läuft? Ganz einfach: Disziplin, salopp gesagt, den A... hochkriegen! Seit dieser Einsicht geht es mir viel besser. Den Traum vom sorgenfreien Leben träumen viele, vor allem Süchtige. Aber das gibt es nicht. Man muss selbst die Verantwortung übernehmen.«

Lust am Leben statt künstliche Lust

»Der Alkohol hat ja auch *geschmeckt*!« Damit bringen viele Süchtige zum Ausdruck, dass in den Suchtmitteln ein erhebliches Stück Lebensfreude steckt, wie es uns die Werbung in vielfältiger Weise vorführt. (Nach dem Motto »Wie viel leichter ist das Leben, wenn wir einen Cognac heben.«)

Auf jeden Fall hilft es, sich wieder den aktiven Lebensfreuden zuzuwenden, alte Hobbys wieder zu entdecken oder neue zu finden. Letzten Endes läuft alles Gesagte darauf hinaus: *Zufriedenheit ist der beste Schutz!*

Künstliche Hilfsmittel zur Rückfallprophylaxe?

Viele Süchtige würden gern irgendein Medikament einnehmen, sich sogar operieren lassen, um die Mühen der seelischen Entgiftung in der Entwöhnungstherapie zu umgehen. Leider werden sie darin zu häufig von Ärzten in falscher Weise unterstützt, die zum akuten körperlichen Entzug, aber auch später angeblich harmlose Mittel verschreiben, die die Trockenheit erhalten sollen.

Chemische Hilfsmittel gegen ein chemisches Problem?

Während pflanzliche Beruhigungsmittel nicht grundsätzlich abzulehnen sind (soweit nicht in Alkohol gelöst!), ist von Medikamenten bsp. aus der Gruppe der Benzodiazepine (ähnlich wie Valium, z.B. Lexotanil, Adumbran, Tavor usw., »downers« wie Alkohol) strikt abzuraten.
Manchmal kann ich mich des Verdachts nicht erwehren, dass einige Ärzte Suchttherapie aktiv boykottieren und das Umsteigen auf ein anderes Suchtmittel systematisch anbahnen. Solche Vorfälle müssten genauso konsequent verfolgt werden wie andere ärztliche Kunstfehler. Dazu gehört, wie schon erwähnt, die ambulante (!) Verschreibung von Distraneurin. Allzu oft wird damit eine weitere Suchtform angebahnt.

- **Acamprosat – ein Durchbruch in der medikamentösen Rückfallprophylaxe?**

Einen neuen Wirkmechanismus bietet »Acamprosat«, das bei uns im März 1996 als »Campral« eingeführt wurde: Es vermindert das so genannte craving, d.h. den Suchtdruck bei Alkoholikern. Die

Substanz hat praktisch alle Eigenschaften, die idealerweise von einer Anticraving-Substanz zu erhoffen sind. Michael Soyka notiert dazu: »... geringe Rückfallrate bzw. höhere Abstinenz bei Alkoholabhängigen, keine psychotropen Effekte bzw. Nebenwirkungen, kein Suchtpotential, keine Interaktion mit Alkohol, keine hepatotoxische Wirkung, günstiges Nebenwirkungsprofil ...«[69]
Besonders wichtig: Campral hat keine suchterzeugende Eigenwirkung, wie auch im Tierversuch nachgewiesen wurde.[70] Es greift in Stoffwechselvorgänge im Gehirn ein, indem es an den Rezeptoren durch den Transmitter Glutamat der Übererregbarkeit entgegenwirkt. Ausführliche Untersuchungen an mehreren tausend Patienten haben gezeigt, dass die Rückfallquote der behandelten Patienten wesentlich geringer ist als die von Kontrollgruppen, die Placebos verabreicht bekamen – und Rückfälle, wenn sie doch passieren, weniger dramatisch sind. Die signifikante Überlegenheit des Acamprosat gegenüber dem Plazebo bleibt interessanterweise auch erhalten, wenn die Medikamente längst abgesetzt sind, also in der Nachbeobachtungsphase. Insgesamt zwei Jahre nach Aufnahme in die zitierte Studie waren z.B. nur 17 Prozent der ursprünglich mit Plazebos behandelten, aber 40 Prozent der mit Acamprosat behandelten Patienten noch abstinent.

Wir können froh sein, wenn Campral in der Lage ist, die Rückfallquoten zu vermindern. Die Selbsthilfegruppen waren und sind bisher noch skeptisch, was vom Prinzip her sehr verständlich ist. Denn es kann – wie schon so häufig – passieren, dass Süchtige und auch Ärzte die Botschaft missverstehen und das Mittel für die eigentliche Lösung halten. Die einzige nicht signifikante, d.h. für das Medikament nicht erfolgreiche Studie fand in Schottland statt – dort soll aber eine ungünstige Zusammensetzung der Klientel sowie mangelnde psychosoziale Betreuung ausschlaggebend gewesen sein.

Die Mühen, das eigene Leben in einem längeren Prozess umzustellen, bleiben also keinem Süchtigen erspart. Aber ein Medikament wie Campral kann eine wesentliche Hilfe darstellen, die Grundvoraussetzung der Nüchternheit zu erhalten. Nach einer gewissen Über-Psychologisierung der Sucht sollte man sich auch der körperlich-biologischen Seite wieder bewusster werden.

Sein oder Nichtsein

In der Gruppe mache ich in Abständen immer wieder folgende Übung: »Bitte, versetzen Sie sich gedanklich in den Zustand, der maximale Rückfallgefährdung bedeutet! An was denken Sie, wie verhalten Sie sich, d.h. wie ist die Körperhaltung?« Das Bild ist immer gleich: Alle sitzen mit angespannter, trauriger Haltung da, starren in den Boden. Besonders auffällig: Man hört keinen Atemzug, absolute Stille, die im Raum lastet. In der Nachbesprechung kommen Kommentare wie: »Ich fühlte eine totale Leere, vor allem im Magen und im Kopf.« »Es war schrecklich. So etwas möchte ich nicht noch einmal erleben.« Schließlich: »Ich fühlte mich wie tot, halb tot.« Weitere Aussagen in diesem Zusammenhang waren: »Seit meinem letzten Rückfall habe ich Angst, beim nächsten Mal zu sterben. Jahrelang war der Entzug ja nicht so schlimm. Ein bisschen Zittern und so, aber jetzt könnte es schrecklich enden ...« »Bei einem Rückfall habe ich stets alles dafür getan, dass es mir schlecht ging, dass ich so richtig unzufrieden werde. Da konnte ich mich richtig drin suhlen. Mit System habe ich alles boykottiert, womit ich mich hätte besser fühlen können.« Die Parallele zu depressiven Zuständen mit anderer Ursache ist offensichtlich, aber die Wirkung des Nervengifts Alkohol kommt dazu und macht die Sache noch gefährlicher. Die nonverbale Botschaft der niedergeschlagenen Haltung wird treffend in einem Comic der »Peanuts« aufgegriffen: »So stehe ich, wenn ich deprimiert bin. Wenn du deprimiert bist, ist es ungeheuer wichtig, eine ganz bestimmte Haltung anzunehmen ... Das Verkehrteste, was du tun kannst, ist aufrecht und mit erhobenem Kopf dazustehen, weil du dich dann sofort besser fühlst. Wenn du also etwas von deiner Niedergeschlagenheit haben willst, dann musst du so dastehen!« (Er demonstriert den Blick in den Boden, hängende Schultern usw.)

- **Wie fühle ich mich maximal unangreifbar durch den Alkohol?**

Natürlich bleiben wir bei dieser Übung nicht bei der Rückfall-Vorstellung, sondern vergleichen anschließend: Wie sehe ich aus, wie

fühle ich mich, wie ist meine Körperhaltung, wenn ich mich praktisch unangreifbar fühle durch ein Suchtmittel?
Auch hier sind die Antworten eindeutig und ziemlich einstimmig: Alle atmen tief durch, schauen nach oben. Ein Patient steht spontan auf, geht herum: »So gehe ich über den Viktualienmarkt [in München], wenn ich mich prima fühle. Vielleicht bleibe ich stehen, schaue nach einer Häuserfassade, nehme Blickkontakt mit anderen Menschen auf, lächle eine Frau an ...«

Das Modell der schönen Momente: Glücklichsein ist die am meisten vernachlässigte Pflicht

Selbst wenn ein Lebenslauf geprägt war durch viele Schwierigkeiten, hat es Momente gegeben, in denen alles leichter, vielleicht sogar sehr schön war. Was bedeutet für mich maximales Glück? Bevor wir wie von einem Patienten beschrieben in abgrundtiefes Selbstmitleid und Unglück versacken, kann es vor dem Absturz bewahren, sich ganz intensiv an schöne Momente zu erinnern. Der eine assoziiert dazu die Berge, ein anderer das Meer. Eine Patientin: »Mit den Enkelkindern spielen ...« usw.
Das Wichtigste bei einer Gefährdung: rausgehen, Bewegung, Ortswechsel, Spaziergang, Sport oder Ähnliches. So können Süchtige über die Physiologie, über den Körper am ehesten ihrer negativen Gedankenspirale entkommen.

Schicksalsgemeinschaft Suchtfamilie – ein Beispiel

Der Geist des Vaters schwebt über allem

»Du wirst der Mutter noch viel Kummer machen!«, drohte der Vater auf dem Sterbebett. So lange hatte er seine älteste Tochter Jutta gequält, jetzt gab er ihr noch diese düstere Prophezeiung mit.

Wenige Wochen nach seinem Tod forderte die Mutter plötzlich ihre Tochter auf: »So, jetzt pack deine Sachen, du gehst zu einer anderen Familie!« Etwas verwirrt folgte Jutta der Anordnung der Mutter. Sie sollte zu einer Metzgerfamilie als Aushilfe. Obwohl sie dort sehr viel arbeiten musste, fühlte sie sich zum ersten Mal in ihrem Leben anerkannt und geborgen. Was war vorher alles passiert?

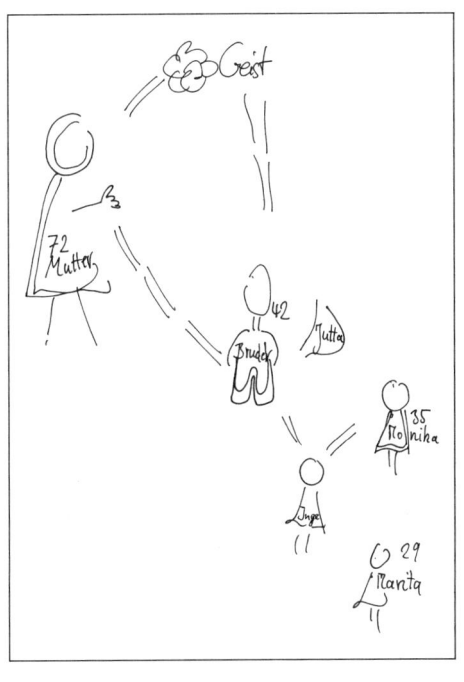

Jutta S. kam mit 39 Jahren zu mir in die Therapie. Der Anlass war: Sie hatte panische Angst vor einer älteren Kollegin, von der sie sich kontrolliert und bedroht fühlte. Es dauerte nicht lange, bis wir herausfanden, dass jene Frau sie stark an ihre Mutter erinnerte – und in der Realität gar nicht so bedrohlich war, wie von der Patientin empfunden. Wenig später zeichnete sie dieses Bild ihrer Familie, spontan, ohne jede formale Vorgabe. Lassen wir die Zeichnung zunächst einmal auf uns wirken.

Der Geist, so erläuterte sie, repräsentiert den Vater, Alkoholiker, der mit 43 Jahren an Magenkrebs verstorben war. Die Mutter – körperlich im Übrigen klein – ist die dominierende Figur, die ihre Autorität teilweise von oben bezieht und sie mit ihrem erhobenen Zeigefinger zunächst an den Sohn und über ihn an die übrigen Kinder, alles Töchter, weitervermittelt. Auch der Bruder empfängt einen Teil seiner Autorität vom »Geist« des Vaters. Er wirkt allerdings etwas passiv, die Hände in den Taschen. Auffallend ist, dass alle Personen gesichtslos sind – und die Mädchen keine Arme haben. Jutta wollte

sich selbst zunächst gar nicht dazumalen, platzierte sich dann neben den Bruder (sie ist die Zweitälteste). Ihre merkwürdige, nicht geschlossene Dreiecksform ohne jeden »Draht« zu den anderen berührte mich eigenartig, aber zunächst einmal zum Schicksal der Schwestern von Jutta:
Monika hat sich weit abgesetzt, lebt in den USA. Nachdem sie sich von ihrem ersten Mann getrennt hat, sucht sie wechselnde Partnerschaften. Dies in so seltsamer Form, dass Jutta bei einem Deutschlandbesuch von der Leitung des Hotels, in dem ihre Schwester wohnte, angerufen wurde: Da könne doch etwas nicht stimmen ...
Inge glaubte lange, sie lebte in einer intakten Partnerschaft – bis sie herausfand, dass ihr Mann Partnerschaftsanzeigen aufgab. Sie antwortete selbst unter einem anderen Namen, verabredete ein Rendezvous – und traf ihren eigenen Mann, der sich bemühte, beim Treffen auf der Stelle im Boden zu versinken ... Marita, die jüngste, wohnt mit ihrem Mann und zwei Kindern bei ihrer Mutter im Haus. Auch hier schien lange Zeit alles in Ordnung, bis Marita einen Selbstmordversuch unternahm und seitdem in psychiatrischer Behandlung ist.
Für Jutta wären all diese Vorkommnisse schlimme Überraschungen gewesen, wenn sie nicht in ihrer eigenen Therapie darauf vorbereitet gewesen wäre. Bei Kindern aus dysfunktionalen Familien sieht oft lange alles »normal« aus ...
Jutta wuchs auf einem Bauernhof auf. Ihre Kindheit war geprägt von »Arbeit und Lieblosigkeit«. Die Kinder wurden früh geweckt, zur Not auch mit einem Riemen, der quer über die Betten peitschte. Gleich in den Stall, die Tiere versorgen. In die Schule, auf dem Heimweg nicht bummeln, gleich heim: Der Vater stand schon am Tor, pfiff kurz. Wieder Arbeit, kein Gedanke daran, schwimmen zu gehen oder mit anderen Kindern zu spielen.
Jutta war dem Vater zugeteilt. Er dachte sich immer wieder besondere Grausamkeiten aus. So musste Jutta schon als kleines Mädchen die ihr riesenhaft vorkommenden Schweine füttern. Mit einem Schwung musste das Futter in den Trog, sonst wäre womöglich eines der Tiere über die Eisenbarriere gesprungen. Sie hatte solche Angst ... Außerdem bestrafte sie der Vater, wenn ihm die Sache nicht flott genug ging, indem er sie mit dem Kopf in den Trog drückte. Dann musste sie die Tiere gegen Krankheiten impfen. Mit einer Spritze

rannte sie hinter den Säuen her. Manchmal entkam ihr eine mit der Spritze noch im Muskel. Und der Vater hatte gedroht: »Wehe, es liegt morgen ein Schwein tot da – weil du die Spritze vergessen hast ...« Gelegentlich musste sie, vom Vater am Bein festgehalten, die Weinfässer von innen schrubben. (Das ist nicht nur lebensgefährlich, sondern könnte auch für einen verdeckten sexuellen Missbrauch sprechen.) Einmal bedrohte der Vater sie mit der Mistgabel, ein anderes Mal drückte er ihr das Gerät in die Hand: »Wenn jetzt eine Ratte kommt, erstichst du sie!«

Es war dem Vater gar nicht recht, dass Jutta eine gute Schülerin war. Er wurde zornig, als die Lehrerin zu Hause erschien, auf regelmäßigen Schulbesuch bestand und sogar vorschlug, Jutta unbedingt eine weiterführende Schule zu ermöglichen. Außerdem würde sie zum Jugendamt gehen, wenn die körperlichen Misshandlungen nicht endlich aufhörten.

Der Vater wurde bald krank. Er litt viele Jahre an Magenschmerzen, bis er sich untersuchen ließ. Gegessen hatte er sowieso nicht mehr viel, hauptsächlich Alkohol getrunken. Im Endstadium seiner Krankheit lag er im Krankenhaus. Besonders Jutta musste bei der körperlichen Pflege helfen, die Bettpfanne wegbringen etc. Sie sollte ihn auch mit einem speziellen Keks füttern, obwohl er genau wusste, dass er ihn wenig später wieder erbrechen musste.

Jutta hatte außer über die Grausamkeiten des Vaters, der unter Alkohol völlig unberechenbar war und auch die Mutter bedrohte, immer wieder über die zwanghafte und übertriebene Religiosität der Mutter berichtet: »In der Kirche singt sie immer so schrecklich laut! Dauernd mussten wir in die Kirche, am Sonntag sogar zweimal.«

Nachdem sich Jutta ihre Zeichnung noch einmal angeschaut hat, sagt sie plötzlich: »Ich bin da völlig aus der Art geschlagen. Genau das Gleiche sagen übrigens meine Geschwister zu mir, wann immer wir uns treffen. Irgendwie sehe ich auch ganz anders aus: Manchmal kommt mir der Gedanke: Mein Vater ist gar nicht mein Vater!«

Ihrer Herkunft hatte sich Jutta immer geschämt. Niemand sollte wissen, wie es bei ihr zu Hause zuging. Es war schon schlimm genug, ständig nach Stall zu riechen. An eine Dusche war morgens gar nicht mehr zu denken. Und dann die Brüllerei und die Schläge und der Alkohol ... Früh floh sie in eine Ehe mit einem so langweiligen Mann, dass sie sogar seinen Namen nach der Scheidung bald verdrängt hatte. Sie erkämpfte sich die Ausbildung für ihren Traumberuf als Zahnarzthelferin, arbeitete bald auch im Labor mit. Jutta lernte ihren zweiten Mann kennen, der aus einer bürgerlichen und gebildeten Familie kam. Über ihre Kindheit erzählte sie ihm nichts, zu groß war die Scham. Sogar ihre Mutter(!)sprache Fränkisch verleugnete sie und absolvierte Sprachkurse, um nicht durch einen Akzent aufzufallen. Später konnte sie in ihrer Therapie wieder darüber lachen: Wie schwierig ist es z.B. für einen Franken, das Wort Postbote »richtig« auszusprechen (»Bosdbode«). In ihrer Wohnung sorgt sie vor allem für Blumen, damit keine unangenehmen Gerüche aufkommen können.

Über ihre Partnerschaft äußerte sie sich zu Beginn der Therapie so uneingeschränkt positiv, dass ich ihr ein wenig ironisch gratulierte. In einer Therapiepause trennte sie sich dann schlagartig von ihrem Mann – der sich nun bei mir beschwerte, ich hätte ihm »die Frau wegtherapiert«. Von ihm war bisher keine Rede gewesen trotz ständiger Rückfragen von meiner Seite. Erst jetzt packte die Patientin aus: Ihr zweiter Mann hatte ihr viel Bildung vermittelt, große und schöne Reisen mit ihr gemacht – aber sie auch ständig mit seiner Egozentrik traktiert. Alles musste nach seinen Wünschen gehen. Das Wochenende war ausgefüllt mit hektischen sportlichen Aktivitäten, vor allem Radfahren und Bergsteigen. Nie hatte er Ruhe geben können. Und da war noch etwas: Sein Studium hatte er nie abgeschlossen – und seine jetzigen Jobs wechselte er andauernd. Nirgendwo passte es ihm, ständig nörgelte er zu Hause herum. Lange Jahre hatte seine Frau ihm geduldig zugehört. Jetzt reichte es ihr. Irgendwie kam sie darauf: »Warum habe ich keine Kinder? Ich wollte doch so gerne, aber mein Mann war das Kind. Er ist nie erwachsen geworden.« Nach der radikal vollzogenen Trennung stellte ihr Mann Jutta eine Weile nach, belauerte sie auf dem Heimweg, musste dann wegen Suizidgefahr in eine Klinik.

Inzwischen hat sich Jutta in ihren Chef verliebt. Zunächst traf sie sich heimlich mit ihm, jetzt lebt sie ihre Partnerschaft offen aus. Natürlich fiel ihr auf, dass der wesentlich ältere Mann auch eine Art positive Vaterfigur für sie darstellt. Vorher hatte sie sich in der

Therapie stark an ihrem Therapeuten orientiert, also an mir. Jede Anregung griff sie begierig auf. Erstmals fühlte sie sich unterstützt und bestätigt. Beruflich machte sie solche Fortschritte, dass sie Vorgesetzte über mehrere andere Frauen wurde – und inzwischen in einer Umschulungsmaßnahme ihren dritten Beruf erlernt.

Jutta war in ihrer Therapie erstmals darauf gestoßen, dass ihre Kindheit nicht »normal« war. Sie ist ein typisches EKA, ein Erwachsenes Kind eines Alkoholikers mit einer co-abhängigen Mutter, die immer verzweifelt auf Hilfe von ganz oben hoffte ... Leider erwies sich die Mutter als nicht weniger lebensfeindlich: Mit sadistischer Freude warf sie kleine Katzen, die die Tochter ganz selig in einer Schachtel nach Hause brachte, an das Scheunentor (»Das schaust du dir jetzt an!«) oder einen verletzten Spatzen einfach aus dem Fenster, den die Tochter zu Hause gesund pflegen wollte. Jutta verstand es zu über-leben – an Leben war in dieser Umgebung kaum zu denken. Lange hatte sie funktioniert, war extrem fleißig, hatte sich angepasst. Aber jene Frau im Betrieb war der Durchbruch: So viel hatte Jutta verdrängt. Die scheinbar übermächtige Vorgesetzte war bald kein Thema mehr. Begierig las Jutta Beatties *Sucht, gebraucht zu werden* und Woititz' *Um die Kindheit betrogen*. Es war schmerzhaft und traurig für sie. Erleichternd der Gedanke, dass es vielen anderen ähnlich ergeht. Die Ereignisse in den Beziehungen ihrer Schwestern waren für sie nicht mehr allzu überraschend. Erst jetzt tauschten sich die Geschwister untereinander aus, vorher war das tabu. Jutta war gar nicht mehr bewusst gewesen, was sie ihrer jüngsten Schwester eingeschärft hatte: »Wehe, du bringst einen Mann heim, der nach Bier riecht!« Nach und nach verloren die Erinnerungen an Kraft. Die Überzeugung, ihr Vater sei nicht zuletzt deshalb so brutal gewesen, da er seine Vaterschaft bezweifelte, erhärtete sich. Vielleicht verbarg sich da ein Geheimnis hinter der penetranten Religiosität der Mutter?!

Jutta verleugnet ihre Herkunft gegenüber ihrem jetzigen Partner nicht mehr. Es ist erleichternd, mit ihm über die Kindheit zu sprechen. Warum sollte sie sich schämen? Diese Scham und die Schuldgefühle der Mutter – dafür ist sie nicht mehr zuständig. Sie kann Menschen besser loslassen, sich nicht mehr verantwortlich fühlen für deren Schicksal. Natürlich trifft es sie nach wie vor, zu beobachten, wie eine Kollegin offensichtlich Probleme mit dem Alkohol hat und eine andere ihren Mann, einen Alkoholiker, durch Selbstmord verliert. Sie hatte Hilfe angeboten, konnte aber loslassen, als sie damit nicht erfolgreich war.

Besonders profitiert hat Jutta nach ihren Aussagen im Bereich ihrer Gefühle. Bis zu dem Erlebnis mit der Vorgesetzten war sie stets durch ihr strahlendes Lächeln aufgefallen. Man lässt sich doch nichts anmerken ... Jetzt kann sie zeitweilig ganz ernst sein, auch traurig. Dafür empfindet sie die Freuden des Lebens umso intensiver. Bei Kritik durch andere stellt sie sich nicht gleich komplett in Frage, sondern betrachtet das Ganze differenzierter und mit mehr Distanz. Im Büro wollte sie nach ihrer Beförderung gleich wieder zurückstecken, als die Kolleginnen – bisher auf der gleichen Ebene – ihren Neid ausdrückten, ihr den Erfolg nicht gönnten. Wie froh war sie, als wir das Problem in der Therapie noch einmal durchleuchten und bearbeiten konnten. Vor kurzem rief sie mich an: »Gerade habe ich meine erste Klausur geschrieben. Erst hatte ich furchtbare Angst zu versagen. Dann habe ich an Sie gedacht und an die positiven Vorsätze, die ich mit Ihnen erarbeitet habe. Es lief prima.«

> Indem ich mich nach und nach an meine Geschichte erinnere, wird meine Seele geheilt.
> *Isabel Allende*

Raus aus dem Trichter, hinein ins volle Leben!

So viel Sinn es macht, auf entscheidende Schritte der eigenen Vergangenheit zurückzublicken, diese zu analysieren und emotional zu bearbeiten, so wenig Sinn macht es, dabei stehen zu bleiben. Der

Blick zurück, z.B. auf Hintergründe und Ursachen der eigenen Suchtkarriere, ist nur dann sinnvoll, wenn daraus eine Vision der Gegenwart und der Zukunft wird. Im Alten Testament ist Lots Weib bekanntlich beim Rückblick auf Sodom und Gomorrha – sinnbildlich für ein Gemisch von vielfachen Süchten – zur Salzsäule erstarrt ... So wichtig also die Trauerarbeit ist, so wichtig ist die Hinwendung zur eigenen Zukunft, die *heute* beginnt. Wenn der Strudel der Sucht in einen immer enger werdenden Trichter führte, der alles hoffnungslos erscheinen ließ, dann ist nach der körperlichen und seelischen Entgiftung das Finden neuer Lösungen und Perspektiven von großer Bedeutung, dann muss fast immer auch ein neuer Lebenssinn gefunden werden, für den es sich zu leben lohnt. Süchtige, aber auch Co-Abhängige leben bis zur Befreiung aus dem Gefängnis ihrer Störung in einem Leben der verpassten Möglichkeiten, der abgefahrenen Züge. Sie verpassen den Kairos, den richtigen Zeitpunkt, um etwas zu beginnen, jemanden kennen zu lernen, einen Karriereschritt zu wagen etc.

Vergangenheit ist Vergangenheit – Leiden ist leichter als Lösen

Das ewige Hadern, das Selbstmitleid, das Beschuldigen anderer muss ein Ende haben. Immerhin, so versuche ich vielen Süchtigen mit Erfolg deutlich zu machen, haben sie Schleuderstrecken im Leben erlebt und überlebt, die viele andere Kopf und Kragen, das Leben gekostet hätten. Vielleicht hat es einen höheren Sinn, ist es ein energischer Fingerzeig, das Leben künftig anders einzurichten. Leiden ist, so erstaunlich es klingt, für viele Süchtige und Co-Abhängige leichter als Lösen. Dazu gehört nämlich Mut und Disziplin.

Das Rückstoßprinzip

Um vorwärts zu kommen, muss man (wie in der Physik) etwas mit kräftigem Ruck zurückstoßen. »Das erste Drittel meines Lebens habe ich mit Saufen, Huren, Rauchen und Raufen kaputtgemacht. Jetzt bringe ich mein Mittelalter in Ordnung – und hoffe auf ein schönes Alter.« So äußerte sich ein Patient, auf den vor einem knappen Jahr kaum jemand mehr etwas gesetzt hätte. Zu viel war bei ihm schon passiert: Führerscheinverlust, angegriffene Gesundheit, Scheidung, Schulden, Arbeitsplatz in Gefahr ... Wenn er heute von seiner Vergangenheit berichtet, schauen ihn die Leute fassungslos an.

Erwachsen werden: »Ich wollte, ich wäre erwachsen und könnte alle Vorschriften übertreten!« *Bart Simpson*

Erwachsen *sein* bedeutet, etwas zu tun, *obwohl* es die Eltern empfohlen haben.

»Sie haben mir das Leben gerettet! Ohne Sie wäre ich körperlich, sozial und psychisch am Ende. Mein Unternehmen befand sich in Auflösung, die Banken standen schon mit gezücktem Messer da. Ich habe meine Frau geschlagen. Sie war schon ausgezogen, wollte die Scheidung einreichen. Mein kleiner Sohn wollte nichts mehr von mir wissen. Manchmal begreife ich es gar nicht: Es geht mir so gut wie noch nie in meinem Leben, besser auch als vor Beginn meiner Sucht.« Sucht-Psychotherapie ist manchmal wirklich Schwerstarbeit, aber die Ergebnisse sind im positiven Fall überwältigend. Zum ersten Mal bekam ich eine Vorstellung davon, als im Nachtdienst am Max-Planck-Institut einige Mitglieder einer Selbsthilfegruppe erschienen und einen rückfälligen Leidensgenossen zur Aufnahme brachten. Da war eine Ausstrahlung, die ich nie vergessen werde – und die mir später bei einigen Mitarbeitern von Sierra Tucson wieder begegnete, deren Belegschaft fast komplett aus nüchtern gewordenen Süchtigen aller Art bestand. Später fand ich den Ausspruch von Friedrich von Bodelschwingh, dem Gründer der nach ihm benannten Anstalten in Bethel bei Bielefeld:
Wenn Du einem geretteten Trinker begegnest, dann begegnest Du einem Helden. Es lauert in ihm schlafend der Todfeind. Er bleibt

behaftet mit seiner Schwäche und setzt seinen Weg fort durch eine Welt der Trinkunsitten, in einer Umgebung, die ihn nicht versteht, in einer Gesellschaft, die sich berechtigt hält, in jämmerlicher Unwissenheit auf ihn herabzuschauen als auf einen Menschen zweiter Klasse, weil er es wagt, gegen den Alkoholstrom zu schwimmen. Du sollst wissen: Er ist ein Mensch erster Klasse!
Inzwischen hatte ich vielfach Gelegenheit, Menschen nach erfolgreicher Therapie wieder in das normale Leben zu entlassen, nicht ohne die Bitte zu äußern, mich z.B. nach einem weiteren Jahr wieder zu kontaktieren – auch wenn es gut geht!
Gewiss melden sich viele nicht wieder. Schließlich haben sie die Therapie auch als eine narzisstische Kränkung erfahren: Warum sollte gerade ich mich behandeln lassen? Aber viele geben irgendwann ein Zeichen und berichten dann, wie häufig sie an die Gruppe oder an mich gedacht haben, in guten wie in schwierigen Momenten. Es half schon, die Adresse oder die Telefonnummer bei sich zu haben. Oft haben sie es ja zum ersten Mal erlebt, dass jemand an ihrem Leben wirklich Anteil genommen hat und immer noch nimmt. Eine Patientin hat das in einem schönen Brief zusammengefasst, der mich vor einigen Jahren erreichte:
»Weihnachten soll eine Zeit der Besinnung sein mit Rückblick auf ein zu Ende gehendes Jahr. Ich blicke mit viel Freude zurück, habe ich doch 1993 die Chance bekommen, mein Leben neu zu gestalten. Besinnlichkeit kommt auf, da es mir manchmal geradezu gespenstisch vorkommt, wie sich mein Leben doch zum Positiven gewendet hat. Ich fühle mich sehr wohl in meiner neuen Umgebung und blicke voll Optimismus in die Zukunft. Ich denke, unsere Gespräche haben mir sehr viel geholfen, das Leben aus einem anderen Blickwinkel zu sehen. Dafür danke ich Ihnen ganz besonders!
Sie haben mich von einer Sucht befreit, ohne dass eine andere dazugekommen ist. Mein Leben ist ausgeglichen, ohne dabei aber leer vor sich hin zu plätschern. Zu keinem Augenblick dachte ich an Alkohol, obwohl viel um mich herum getrunken wird.
Zum ersten Mal habe ich im August auf La Palma erlebt, dass das Thema Alkohol in einer geschlossenen Schublade liegt. Ich hatte einen ziemlich schweren Unfall mit dem Auto und war auch selbst schuld. Ich konnte besonnen handeln. ›Es ist geschehen und nicht

änderbar‹, waren meine Gedanken. Meine Freundin fragte mich, ob ich jetzt nicht das Bedürfnis hätte, Alkohol zu trinken?! Ich war überrascht, denn ich dachte nicht daran. In früheren Zeiten hätte ich mindestens zwei Flaschen Wein geleert.
Ich hoffe, dieser Feind Alkohol lässt mich auch weiterhin in Ruhe. Das tat er jedenfalls auch, als ich mich mit meinem Mann traf, um noch einiges zu regeln. [Er ist nasser Alkoholiker, der sich vom Rechtsanwalt zum Sozialhilfeempfänger runtergesoffen hat, der Verf.] Da habe ich wieder gesehen, was die Sucht aus einem Menschen macht. Bald wäre ich auch so weit gewesen.«

Die Gewinne zählen

Auch wenn zu irgendeinem Zeitpunkt Rückfälle kommen oder die Suchtkarriere wieder voll aufgenommen wird: Es zählen die gewonnenen Jahre. Sucht ist nicht gelebtes Leben. Darüber kann so manche Glorifizierung in Romanen oder Filmen nicht hinwegtäuschen. Natürlich hat der Rausch auch schöne Seiten. Manchen Süchtigen fehlen die Highlights in ihrem Leben, manche können die Leere in sich nicht füllen. Aber die meisten verzichten gern, weil sie wissen, dass sie mehr gewonnen haben, als sie verlieren.

> Man muss, solange man lebt, lernen, wie man leben soll.
> *Seneca*

Orientierung an Lösungen, nicht an Problemen

In manchen Therapien besteht die Gefahr, gemeinsam mit dem Patienten »in der Kindheitsmisere zu versacken«, wie es Peter Fürstenau ausgedrückt hat.[71] Gerade bei Suchtpatienten könnte man in der Tat oft auf diese Fährte kommen! Viele Patienten werden nach dem gefährlichen Motto behandelt: »Sie wissen ja noch gar nicht, wie krank Sie sind!« Das stimmt manchmal, betont aber zu stark die schwachen Anteile. Schließlich hat jemand z.B. mit einer Kindheit in einer Suchtfamilie und einer eigenen Suchtkarriere beträchtliche Überlebenskompetenz bewiesen und verfügt offenbar über wirksame Strategien, den Kopf letzten Endes über Wasser zu halten.

Das Leben ist konkret und verläuft in Rhythmen, die wir beachten sollten. Viele Süchtige und Co-Abhängige spüren das nicht mehr. Sie vernachlässigen sich und andere. Festtage sind sowieso problematisch – oder gar der Geburtstag! Wer eine Selbstwertproblematik hat, wird hier ganz sicher wieder an alte vergebliche Träume erinnert und daran, dass das Leben fortschreitet und last, not least endlich ist. Ich lege besonderen Wert darauf, dass Patienten ihren Geburtstag wieder wahrnehmen und feiern, sich etwas wünschen und vornehmen. Viele greifen das nur zögernd auf, entdecken aber plötzlich, dass sie es – entgegen früheren Botschaften – genießen können, sich selbst ernst zu nehmen – und von anderen gefeiert zu werden. In ein neues Lebensjahr oder gar Lebensjahrzehnt zu treten, hat etwas mit Trauer, aber auch mit Freude und Verantwortung zu tun. Sehe ich das Glas – es muss ja kein Alkohol sein! – eher halb voll oder halb leer? Was mache ich mit meinem Leben, mit meinen Fähigkeiten? Wie finde ich Zufriedenheit? Was kann ich selbst konkret an kleinen und großen Schritten dafür tun? Welchen Schritt mache ich als nächsten? Welche Phantasien, welche Utopien und Wunschträume habe ich? Wie kann ich sie vielleicht doch noch erfüllen? Welche Veränderungen wünsche ich mir in einem, in fünf, in zehn Jahren? Woran kann ich erkennen, ob ich auf der richtigen Spur bin? Wenn ich meinen Lebensweg ein paar Grad anders ausrichte, komme ich ganz woanders an!

Ich fühle mich wie bei der Durchquerung des Ärmelkanals. Die Gespräche mit Ihnen sind wie Inseln alle paar hundert Meter.
Alkoholiker

Wenn die Dinge nicht nach Plan gehen, existiert vielleicht gar kein Plan

Gerade in der Gruppe ergibt sich oft eine erstaunliche Dynamik, wenn die gravierendsten Probleme etwa einer Sucht beseitigt sind. Bekanntlich sollte man in einem brennenden Haus nicht philosophieren – sondern retten und löschen. Wenn aber dieses Stadium der Chaosklärung vorbei ist, geht es um konkrete Lebensführung und -planung. Plötzlich tut sich da ein immenser Berg von Verantwortung auf: Soll wirklich alles so weitergehen?
Reden und sagen kann man viel. Das ist unverbindlich: Was kümmert mich der Unsinn, den ich gestern gesagt habe? Schriftlich etwas niederzulegen, macht vielen Menschen Angst. Jetzt wird es verbindlich. Aber es hilft. Deshalb versuche ich in der Therapie immer wieder das Flipchart einzusetzen als eine Vorübung für eigenes Handeln: »Was spricht für oder gegen eine Entscheidung? Schreiben Sie es mal auf!« »Wie umfangreich ist Ihre Tätigkeit? Was gefällt Ihnen, was nicht? Muss das wirklich alles sein? Wo können und wollen Sie Nein sagen – oder vielleicht an andere delegieren?« »Welche Sportart würden Sie gern wieder aufnehmen? Gibt es ein Instrument, das sie mal gespielt haben und wieder hervorholen möchten?« Usw.
Abgesehen von diesen realen Zielen haben wir wohl alle zum Geburtstag und zu Silvester allgemeinere Wünsche, die mit unseren Gefühlen zu tun haben. Als Beispiele hier einige Vorsätze aus der Gruppe, deren Therapie wir immer wieder beobachtet haben (jeder Teilnehmer sollte einen zentralen Begriff finden): Mehr Mut, mich meinen Mitmenschen zu öffnen; mit dem Rauchen aufhören; Mut, meine Bedürfnisse durchzusetzen und Verantwortung für *mich* zu übernehmen; Arbeit und Gesundheit; das Leben zufrieden *aushalten* und intensiv an mir arbeiten; im richtigen Moment Nein sagen; *mich* mehr durchsetzen; eine Aufgabe finden und anerkannt werden.
Im Jahr davor las sich das ganz ähnlich. Dazu kam: Harmonie in der Familie; mehr Unabhängigkeit; Disziplin und Bescheidenheit; mehr Gemeinsamkeit in der Partnerschaft; mehr Ausgeglichenheit von Verstand und Gefühl; mehr Selbstwertgefühl; mehr Ruhe und Zufriedenheit; mehr Arbeit; Abbau meiner Geltungssucht [in ganz großen Lettern]; viel Urlaub – und: ein Haus auf dem Lande – mit viel Geduld!

Das Leben ist auch ohne Sucht kompliziert, wechselhaft und aufregend genug. Am Ende einer Therapie gebe ich meinen Patienten den folgenden Text mit, der 1692 in der alten St. Pauls-Kirche von Baltimore gefunden wurde:

Gehe gelassen inmitten von Lärm und Hast und denke daran, welche Freude in der Stille sein mag!
So weit wie möglich versuche mit allen Menschen auszukommen, ohne dich zu unterwerfen.
Sprich deine Wahrheit ruhig und klar und höre anderen zu, auch den Dummen und Unwissenden, auch sie haben ihre Geschichte.
Vermeide laute und aggressive Menschen, sie sind eine Plage für die Seele.
Wenn du dich mit anderen vergleichst, dann magst du eitel oder bitter werden, denn es gibt immer größere oder geringere Menschen als dich.
Freu dich über deine Erfolge und Pläne.
Nimm deine Arbeit ernst, aber bleibe bescheiden, es ist ein wirklicher Besitz in den wechselnden Geschicken des Lebens.
Sei vorsichtig mit geschäftlichen Dingen, denn die Welt ist voller Listen. Aber sei du selbst. Besonders heuchle keine Zärtlichkeit.
Sei aber auch nicht zynisch in Bezug auf Liebe, denn angesichts aller Trockenheit und Entzauberung ist sie wiederkehrend wie das Gras.
Nimm gütig den Rat der Jahre an und lass mit Anmut die Dinge der Jugend hinter dir.
Nähre die Stärke der Seele, um in plötzlichem Unglück nicht schutzlos zu sein.
Aber beunruhige dich nicht mit Grübeleien.
Abgesehen von einer gesunden Disziplin sei milde mit dir selbst.
Du bist ein Kind des Universums, nicht weniger als die Bäume und die Sterne. Deshalb sei im Frieden mit Gott, wie immer du ihn dir vorstellst und was immer deine Mühen und Ziele sein mögen in der lärmenden Verwirrtheit des Lebens.
Halte Frieden mit deiner Seele!
Mit all ihrem Schein, der Plackerei und den zerbrochenen Träumen ist es doch eine schöne Welt.
Sei achtsam und versuche, glücklich zu werden!

Glück entsteht aus dem Zusammentreffen von Vorbereitung und Zufall.

Ralf Schneider fasst in seiner *Suchtfibel* die Wahlmöglichkeit des Alkoholikers in einem eingängigen Schaubild zusammen:[72]

Du hast die Wahl zwischen

Angst	und	**N**eubeginn
Lügen	und	**Ü**berlegung
Krankheit	und	**C**hance
Ohnmacht	und	**H**alt
Hoffnungslosigkeit	und	**T**rost
Offenbarungseid	und	**E**hrlichkeit
Lustlosigkeit	und	**R**eserven
Impotenz	und	**N**estwärme
Schlafstörungen	und	**H**offnung
Mutlosigkeit	und	**E**rfahrungen
Unverständnis	und	**I**nteressen
Selbstmitleid	und	**T**atkraft
ALKOHOLISMUS	ODER	NÜCHTERNHEIT

Die Gruppenstunden beschließen wir (wie viele Selbsthilfegruppen) mit dem Gelassenheitsspruch, der ursprünglich wohl auf den griechischen Philosophen Epiktet zurückgeht:
»Gott gebe mir die Gelassenheit, Dinge hinzunehmen, die ich nicht ändern kann, Dinge zu ändern, die ich ändern kann – und die Weisheit, das eine vom anderen zu unterscheiden.«

Prävention – eine Aufgabe unserer Gesellschaft

Die gesellschaftlichen Folgekosten der Suchtkrankheiten sind so groß, dass wir uns dringend umorientieren müssen. Endlich scheinen auch Politiker zu begreifen, dass das Kind nicht erst in den Brunnen zu fallen braucht, bevor man handelt – und dass Bergungsaktionen aus Brunnen viel aufwendiger und teurer sind als die Bretter, die man vorher vielleicht hätte darüber legen sollen ...
Im Kapitel über den gesellschaftlichen Rahmen, in dem bei uns Sucht stattfindet – der Kreis um das Suchtdreieck –, hatten wir gesehen, dass jede Gesellschaft ihre akzeptierten und integrierten Drogen hat, aber immer auch – neben den schönen Seiten – Probleme mit dem Maß, d.h. mit der Maßlosigkeit.»Erst die Menge macht das Gift«, hatte schon Paracelsus betont.
Sucht ist ein Dauerthema in allen verfügbaren Medien. Ein beträchtlicher Teil unseres Fernsehprogramms müsste ausfallen, wenn die Drogenstorys in den Filmen gestrichen würden, wenn die Debatten über Legalisierung und die »richtige« Suchttherapie nicht mehr stattfinden könnten.
In die Diskussion gehen typisch süchtige Züge mit ein, z.B. das Alles-oder-nichts-Prinzip, Heilserwartungen, Maßlosigkeit, Narzissmus etc. Selten geht es nüchtern zu. Die Suchtkranken schaffen es auch in typischer Weise, zu spalten. Die Gesellschaft zerbricht sich ihre besten Köpfe, teilt sich in erbittert kämpfende Gruppen auf – und die Süchtigen trinken währenddessen munter weiter und schauen amüsiert zu (soweit ihre Sucht das noch zulässt). Das ist der gleiche Vorgang der Spaltung, wie ich ihn in der Supervision einer Suchtfachklinik beobachtete: Das Team zerfiel in zwei Gruppen, wobei Arbeitstherapeuten, der medizinische Bereich und andere die Gruppe der Psychotherapeuten kritisierten. Dabei sollte man zusammenarbeiten, aber das geht erst wieder, wenn man sich darauf besinnt, dass der gemeinsame Feind des gesamten Teams, aber auch der Patienten, die Sucht mit ihren Tücken ist.

Betrachten wir das anhand der deutschen Realität der 90er-Jahre: Während die CDU/CSU im Sinne eines rigiden bis sadistischen Über-Ichs alles verbieten will – natürlich außer Bier, Schnaps und Zigaretten – und alles, was nicht gesellschaftlich sanktioniert ist, entsprechend kontrollieren (Co-Abhängigkeit!), vertreten die Grünen und Teile der SPD das andere Extrem (!): Sie setzen auf Selbstverantwortung. Da ist von »Recht auf Rausch« die Rede. Man möchte alles erlauben – und ist sich der Eigendynamik von Drogen kaum bewusst oder verdrängt sie. Wer von den »Liberalen« hat schon einmal mit einem Süchtigen zusammengelebt?

Es geht hier also um Projektion und Spaltung, um Entwerten und Idealisieren – alles frühe Abwehrmechanismen, wie sie auch zu den Persönlichkeitsstörungen der meisten Süchtigen gehören. Es gibt »gute Drogen« und »schlechte Drogen« für »gute« oder »schlechte« Menschen. Wir gehören natürlich zu den guten Menschen, die anderen zu den schlechten. Für gute Drogen rufen wir zur Revolution (in Bayern!) auf oder lassen Biergärten zu »Trinksportanlagen« umdefinieren. Oder aber: Alkohol ist doch viel schädlicher, Heroin pur gar kein Problem. Haschisch macht nicht abhängig, Kokain auch nicht so sehr, jedenfalls nicht körperlich ...

Die Bühne der Suchtdiskussion wäre fast komisch, wenn es nicht um ein so schwerwiegendes Problem ginge.

Abschreckung: Das falsche Mittel

Genau die These, dass Abschreckung das falsche Mittel sei, stand in meinem Manuskript, mit dem ich durch eine Ausstellung ging, die ich mit meinem Referat eröffnen sollte. Auf dem Weg zum Vortragssaal stolperte ich fast über ein nahezu lebensgroßes Plakat mit einer abgemagerten Heroinsüchtigen, der die Nadel noch im Arm steckte. Wie sollte ich jetzt diplomatisch vermitteln, dass hier wesentliche Fehler gemacht wurden, wenn auch in bester Absicht?! Nichts hält sich trotz jahrelanger Aufklärungsarbeit hartnäckiger als die Überzeugung, man könne mit Abschreckung etwas erreichen. Der (später) Süchtige entkoppelt ja gerade den Zusammenhang zwischen Suchtmittel und Folgen. Wie soll man einem 15-jährigen

beginnenden Raucher klarmachen, dass er Mitte 40 oder 50 einen Herzinfarkt erleiden oder seine Beine wegen einer Verschlusskrankheit der Arterien verlieren kann? Jeder Süchtige, ob Raucher, Trinker, Drachenflieger, Heroinabhängiger, Leistungssportler, ist auf das besondere Gefühl aus, das »High«, oder wenigstens auf die Unterdrückung unangenehmer innerer Leere, Wut, Trauer oder Angst. Die Folgen sind sekundär und werden geleugnet.
Vorsichtige Kinder kann ein schlimmes Beispiel vielleicht noch immuner machen gegen Suchtgefahren, gefährdete werden dadurch gerade angezogen. »Sensation seeking« – der Fachbegriff nennt die Dinge beim Namen: Das Gefühl ist das Ziel, die Sensation.

> Ich habe neulich zu Hofe eine scharfe Predigt gehalten wider das Saufen; aber es hilft nichts.
> *Martin Luther*

Luther hatte zwar über den »Saufteufel« gewettert, war sich aber der Begrenztheit seiner Mittel bewusst. Es hat auch keinen Zweck, auf der verstandesmäßigen oder moralischen Ebene Prävention betreiben zu wollen. Als Schüler haben wir gewitzelt: »Wie heißt das zwölfte Gebot? – Du sollst nicht!« Das Verbotene reizt besonders.

Positivbilder

»Es ist makaber, dass gerade Alkohol- und Zigarettenindustrie die Zielgruppe der jüngeren Konsumenten mit Begriffen wie Lebensfreude, Lebensqualität, Dynamik, Abenteuer, Exotik [und Erotik, der Verf.] zu stimulieren versuchen und in der Prävention immer noch mit Gefährdungspotenzial, Horrorbildern und Tatsachen wie mit alten Ladenhütern geworben wird. Lust, Spaß und Abenteuer können aber auch Bestandteile eines Lebensstils sein, den es durch Prävention zu vermitteln gilt.«[73] So Nöcker in einem Bericht über einen erfrischenden präventiven Ansatz, und weiter: »Es erscheint durchaus möglich, für einen gesunden Lebensstil zu werben wie für ein beliebtes Konsumprodukt. Prävention scheint sehr viel überzeugender zu sein, wenn für etwas geworben wird – hier ein gesunder Lebensstil –, als wenn versucht wird, abweichendes Verhalten zu verhindern ... In diesem Sinne soll der Rauschmittelkonsum nicht länger nur unter dem Aspekt der Devianz betrachtet werden, sondern als eine wahrscheinliche persönliche Erfahrung, mit der Jugendliche im Verlauf ihrer Adoleszenz konfrontiert werden.«

Probieren ist nicht gleich Missbrauch ist nicht gleich Abhängigkeit

Seit es in der Menschheitsgeschichte schriftliche Aufzeichnungen gibt, wird aufgrund der »verdorbenen Jugend« ein baldiges Ende der Kultur prophezeit. Dabei sind es in der Regel die älteren Generationen, die mit ihrem Verhalten z.T. intensiv darauf hinarbeiten, der Welt insgesamt ein katastrophales Ende zu bereiten. Jugendliche stehen dem Konsum von Rauschmitteln aller Art eher kritischer gegenüber als Erwachsene. Jahrelang gab es dementsprechend auch einen Rückgang in der Zahl der Konsumenten und der Suchtgefährdeten. Erst neueste Untersuchungen sprechen dafür, dass ein erneuter Anstieg zu verzeichnen ist, über dessen Hintergrund wir nur spekulieren können. Durch das Lernen am Modell adaptieren Jugendliche den Lebensstil der Erwachsenen einschließlich seiner problematischen Seiten. Mit der Lehre wird auch das Saufen gelehrt – immer noch in vielen, wenn auch längst nicht mehr allen Ausbildungsbereichen.

Eltern reagieren paradoxerweise panisch, wenn sie bei ihren Kindern Haschischkrümel finden, reagieren aber kaum auf mehr oder minder regelmäßigen Alkoholkonsum. Als ich an einem Münchner Gymnasium einen Vortrag zur Sucht und Suchtprävention halten sollte, wies man mich darauf hin, dass »der Alkohol kein Problem« sei. In meinem Referat vor Eltern und Schülern ließ ich es mir trotzdem nicht nehmen, die Realität zu vermitteln, dass die Wahrscheinlichkeit, nikotin- oder alkoholabhängig zu werden, viel größer ist als die des illegalen Drogenkonsums. Eltern sollten gezielt mit

ihren Kindern Probierversuche mit Alkohol (eventuell auch Zigaretten) machen und über die Ergebnisse, d.h. die Gefühle, die körperlichen und psychischen Wirkungen und Nebenwirkungen, gemeinsam diskutieren. Sonst erleben sie Überraschungen wie eine Arztkollegin in einem meiner Seminare, die mich einige Tage nach diesem Vortrag anrief: Genau die Zeit, die sie dafür verwendete, sich über Sucht zu informieren – sie hatte diesbezüglich Sorgen um ihren Schwager –, nutzte die Tochter, die zuvor vor allem in Bezug auf Alkohol überbehütet war, zu einer ersten Party mit Sekt. Das endete in einem Notarzteinsatz, da sie ihre Alkoholtoleranz total überschätzt hatte und in dem Bemühen, mit den anderen, schon »Aufgeklärten« mitzuhalten, in eine schwere Intoxikation geraten war. Das war natürlich eine sehr unangenehme Situation für die Mutter, die selbst zur Runde der Notärzte gehörte ...
Unsere Kinder werden – wie wir vor ihnen – Drogen probieren. Sie müssen aber daran nicht hängen bleiben, wenn ihre psychische Struktur, ihr sozialer Rückhalt dagegen sprechen. Wir müssen versuchen, ihnen genügend Selbstwertgefühl mitzugeben, mit dem sie den Versuchungen der Scheinlösung von Problemen widerstehen können. Wer die Pubertät mit der üblichen Dauerkrise ohne größere Schwierigkeiten übersteht, dem kann nicht mehr allzu viel passieren. Die Drogenhändler wissen das, vor allem die größten Konzerne dieser Art, die Tabakindustrie. Sie haben uns viele Jahre das längst vorhandene Wissen über das Suchtpotenzial ihrer Rauschmittel vorenthalten und Forschungsergebnisse verheimlicht, um ihre Kunden nicht zu verlieren.

> Nur 4,4 Prozent der unter 14 zu Rauchern gewordenen Jugendlichen kommen vom Nikotin wieder los.

Der Einsatz der Drogenkartelle ist gigantisch, um den rechten Zeitpunkt zur Konsum-Programmierung nicht zu verpassen. Dagegen nimmt sich der Aufwand der Suchtprävention geradezu lächerlich aus. Die Tabakindustrie arbeitet mit ihren Werbestrategen leider viel professioneller als die, die als Eltern, Lehrer, Ärzte, Psychologen, Sozialarbeiter usw. etwas gegen die Sucht unternehmen wollen. Angesichts der Hilflosigkeit etwa der Politiker im Suchtbereich könnte man fast meinen, das Leugnen der simpelsten Grundsätze der Prävention sei lukrativ ...

Tabak als Droge?!

Interessanterweise hat sich gerade bezüglich des Rauchens das politische Klima in den letzten Jahren erstaunlich gewandelt. Die Raucher werden das bestätigen können: Sie werden aus vielen Bereichen vertrieben: Rauchen ist geächtet. Und zu Recht, denn es gibt keine gefährlichere Droge: Alle zehn Sekunden stirbt auf der Welt ein Mensch an den Folgen des Tabakkonsums! Was nutzt die Diskussion über Umweltgifte, wenn innerhalb der Räume (wo wir uns klima- und arbeitsbedingt meistens aufhalten) der vom Raucher ausgehauchte Qualm die gefährlichste Mischung darstellt!?
Wollte man heute Zigaretten neu auf dem Markt einführen, würde die Zulassung an den gesetzlichen Regelungen scheitern. Noch ist die Griffnähe für dieses gefährlichste Gift aber am größten. Die Automaten hängen so, dass selbst die Körpergröße für Kinder kein wesentliches Hindernis ist. Man darf gespannt sein, was die Tabakindustrie tut, wenn einzelne mutige Politiker (wie Bill Clinton) dafür plädieren, die Zigarette zur Droge zu erklären mit allen Konsequenzen – oder die Abschaffung der Zigarettenautomaten zumindest im Umfeld von Schulen gefordert wird (wie von der bayerischen Gesundheitsministerin Barbara Stamm).
Das Image der Zigarette als Zeichen des Erwachsenenstatus, des Cool-Seins, der Lässigkeit hat erheblichen Schaden gelitten und kann nur noch schwer assoziiert werden mit »Freiheit und Abenteuer«.

Sterben tut man sowieso, doch schneller geht's mit Marlboro.
Kinderreim

Es ist mir schlicht unbegreiflich und nur wieder durch das Alles-oder-nichts-Prinzip erklärbar, dass in unserer Gesellschaft einerseits eine Stimmung entstanden ist, die eine Einschränkung der legalen Drogen fordert, andererseits starke Strömungen, die einer totalen »Liberalisierung« das Wort reden. Wer da auch nur vorsichtig Bedenken anmeldet, wird z.B. aus Fernsehdiskussionen meist herausgehalten: »Sind Sie nicht auch für die Freigabe von Haschisch, Heroin, Methadon ...!?« Es würde ein weiteres Buch füllen, wenn ich detailliert auf die manchmal groteske Diskussion zwischen den Lagern eingehen wollte. Hier nur so viel: Es gibt, wie schon zu Beginn beschrieben, keine Patentlösungen. Sucht ist eine der schwersten und inzwischen häufigsten Krankheiten. Ihre Behandlung ist teuer und langwierig. Gegen ihre Entstehung ließe sich aber – im Gegensatz zu vielen anderen Krankheiten – sehr wohl etwas unternehmen, auf privater wie auf gesellschaftlicher Ebene.
Es gilt, die einfache Regel zu beachten: Je mehr Suchtmittel, desto mehr Probleme damit. Wir haben schon genug Probleme mit den eingeführten Suchtmitteln, daher die oben angedeuteten Kampagnen. Wenn wir noch weitere legalisieren, wird uns die Welle endgültig überrollen.

Sucht = siech – der Inbegriff der Krankheit

Geleugnet wird von den Verfechtern der Freigabe vor allem, was die Sucht mit dem Menschen anrichtet. In diesem Buch habe ich es mit vielen Beispielen illustriert. Es geht nicht darum, ob bsp. Heroin in reiner Form »weniger gefährlich« ist als Alkohol mit seinen Fuselstoffen und seinen komplexen Auswirkungen auf den Organismus. Alle Suchtstoffe können abhängig und krank machen. Über die Motive der Liberalisierungs-Befürworter könnte man spekulieren. Es sind ja nicht einmal Heroinsüchtige dafür, dass ihre Kinder später an Heroin kommen sollen ... *Denn sie wissen nicht, was sie tun* heißt nicht zufällig ein Film über eine Teenagertragödie in Anspielung auf die Bibel. Unkritische Befürworter einer Freigabe scheinen nicht zu wissen, was Sucht für die Betroffenen bedeutet – oder sie leugnen es.

»Suchten beschädigen die Würde des Menschen, da sie seine Freiheitsfähigkeit fesseln ... Wer seine Freiheit an eine Sucht verloren hat, ist im Kern seiner Menschenwürde ... betroffen.«[74] Wenn wir den Artikel 1 des Grundgesetzes ernst nehmen, müssen wir Rahmenbedingungen schaffen, die Suchtkrankheiten einzudämmen: »Die Würde des Menschen ist unantastbar. Sie zu achten, zu schützen ist Verpflichtung aller staatlichen Gewalt.«
Diese Bemühungen können ganz unterschiedlich aussehen. Ein Musterbeispiel missglückter Drogenprävention ist, wie schon beschrieben, die Kampagne »Keine Macht den Drogen«. Sie ist eine wunderbare Ablenkung von den wirklichen Problemen unserer Gesellschaft: 40. – 50.000 Alkoholtote (konservativ geschätzt) und 100.000 Nikotintote stehen in Deutschland pro Jahr weniger als 2.000 – sehr genau gezählten – Drogentoten gegenüber.

»Nationaler Rauschgiftbekämpfungsplan«

Unter dieser martialischen Bezeichnung, die (typisch süchtig, könnte man sagen) etwas Größenwahnsinniges im Klang hat, läuft auch die Kampagne »Keine Macht den Drogen«. 1990 wurde die Initiative verkündet, 1995 folgte das vernichtende Fazit des Fachverbands Drogen und Rauschmittel: »... wesentliche Impulse zur Verbesserung der Drogenhilfe« seien von diesem Plan »nicht ausgegangen«. Die »Wirkungslosigkeit des Planes [hat] seine Ursache in der unnötigen Reduzierung auf illegale Drogen«. Dieser Plan kam wohl ohne wesentliche Rücksprache mit Fachleuten zustande. Diese hätten das Einmaleins der Suchtprävention leicht vermitteln können. – Aber vielleicht war ja alles Absicht? Keine Sportsendung, die nicht vom Bier gesponsert wird. Genau das hat sich erst in den letzten fünf Jahren eingespielt, nachdem vor Jahren noch ein Braunschweiger Schnapshersteller vor Gericht abgeblitzt war, der seinen »Jägermeister« auf den Trikots sehen wollte. Die Ehe Alkohol und Sport ist inzwischen so eng, wie es sich die Alkoholhersteller nur wünschen können. Dabei wird gerade im Fußball nicht wenig getrunken, von Trainern, Aktiven und Zuschauern.

»Im Fernsehen gibt's zu viele Flaschen« – titelte die *Süddeutsche Zeitung* in ihrem Magazin vom 27. September 1996. Am Samstag ranken sich z.T. sechs von acht Werbespots um Bier. Dabei gibt ein Werbemanager zu: »Mehr Bier geht nicht in die Leute rein.« Wie im Fußball waren wir Deutsche noch vor wenigen Jahren Weltmeister im Biertrinken. Seit Anfang der 90er-Jahre sind wir doch tatsächlich gegenüber den Tschechen ins Hintertreffen geraten. Das muss man sportlich lösen: Eine Altbier-Brauerei in Düsseldorf hat schon Werbeverträge mit zwei Fußball-Bundesligateams unterzeichnet. Zwischen 1985 und heute hat sich die Gesamtausgabe für Werbung um Bierkunden mehr als vervierfacht: von 180 auf 700 Millionen DM! Nebenbei fließen nochmals 1,4 Milliarden Mark ins Sponsoring von Fußballclubs, Skimannschaften, Autorennfahrern und Boxprofis.

Diese Entwicklung unterstützt meine These von der gigantischen und gezielten Projektion auf die Drogenabhängigen, denn gerade die letzten Jahre haben den legalen Drogen im Sport Tür und Tor geöffnet. »Die Gesamtausgaben für die Prävention des Rauchens können sich nicht einmal mit der Summe messen, mit der Philip Morris die Jahresgage von Michael Schumacher aufbessert«, so dagegen ein Sprecher des Ärztlichen Arbeitskreises Rauchen und Gesundheit.

»Abschreckung, Überzeugung oder Bumerangeffekte – Einige Unwägbarkeiten bei der Planung von Medienkampagnen«

Diesen Titel wählte Holger Rust für seinen Beitrag bei einer Veranstaltung zum Thema Massenmedien und Suchtprävention im Jahre 1984. Rust hat die Problematik treffend umrissen. Mit der Prävention ist das so eine Sache. Besonders in den USA hat man sich schon länger mit den Inhalten und Wirkungen von Medienkampagnen beschäftigt, vor allem nachdem die Drogenwelle in den 60er-Jahren hereingebrochen war. Man fand heraus, dass so genannte Werbespots *gegen* Drogen »auch dann nicht zur erwarteten Aufmerksamkeit führten, wenn sie aufwendig produziert und in bessere

Sendezeiten als üblich verlegt wurden.«[75] Eine längerfristige innere Auseinandersetzung mit den gegebenen Informationen war bei den Empfängern nicht festzustellen. Offensichtlich wurde diese Quelle vor allem von den Jugendlichen nicht ernst genommen.
Es konnte u.a. auch gezeigt werden, dass »übermäßig Angst erzeugende Botschaften die häufigsten Bumerangeffekte erzeugten, dass explizit geäußerte Schlussfolgerungen erfolgreicher waren als versteckte und dass Dialoge eher als Monologe akzeptiert wurden.« Auf diesem Aspekt sollten die Werbespots des »Keine-Macht-den-Drogen«-Spektakels einmal geprüft werden. Aber es scheint ohnehin vergeblich, wie Rust (im Einverständnis mit den meisten Suchtfachleuten) formuliert: »Man ist sich darüber im Klaren, dass eine flächendeckende, die Gesamtgesellschaft erfassende Superkampagne von vornherein wegen der unterschiedlichen Motive und Kontexte [siehe Suchtdreieck – der Verf.], die das menschliche Verhalten bestimmen, zum Scheitern, d.h. zur Wirkungslosigkeit verurteilt ist.« Und (in den USA gibt es Privatfernsehen schon sehr viel länger): »Den Gedanken, dass die Massenmedien per se aufklärende Wirkung besäßen, hat man aufgegeben.«

Selbst aktiv werden

In einem Experiment wurden ältere rauchende Teenager zu Beratern für jüngere, ebenfalls rauchende Mitschüler ernannt. Am Ende des Experiments wurde in beiden Gruppen signifikant weniger geraucht. Ein wichtiger Effekt, der in späteren, ähnlichen Aktionen reproduziert werden konnte: Die Schüler handhabten die audiovisuellen Informationen selbst, d.h., sie produzierten in Kooperation mit Universität und örtlichen Fernsehstationen selbst Videos, Dias und Broschüren. Das stärkte ihr emotionales Engagement und damit auch ihr Selbstwertgefühl. Eigenverantwortung macht stark.

Vom Generalstabsplan zu den kleinen Schritten

In seinem »Gebet um Fingerspitzengefühl und die Kunst der kleinen Schritte« schreibt Antoine de Saint-Exupéry, der sich mit Sucht ausgekannt haben muss, u.a.: »Herr, ich bitte nicht um große Wunder und Visionen, vielmehr um Kraft und Ausdauer für den Alltag. Lehre mich die Kunst der kleinen Schritte ... Hilf mir, das Nötige direkt zu tun und so gut wie möglich. Bewahre mich vor dem naiven Glauben, alles im Leben sei machbar; auch davor, alles müsse glattgehen ... Gib mir nicht, was ich mir wünsche, sondern was ich brauche. Lehre mich die Kunst der kleinen Schritte!«[76] Hier ist Bescheidenheit angesagt. Der längste Marsch beginnt mit dem ersten kleinen Schritt. Lokale, dezentrale Aktionen sind notwendig, im Inhalt und in der Strategie abgesprochen und im Effekt überprüfbar und überprüft.

»Ich rauche gerne« – und unterstütze das Bundesfinanzministerium

Eine Kuh, die viel Milch bringt, schlachtet man bekanntlich nicht. Der Bundesfinanzminister freut sich natürlich über die beträchtlichen Gelder, mit denen mühelos die Etats verschiedener Ministerien bestritten werden können. Aber es handelt sich, um im bäuerlichen Vergleich zu bleiben, um eine Milchmädchenrechnung: Nicht einmal der ökonomische Aspekt funktioniert. Wir müssen im Gesundheitswesen wesentlich mehr ausgeben, als die Milliardenbeträge an »Suchtsteuern« einbringen. Auf einer Tagung einer internationalen Expertengruppe der UN in Luxemburg staunte man nicht schlecht, als ich Dias mit der »Ich-rauche-gern«-Kampagne zeigte. Solange man einer Industrie zur Zerstörung der Gesundheit so etwas erlaubt, ist Prävention nutzlos. Man lernt am Modell – sympathische, ausgesprochen hübsche, (noch!) gesunde und offenbar wohlhabende Modelle rauchen, warum ich nicht?
In den USA machte ein Anti-Werbespot Furore, der die Schauspielerin Brooke Shields zeigte: Ihren schönen Körper räkelnd und ihre langen Haare schüttelnd, spricht sie in die Kamera: »Erst meine

Haare waschen – und dann zu Freunden gehen, die rauchen – iiiiih.« Der Erfolg war so groß, dass die Tabakkonzerne versuchten, ihr, wenn man so will, an die Wäsche zu gehen: Shields sei unglaubwürdig für die Jugend, da sie schon einmal mit dem lasziven Spruch Werbung gemacht habe: »Ich lasse nichts zwischen meine ... Jeans und mich.«

Von »Konsumiere, und du bist glücklich« zu »Weniger ist mehr«

Die Konsumbotschaft ist uns offensichtlich nicht bekommen. Die Suchtmittel stehlen uns Zeit und Leben, Lebenszeit. War der Mangel der Nachkriegszeit Ansporn zu Aufbau und Leistung, so ist für uns heute scheinbar alles machbar, alles greifbar (Griffnähe ist ein zentraler Begriff der Sucht und Suchtprävention!). Die Werbung und vieles, was in den Medien kaum noch von Werbung zu unterscheiden ist, verspricht uns die schönen Seiten des Lebens im Zusammenhang mit Konsum – Erotik (»Der Sekt, der zueinander führt«), Exotik (»Der Geschmack von Freiheit und Abenteuer«), Jugendlichkeit, Gesundheit, Reichtum, Schönheit ... Die Konsumgüter entwickeln Eigendynamik. Nach dem Satz des Paracelsus – »Die Menge macht das Gift« – überrollen uns die Angebote. Der Ausweg kann nur heißen: »Weniger ist mehr«.

Steht Verzicht und Fasten für den moralischen Zeigefinger?

Genau das Gegenteil ist der Fall: Wenn wir uns vom Konsumterror befreien, gewinnen wir auch neue Freiheiten. Das wagt kaum jemand zu sagen. Dabei ist dies am Beispiel des Fernsehens am besten zu erkennen: Die »Zeitvernichtungsmaschine« (Neil Postman) hat uns voll im Griff. Kinder müssen lernen, nicht nur mit Alkohol, sondern auch mit den Medien umzugehen. Ausgerechnet Veronica Berlusconi, die Ehefrau des italienischen Medienmoguls und Politikers Silvio Berlusconi, erzieht ihre Kinder nach anthroposophischen Grundsätzen. Dazu gehört die Abstinenz vom Fernsehen! Natürlich können Kinder nicht vor dem Fernsehen geschützt werden, vor allem nach dem Vorschulalter. Aber sie können einen maßvollen Umgang mit dem Fernsehen erlernen. Dann verstehen sie es, das Gute daraus zu ziehen, auch Genuss, ohne in die Maßlosigkeit des Konsums zu verfallen, der die Zeit stiehlt, der sinnvolle Freizeitgestaltung, Sport, Spiele, aktives Musizieren (statt Musikvideos zu schauen!), Lesen etc. verhindert.

Ein Süchtiger beschrieb sein Leben in der Sucht drastisch einmal so: »Neben dem Suff gab es die drei großen F: Fressen, Ficken, Fernsehen.« Heute weiß er, wie sehr er damit alles entwertet hat.

Suchtprävention läuft nicht über Sucht

Das scheint paradox, ist aber richtig: Suchtprävention bedeutet die Aktivierung anderer Möglichkeiten, hat – scheinbar – nichts mit Sucht zu tun. Wenn Jugendliche gar nicht erst ihren Interessenschwerpunkt auf Süchte verlagern und Erwachsene den Weg zu neuen (eventuell alten) Interessen finden, hat Sucht keine Chance. Wir müssen nach positiven und schönen Alternativen suchen und die Möglichkeiten des Lebens entfalten, entfesseln. Belohnung muss nicht in einem Suchtmittel bestehen.

Sucht und Sinn

Es stimmt nachdenklich, wenn zwar 70 Prozent der Menschen Gesundheit als das wichtigste Gut ansehen, aber nicht einmal jeder Zehnte etwas dafür tun will. Vielleicht liegt es an der Sinnkrise unserer Gesellschaft, dass viele resigniert haben und für nichts mehr motivierbar sind außer für Konsum: Im hochgejubelten Bestseller von Irvine Welsh *Trainspotting* heißt es: »Ich liebe nichts (außer Stoff), ich hasse nichts (außer den Mächten, die mich davon abhalten), und ich fürchte nichts (außer nichts zu nehmen).« Wen verwundert es, dass der nachfolgende Film in unserer (alkoholischen) Gesellschaft zumindest bei der Kritik großen Anklang fand?!

Die Gesellschaft der drei großen A: Atom, Alkohol, Auto

Die Atomkraft verhieß einmal unbegrenzte, ungefährdete und ungefährliche Energiereserven. Seit Tschernobyl haben viele begonnen, von diesem typisch süchtigen Traum Abschied zu nehmen. Wer weiß, ob in der fraglichen Nacht nicht Alkohol im Spiel war wie bei jenem Tankerkapitän der »Exxon Valdez«, der zwar kein Auto fahren durfte wegen seines Alkoholproblems, aber dafür einen gigantischen Ölfrachter auf Grund setzte und die Natur verwüstete ...

Vom Alkohol war genug die Rede in diesem Buch. Und die Verbindung mit dem Auto ist sinnfällig. Mit Ausnahme der Zigaretten sind Politiker nirgendwo zurückhaltender in ihren Bemühungen, Folgen eines Suchtmittels einzudämmen. Die erste Äußerung des derzeitigen deutschen Verkehrsministers nach seiner Amtseinführung bezog sich auf die Beibehaltung der Promillegrenze – wenig später folgte die Abkehr vom schrecklichen Gedanken an ein Tempolimit. »Freie Fahrt für freie Bürger« – dieser Spruch gilt nach wie vor. »Freie Fahrt für Volkssport Saufen« titelte eine alternative Verkehrszeitschrift. Zusammenfassend könnte man sagen: »Freie Fahrt für volle Bürger«. Der Wahnsinn macht Sinn, wie der Kabarettist Bruno Jonas verdeutlichte: »Wenn ich mit 80 statt 160 besoffen heimfahre, verunsichere ich die Straßen doppelt so lange, oder?!«

Politisches Ziel: Senkung des Pro-Kopf-Konsums

Das haben wir noch von keinem Politiker gehört, wäre aber die Konsequenz aus den Ergebnissen der Präventionsforschung. Mehr Konsum bedeutet mehr Probleme, weniger tatsächlich weniger. Das verdeutlichte Aasland, der Forschungsleiter des Norwegischen Ärzteverbandes.[77] Er rechnete ganz nüchtern vor, wie es bei einer Steigerung des Konsums in Norwegen aussehen würde, kalkulierte aber ebenso ein, dass vernünftige Maßnahmen von Politikern mit Rücksicht auf die eigene Wiederwahl durch unvernünftige Wähler abgesetzt oder boykottiert wurden und werden.

Es hat wenig Sinn, Drogen an den Grenzen einzukassieren und immer neue Rekordfunde zu proklamieren. Solange Leopardenmäntel gefragt sind, werden Leopardenmäntel geliefert (auch wenn die Art bedroht ist). Der Bedarf regelt den Markt, wie am Beispiel der Zigarette zu sehen: Der Markt bröckelt, die Konzerne müssen sich anderweitig betätigen.

Für das Beispiel des Alkohols nannte Aasland verschiedene Maßnahmen – über den Preis (der effektivste Weg!), über die Öffnungs- und Ausschankzeiten der Gaststätten, über den Verkauf in speziellen Läden wie bsp. in Finnland und den USA, über die Rationierung (eine solche war bis 1955 in Norwegen üblich; deren Aufhebung führte zu einem »extensiven und lange dauernden Anstieg der Leberzirrhosemortalität«) und über die Altersrestriktion: In den USA musste ich als 22-Jähriger für ein six-pack Bier meinen Ausweis vorzeigen. Bei uns kann bei Testkäufen fast jedes Kind auch unter zehn Jahren eine Flasche Schnaps »für den Vater« erwerben. Jede der angedeuteten Maßnahmen würde bei uns einen »Aufstand« auslösen! Aber viele trockene Süchtige und deren Angehörige würden zustimmen. Wie kann es angehen, dass Juristen an hohen Gerichten das »Recht auf den Rausch« proklamieren und nicht einmal den Verkauf von Alkohol an Tankstellen verbieten! Dies wäre eine reelle Chance, die Griffnähe vor allem für Gefährdete und Abhängige herabzusetzen.

Momentan gibt es nicht viel Anlass zum Optimismus in Sachen Suchtprävention. Wir alle sind gefragt. Aber es könnte auch in Deutschland Beispiele geben wie das einer schwedischen Parteivorsitzenden, die sich vor Millionen Fernsehzuschauern als aktive Alkoholikerin outete. Sie werde jetzt in Therapie gehen und sich dann wieder melden ...

Der Selbstversuch

Ein Experiment für Sie: Fasten Sie eine Woche – oder länger – von einer lieb gewonnenen, aber doch störenden Gewohnheit! Worauf wollen Sie verzichten? Schokolade? Bier? Wein? Fernsehen? Autofahren? Fleisch? Kaffee? Zigaretten? Nägelkauen? Kleidung kau-

fen? Lottospielen? Angeben? Jammern? Schimpfen? Über andere Leute herziehen? Kontrollieren? Kritisieren? Lesen? Was erleben Sie dabei? Notieren Sie es! Welche Gefühle stellen sich ein? Haben Sie mehr Zeit für sich, mehr Zeit für andere – bei Verzicht auf die »Zeitvernichtungsmaschine« Fernseher? Haben Sie mehr Geld? Haben Sie mehr gute Laune? Haben Sie den Kopf freier? Kommen Sie auf andere Gedanken? Verwirklichen Sie lange verschüttete Gedanken? Räumen Sie den Keller auf? Legen Sie Musik auf, die im Regal verstaubte? Besuchen Sie Menschen, die Sie schon lange einmal wieder sehen wollten? Gehen Sie ins Kino? Unternehmen Sie eine Reise, die Sie schon jahrelang vorhatten?
Experimente haben gezeigt, dass Menschen allein dadurch abnehmen können, wenn sie die Lebensmittel notieren, die sie im Laufe des Tages zu sich nehmen. Alles ohne Diät! Parallel gilt: Wer ein Haushaltsbuch führt, gibt ab sofort weniger Geld aus. Wer ein Trinktagebuch führt, trinkt weniger usw.:
Mehr Lebensqualität durch Verzicht oder: *Weniger ist mehr.*

Warum die japanische Teezeremonie vor Zivilisationskrankheiten schützt

Ritualisierter Drogengebrauch ist gemeinschafts- und gesundheitsfördernd. Ein schönes Beispiel dafür ist die Teezeremonie. Unter der zitierten Überschrift wird in einem Artikel[78] zunächst beschrieben, dass Chinesen und Japaner seltener Schlaganfälle erleiden. Das wird einleitend ganz im Sinne der chemisch orientierten Medizin auf Inhaltsstoffe des grünen Tees zurückgeführt, der »in hohen Konzentrationen antioxidativ wirkende Flavonoide« enthält. Dann aber rücken andere Aspekte eines ganzheitlichen Stressabbaus ins Blickfeld:
»In traditioneller Schlichtheit gekleidete Frauen, Männer, Greise bewegen sich anmutig zwischen zweckmäßigen Einrichtungsgegenständen im spartanisch anmutenden Chashitsu, dem Teeraum. Der Gastgeber trägt edelste, feinst verzierte oder ganz schmucklose Kännchen, Döschen und Schälchen hin und her, die sich oft schon über viele Generationen in der Familie befinden – bis er mit einer

kleinen Verbeugung dem fast schon hypnotisierten Beobachter ein dampfendes, grünlich-klares Getränk serviert.

Jeder hält sich an die immer gleichen Rituale: Die Teeschale wird reihum gegeben, jeder, der davon trinkt, verneigt sich vor dem nächsten – als Entschuldigung, dass er vor ihm trinkt; der Teeraum, der Kessel aus schwarzem Eisen, der Bambuslöffel, die Teeschale müssen gelobt werden – ausgenommen ist lediglich der Kimono der Gastgeberin. Die hektische Taxifahrt ist längst vergessen, der Blick ruht im strengen Ikebana ... Zen-Buddhisten entwickelten diese Art von Zeremonie als Medizin, die Müdigkeit vertreibt, Willens- und Sehkraft stärkt und die Seele erfreut, und verbreiteten sie im 15. Jahrhundert in alle Schichten der Bevölkerung. Seither gilt die Redewendung über einen, der es weit gebracht hat in Kenntnis und Einsicht: ›Er hat Tee in sich.‹«

Dank

Mein herzlicher Dank gilt allen, die am Entstehungsprozess dieses Buches innerlich und äußerlich Anteil genommen und mich in meinem Kampf, meinen Sorgen und Ängsten um eine optimale Umsetzung meiner inhaltlichen Ziele unterstützt haben.
Viele Teilnehmer meiner Seminare – aus unterschiedlichen gesellschaftlichen Schichten und Berufen – haben mich ermutigt, meinen Stoff endlich zu Papier zu bringen.
Nach meiner Frau und meinen Kindern, die mich gestützt und mir meine Abwesenheit und meine Überempfindlichkeiten während des Schreibens hoffentlich verziehen haben, möchte ich als Erstes meinen Patienten danken, die mir immer neue Anregungen gaben, die Inhalte durch ihre eigene Geschichte plastisch zu gestalten und auf den Punkt zu bringen.
Dank schulde ich auch vor allem jenen, die das Rohmanuskript gelesen und mir durch Kritik, Lob und Anregung viel geholfen haben. Besonders denke ich hier an Dr. Verena Wolfrum, Dr. Ulrike Beckrath-Wilking, Dr. Monika Rennert, Christa Merfert-Diete, Ulrike Stern-Sträter, Dr. Rolf Wille, Dr. Bernhard Mäulen, Professor Dr. Matthias Gottschaldt, Dr. Siegfried Hajek, Professor Dr. Heiner Ellgring. (Die Namen von Patienten, die das Manuskript gelesen haben, kann ich hier naturgemäß nicht aufführen.)
Herrn Dr. Christoph Wild danke ich für die Aufnahme des Themas in das Programm des Kösel-Verlags. Die geduldige und beharrliche Arbeit und Unterstützung meines Lektors, Herrn Gerhard Plachta, hat mir enorm geholfen.
Last, not least möchte ich zweier Komponisten gedenken, die selbst einen unglückseligen Kampf gegen den Alkohol geführt haben, deren Musik mir immer wieder Entspannung und Trost bedeutet: Beethoven und Schubert.

Gräfelfing, im Juni 1997
Dr. Helmut Kolitzus

Anmerkungen

1 R. Hüllinghorst: »Versorgung Suchtkranker in Deutschland«, in: Deutsche Hauptstelle gegen die Suchtgefahren (Hrsg.): *Jahrbuch Sucht '97*, Geesthacht: Neuland 1996, S. 128
2 G. Lachner u. H.-U. Wittchen: »Familiär übertragene Vulnerabilitätsmerkmale für Alkoholmißbrauch und -abhängigkeit«, in: *Zeitschrift für Klinische Psychologie* 24 (2)/1995, S. 124
3 Christiane F.: *Wir Kinder vom Bahnhof Zoo*, Hamburg: Gruner + Jahr, 36. Aufl. 1993, S. 41
4 Manfred M. Fichter u.a.: *Verlauf psychischer Erkrankungen in der Bevölkerung*, Berlin: Springer 1990, S. 73 ff.
5 Christiane F.: *Wir Kinder vom Bahnhof Zoo*, S. 44
6 Arno Winkelmann: »Risikogruppe: Erwachsene Kinder von Alkoholikern«, in: *Psychologie heute*, H. 10/1990, S. 60
7 Melody Beattie: *Die Sucht, gebraucht zu werden*, München: Heyne 1990, S. 96 f.
8 Monika Rennert: *Co-Abhängigkeit. Was Sucht für die Familie bedeutet*, Freiburg: Lambertus, 2. Aufl. 1990, S. 200
9 Ebd., S. 66
10 Melody Beattie: *Die Sucht, gebraucht zu werden*, S. 111 f.
11 Aus: Monika Rennert: *Co-Abhängigkeit*
12 Marlon Brando: *Mein Leben*, München: Goldmann 1996
13 Bert Hellinger: *Ordnungen der Liebe. Ein Kursbuch*, Heidelberg: Carl-Auer-Systeme, 3. Aufl. 1996, S. 116
14 Ebd., S. 119 u. 116
15 Arno Winkelmann: »Risikogruppe: Erwachsene Kinder von Alkoholikern«, S. 55 f.
16 Mündliche Aussage bei einem Workshop
17 Janet G. Woititz: *Um die Kindheit betrogen. Hoffnung und Heilung für erwachsene Kinder von Suchtkranken*, München: Kösel, 3. Aufl. 1994, S. 17
18 Vgl. H. Dilling u. U. John: »Zur Epidemiologie von Abhängigkeitserkrankungen«, in: *Nervenheilkunde*, H. 16/1997, S. 188-192 (auch im Folgenden)

19 Nachzulesen u.a. in: Wilhelm Feuerlein: »Zur Diagnose des Alkoholismus«, in: *Pharmedicum*, H. 3/1994, S. 16 f.
20 Gudrun Richter: »Who Knows Alcoholism Knows Medicine«, in: *Pharmedicum*, H. 3/1994, S. 20
21 Ebd., S. 21
22 H. Maier: »Chronischer Alkoholkonsum: Krebsrisiko«, in: *Deutsches Ärzteblatt* 88, H. 48 vom 28.11.1991, S. 4285 f. (auch im Folgenden)
23 Wilhelm Feuerlein: »Alkoholbedingte Entwicklungsstörungen im Vorschul- und Schulalter«, Vortragsmanuskript
24 Ebd.
25 Ebd.
26 *Deutsches Ärzteblatt*, H. 33 vom 16.8.1996, S. 2098
27 Nach Ralf Schneider: *Die Suchtfibel. Informationen zur Abhängigkeit von Alkohol und Medikamenten für Betroffene, Angehörige und Interessierte*, München: Röttger, 7. Aufl. 1991, S. 47
28 Genauer nachzulesen in: Bert Hellinger: *Ordnungen der Liebe*
29 R. Spanagel u.a.: »Acamprosate and Alcohol: I. Effects on Alcohol Intake Following Alcohol Deprivation in the Rat«, in: *Eur. J. of Pharmacology* 305, 1996, S. 39 ff.
30 Jürgen Neffe: »Gestatten, mein Name ist Alkohol. Ein Molekül erzählt von seiner Geschichte – und von seiner Wirkung auf den Menschen«, in: *Süddeutsche Zeitung Magazin* vom 10.7.1992, S. 11-17
31 Udo Rauchfleisch: »Psychodynamik und Psychotherapie von Alkoholabhängigen mit dissozialen Tendenzen«, in: *Sucht* 37, H. 5/1991, S. 289-299
32 Brigitte Schnack: »Sexueller Mißbrauch bei später Drogenabhängigen. Eine Fragebogenuntersuchung an hundert stationär behandelten Suchtpatenten«, Dissertation, München 1997
33 Udo Rauchfleisch: »Psychodynamik und Psychotherapie ...«, S. 290
34 Ebd., S. 291
35 Jerold J. Kreisman u. Hal Straus: *Ich hasse dich – verlaß' mich nicht. Die schwarzweiße Welt der Borderline-Persönlichkeit*, München: Kösel, 6. Aufl. 1996, S. 249 f.
36 Ebd., S. 250 f.

37 Ebd., S. 250
38 James F. Masterson: *Die Suche nach dem wahren Selbst*, Stuttgart: Klett-Cotta, 2. Aufl. 1994 (auch im Folgenden)
39 Nach: Bärbel Wardetzki: *Weiblicher Narzißmus. Der Hunger nach Anerkennung*, München: Kösel, 7. Aufl. 1996, S. 50
40 Udo Rauchfleisch:»Psychodynamik und Psychotherapie...«, S. 291
41 *Stern,* H. 4 vom 18.1.1996
42 Jürgen Neffe:»Gestatten, mein Name ist Alkohol«
43 Ebd., S. 17
44 Udo Rauchfleisch:»Psychodynamik und Psychotherapie...«
45 Vgl. hierzu Wolfgang Schmidbauer: *Die hilflosen Helfer. Über die seelische Problematik der helfenden Berufe* und *Helfen als Beruf. Die Ware Nächstenliebe*, Reinbek: Rowohlt 1977 bzw. 1992, sowie Jörg Fengler: *Süchtige und Tüchtige. Begegnung und Arbeit mit Abhängigen*, München: Pfeiffer 1994
46 Abbildungen aus: Friedemann Schulz von Thun: *Miteinander reden 2. Stile, Werte und Persönlichkeitsentwicklung. Differentielle Psychologie der Kommunikation*, Reinbek: Rowohlt 1989, S. 79 u. 100
47 Vgl. J. Hoyer:»Kognitive Konflikte bei Alkoholpatienten und abstinenten Alkoholikern«, in: *Sucht* 41, H. 4/1995, S. 252-264
48 Udo Rauchfleisch:»Psychodynamik und Psychotherapie ...«, S. 296
49 Helmut Kolitzus:»Alkohol – Suchtgefahr Nummer eins«, in: Mohl, H. (Hrsg.): *Sucht*, München: Goldmann 1984
50 Roger J. Daldrup u. Dodie Gust: *Weg mit der Wut! Aggressionen verstehen, abbauen und nutzen*, Berlin: Ullstein 1994, S. 54
51 Brigitte Schnack:»Sexueller Mißbrauch bei später Drogenabhängigen«, S. 1
52 Merle A. Fossum u. Marilyn J. Mason: *Aber keiner darf's erfahren. Scham und Selbstwertgefühl in Familien*, München: Kösel 1992, S. 25
53 Ebd., S. 117
54 Ebd. S. 46 (Tabelle leicht abgewandelt)
55 Antoine de Saint-Exupéry: *Der Kleine Prinz*, Düsseldorf: Karl Rauch, Neuaufl. 1983, S. 33 (1950 und 1998 Karl Rauch Verlag)

56 Merle A. Fossum u. Marilyn J. Mason: *Aber keiner darf's erfahren*, S. 161
57 J.B. Rotter: »Generalized Expectancies for Internal versus External Controls for Reinforcement«, in: *Psychological Monographs*, 80 (1), 1966
58 Merle A. Fossum u. Marilyn J. Mason: *Aber keiner darf's erfahren*, S. 101 (auch im Folgenden)
59 Ebd., S. 221
60 Eva-Maria Fahrner: *Sexualität und Partnerschaft im Rahmen der stationären Behandlung von alkoholabhängigen Männern. Teil 2: Ergebnisse der Katamnese*, IFT-Berichte, Bd. 49, München 1989, S. 25
61 Ebd., S. 27
62 Helmut Kolitzus u. Wilhelm Feuerlein: »Zwei bis drei Jahre nach stationärer Krisenintervention: Weitere stationäre Behandlungen, momentane Befindlichkeit und subjektive Beurteilung der Indexbehandlung im Rückblick«, in: *Psychologische Praxis* 16, 1989, S. 71-77
63 Zitiert nach der *American Psychiatric Association* von 1987
64 Thomas Bronisch: *Der Suizid. Ursachen – Warnsignale – Prävention*, München: C.H. Beck, 2. Aufl. 1996
65 Ebd., S. 35
66 Abgedruckt in der *Süddeutschen Zeitung* vom 22./23.6.1996, S. II
67 Eckart Rüther: »Depression im Alter weist deutliche Besonderheiten auf«, in: *Fortschritt Medizin*, H. 25/1996, S. 24 f. (auch im Folgenden)
68 Joachim Körkel (Hrsg.): *Rückfall muß keine Katastrophe sein. Ein Leitfaden für Abhängige und Angehörige*, Wuppertal: Blaukreuz, 3. Aufl. 1996
69 Michael Soyka: »Glutamat- und Opiatantagonisten in der Therapie der Alkoholabhängigkeit«, in: *Sucht* 42, H. 5/1996, S. 310 ff.
70 R. Spanagel u.a.: »Acamprosate and Alcohol: I. Effects on Alcohol Intake Following Alcohol Deprivation in the Rat«
71 Peter Fürstenau: *Entwicklungsförderung durch Therapie. Grundlagen psychoanalytisch-systemischer Therapie*, München: Pfeiffer, 2. Aufl. 1994

72 Nach: Ralf Schneider: *Die Suchtfibel*, S. 112
73 Zitiert in: Helmut Kolitzus: »Mißbrauch von Alkohol, Medikamenten, illegalen Drogen und Tabak bei Jugendlichen«, S. 790 (auch im Folgenden)
74 Hans Bochnik in: *Sucht* 42, H. 2/1996, S. 130
75 Holger Rust: »Abschreckung, Überzeugung oder Bumerangeffekte?«, in: *Wiener Zeitschrift für Suchtforschung* 7, H. 3/4 1984, S. 17 (auch im Folgenden)
76 Deutsche Hauptstelle gegen die Suchtgefahren (Hrsg.): *Jahrbuch Sucht 1996*, S. 158
77 Vgl. *Sucht* 42, H. 4/1996, S. 236-245
78 J. Keenan: »The Japanese Tea Ceremony and Stress Management«, in *Holistic Nursery Pract.*, H. 10/1996, S. 30-37

Literatur

- **Bücher**

Aiblinger, S.: *Vom echten bayerischen Leben*, München: BLV 1990
Asper, K.: *Verlassenheit und Selbstentfremdung. Neue Zugänge zum therapeutischen Verständnis*, München: dtv 1993
Bass, E. u. Davis, L.: *Trotz allem. Wege zur Selbstheilung für sexuell mißbrauchte Frauen*, Berlin: Orlanda Frauenverlag, 6. Aufl. 1996
Beattie, M.: *Die Sucht, gebraucht zu werden*, München: Heyne 1996
Dies.: *Unabhängig sein. Jenseits der Sucht, gebraucht zu werden*, München: Heyne 1990
Black, C.: *Mir kann das nicht passieren. Kinder von Alkoholikern als Kinder, Jugendliche und Erwachsene*, Bremen: Mona Bögner-Kaufmann 1988
Bronisch, T.: *Der Suizid. Ursachen, Warnsignale, Prävention*, München: C.H. Beck, 2. Aufl. 1996
Bruch, H.: *Der goldene Käfig. Das Rätsel der Magersucht*, Frankfurt/M.: Fischer-TB, 13. Aufl. 1995
Cameron, J.: *Der Weg des Künstlers. Ein spiritueller Pfad zur Aktivierung unserer Kreativität*, München: Knaur-TB 1996
Cavanag, J. u. Clairmont, F.: *Weltmacht Alkohol,* Hamburg: Edition Zebra 1986
Daldrup, R.J. u.a.: *Focused Expressive Psychotherapy*, New York: Guilford 1988
Daldrup, R.J. u. Gust, D.: *Weg mit der Wut! Aggressionen verstehen, abbauen und nutzen*, Berlin: Ullstein-TB 1994
Darwin, Ch.: *The Expression of the Emotions in Man and Animals*, Chicago: University of Chicago Press 1965 (Reprint der Ausgabe von 1872)
Deschner, K.: *Das Kreuz mit der Kirche. Eine Sexualgeschichte des Christentums*, Düsseldorf: Econ 1994
Deutsche Hauptstelle gegen die Suchtgefahren (Hrsg.): *Jahrbuch Sucht '96* und '97, Geesthacht: Neuland 1995 u. 1996

Ekman, P.: *Gesichtsausdruck und Gefühl*, Paderborn: Junfermann 1988

F., Ch.: *Wir Kinder vom Bahnhof Zoo*, Hamburg: Gruner + Jahr, 36. Aufl. 1993

Fahrner, E.-M.: *Psychologische Behandlung von Sexualstörungen bei männlichen Alkoholabhängigen*, München: Röttger 1985

Dies.: *Sexualität und Partnerschaft im Rahmen der stationären Behandlung von alkoholabhängigen Männern. Teil 2: Ergebnisse der Katamnese*, IFT-Berichte, Bd. 49, München 1989

Fassel, D.: *Wir arbeiten uns noch zu Tode. Die vielen Gesichter der Arbeitssucht*, München: Knaur-TB 1994

Fengler, J.: *Helfen macht müde. Zur Analyse und Bewältigung von Burnout und beruflicher Deformation*, München: Pfeiffer, 4. Aufl. 1996

Ders.: *Süchtige und Tüchtige. Begegnung und Arbeit mit Abhängigen*, München: Pfeiffer 1994

Feuerlein, W.: *Alkoholismus. Warnsignale, Vorbeugung, Therapie*, München: C.H. Beck 1996

Ders.: *Alkoholismus – Mißbrauch und Abhängigkeit. Entstehung, Folgen, Therapie*, Stuttgart: Thieme, 4., überarb. Aufl. 1989

Forward, S.: *Vergiftete Kindheit. Elterliche Macht und ihre Folgen*, München: Goldmann 1996

Fossum, M.A. u. Mason, M.J.: *Aber keiner darf's erfahren. Scham und Selbstwertgefühl in Familien*, München: Kösel 1992

Fürstenau, P.: *Entwicklungsförderung durch Therapie. Grundlagen psychoanalytisch-systemischer Therapie*, München: Pfeiffer, 2. Aufl. 1994

Hellinger, B.: *Ordnungen der Liebe. Ein Kursbuch,* Heidelberg: Carl-Auer-Systeme, 3. Aufl. 1996

Henderson, T. u. Knobler, P.: *Out of Control*, New York: Putnam 1987

Herhaus, E.: *Kapitulation*, München: dtv 1980

Jerofejew, W.: *Die Reise nach Petuschki. Ein Poem*, München: Piper 1996

Jünger, E.: *Annäherungen. Drogen und Rausch*, München: dtv 1990

Kernberg, O.F.: *Schwere Persönlichkeitsstörungen. Theorie, Diagnose, Behandlungsstrategien*, Stuttgart: Klett-Cotta, 5. Aufl. 1996

Körkel, J. (Hrsg.): *Rückfall muß keine Katastrophe sein. Ein Leitfaden für Abhängige und Angehörige*, Wuppertal: Blaukreuz, 3. Aufl. 1996

Kreisman, J.J. u. Straus, H.: *Ich hasse dich – verlaß' mich nicht. Die schwarzweiße Welt der Borderline-Persönlichkeit*, München: Kösel, 6. Aufl. 1996

Kröger, F.: *Familiäre Interaktion bei Suchtkranken. Eine empirische Studie zum Interaktionsverhalten in Alkoholkranken- und Eßstörungsfamilien*, Frankfurt/M.: VAS 1994

Lambrou, U.: *Familienkrankheit Alkoholismus. Im Sog der Abhängigkeit*, Reinbek: Rowohlt-TB 1990

Leonard, L.: *Töchter und Väter. Heilung einer verletzten Beziehung*, Frankfurt/M.: Fischer-TB, 6. Aufl. 1997

Lermer, S.: *Die neue Psychologie des Glücks. Leben mit Schwung und innerer Harmonie*, Landsberg: mvg, 2. Aufl. 1995

Lindenmeyer, J.: *Lieber schlau als blau. Informationen zur Entstehung und Behandlung von Alkohol- und Medikamentenabhängigkeit*, Weinheim: Psychologie Verlags Union, 3., überarb. Aufl. 1994

Lison, K. u. Poston, C.: *Weiterleben nach dem Inzest. Traumabewältigung und Selbstheilung*, Frankfurt/M.: Fischer-TB, 4. Aufl. 1996

London, J.: *König Alkohol*, München: dtv 1973

Lowry, M.: *Unter dem Vulkan*, Reinbek: Rowohlt-TB 1994

Masterson, J.F.: *Die Suche nach dem wahren Selbst*, Stuttgart: Klett-Cotta, 2. Aufl. 1994

Müschenborn-Steudle, C.C.: *Co-Abhängigkeit im dysfunktionalen Familiensystem im Zusammenhang mit Auswirkungen auf symptomatische Depression* (Diplomarbeit an der Universität Mannheim, August 1995)

Papajorgis, K.: *Der Rausch. Ein philosophischer Aperitif*, Stuttgart: Klett-Cotta 1993

Polt, G. u.a.: *Tschurangrati*, Zürich: Haffmans 1993

Ranke-Graves, R.v.: *Griechische Mythologie. Bd. 1*, Reinbek: Rowohlt 1963

Reich, W.: *Charakteranalyse*, Köln: Kiepenheuer & Witsch 1989

Rennert, M.: *Co-Abhängigkeit.Was Sucht für die Familie bedeutet*, Freiburg: Lambertus, 2. Aufl. 1990

Robbins, A.: *Grenzenlose Energie. Das Power Prinzip*, München: Heyne 1993

Rost, W.D.: *Psychoanalyse des Alkoholismus. Theorie, Diagnostik, Behandlung*, Stuttgart: Klett-Cotta, 4. Aufl. 1992

Roth, J.: *Die Legende vom heiligen Trinker*, Köln: Kiepenheuer & Witsch 1983

Rußland, R.: *IG Metall. Das Suchtbuch für die Arbeitswelt*, Frankfurt/M. 1991 (zu beziehen über die IG Metall)

Schmidbauer, W.: *Die hilflosen Helfer. Über die seelische Problematik der helfenden Berufe*, Reinbek: Rowohlt 1977

Schnack, B.: *Sexueller Mißbrauch bei später Drogenabhängigen. Eine Fragebogenuntersuchung an hundert stationär behandelten Suchtpatienten,* Dissertation, München 1997

Schneider, R.: *Die Suchtfibel. Informationen zur Abhängigkeit von Alkohol und Medikamenten für Betroffene, Angehörige und Interessierte*, München: Röttger, 7. Aufl. 1991

Schulz von Thun, F.: *Miteinander reden 1* und *2*, Reinbek: Rowohlt 1981 u. 1989

Seitz, H.K. u.a. (Hrsg.): *Handbuch Alkohol – Alkoholismus – Alkoholbedingte Organschäden*, Leipzig: Barth 1995

Tretter, F. u.a.: *Sucht und Literatur. Bücher und Texte für Prävention und Therapie*, Freiburg: Lambertus 1989

Völger, G. u. Welck, K.v. (Hrsg.): *Rausch und Realität – Drogen im Kulturvergleich*, Reinbek: Rowohlt 1982

Wardetzki, B.: *Weiblicher Narzißmus. Der Hunger nach Anerkennung*, München: Kösel, 7. Aufl. 1996

Watzl, H. u. Cohen, R. (Hrsg.): *Rückfall und Rückfallprophylaxe*, Berlin: Springer 1989

Weber, G. (Hrsg.): *Zweierlei Glück. Die systemische Psychotherapie Bert Hellingers*, Heidelberg: Carl-Auer-Systeme, 6. Aufl. 1995

Weltgesundheitsorganisation – Dilling, H. u.a. (Hrsg.): *Internationale Klassifikation psychischer Störungen. ICD–10 Kapitel V (F). Klinisch-diagnostische Leitlinien*, Bern: Hans Huber, 2. Aufl. 1993

Wetzler, S.: *Ich weiß nie, woran ich mit dir bin. Wenn Männer nicht sagen, was sie meinen und damit Frauen manipulieren*, München: Goldmann 1993

Wille, R.: *Sucht und Drogen und wie man Kinder davor schützt*, München: C.H. Beck 1994

Willi, J.: *Die Zweierbeziehung. Spannungsursachen – Störungsmuster – Klärungsprozesse – Lösungsmodelle*, Reinbek: Rowohlt-TB 1990

Wilson Schaef, A.: *Im Zeitalter der Sucht. Wege aus der Abhängigkeit*, München: dtv 1993

Woititz, J.G.: *Um die Kindheit betrogen. Hoffnung und Heilung für erwachsene Kinder von Suchtkranken*, München: Kösel, 3. Aufl. 1994

Yalom, J.D.: *Theorie und Praxis der Gruppenpsychotherapie. Ein Lehrbuch*, München: Pfeiffer, 4., vollst. überarb. Neuausg. 1996

- Zeitschriftenartikel

Aasland, O.G.: »Prävention alkoholbezogener Probleme: Der Ansatz öffentlicher Gesundheit«, in: Sucht 42, H. 4/1996, S. 236-245

Arnheim, K.: »Gewalt hinterläßt dauerhafte Spuren in der Seele«, in: *Fortschritt Medizin* 114, H. 28/1996, S. 20 f.

Borgmann, G.: »Partnerinnen von Alkoholkranken. Co-Abhängigkeit – eine neue Krankheit der Frauen?« In: *Sucht* 40, H. 1/1994, S. 34-39

Bronisch, T.: »Behandlung von Neurosen, Persönlichkeitsstörungen und psychosomatischen Störungen«, in: Möller, H.J.: *Handbuch der Therapie psychiatrischer Erkrankungen*, Stuttgart: Enke 1994

Bronisch, T. u. Wittchen, H.-U.: »Lifetime and 6-Month Prevalence of Abuse and Dependence of Alcohol in the Munich Follow-Up Study«, in: *Eur. Arch. Psychiatry Clin. Neurosci.* 241, 1992, S. 273-282

Dilling, H. u. John, U.: »Zur Epidemiologie von Abhängigkeitserkrankungen«, in: *Nervenheilkunde*, H. 16/1997, S. 188-192

Driessen, M. u.a.: »Alkoholismus in der Praxis niedergelassener ärztlicher Psychotherapeuten«, in: Mann, K. u. Buchkremer, G. (Hrsg.): *Sucht. Grundlagen, Diagnostik, Therapie*, Stuttgart: Gustav Fischer 1995, S. 100 ff.

Erdrich, L.: »Adam, unser Sohn. Ein Fall des fetalen Alkohol-Syndroms«, in: *Süddeutsche Zeitung* v. 12./13.3.1994, S. V

Fahrner, E.-M.: »Sexual Dysfunction and Alcohol Abuse«, in: *Sexual and Marital Therapy*, Vol. 10, 1995, S. 5-8

Federschmidt, F.: »Wirksamkeit und Nutzen von psychotherapeutischen Behandlungsansätzen«, in: *Deutsches Ärzteblatt* 93, H. 1/2 v. 8.1.1996, S. 41-45

Feuerlein, W.: »Alkoholbedingte Entwicklungsstörungen im Vorschul- und Schulalter«, Vortragsmanuskript von 1995

Ders.: »Alkoholismus: ein Problem verschiedener Kulturen und Jahrhunderte«, Vortragsmanuskript von 1993

Ders.: »Zur Diagnose des Alkoholismus«, in: *Pharmedicum* 3, 1994, S. 16 f.

Ders.: »Persönlichkeit und Abhängigkeitsdynamik«, Vortragsmanuskript vom 28.11.1992

Ders.: »Sucht und Suizid«, Vortragsmanuskript für die Deutsche Gesellschaft für Suizidprävention, 1993

Fichter, M.M.: »Prävalenz von Alkoholabusus und -abhängigkeit in der Bevölkerung«, in: Fichter, M.M.: *Verlauf psychischer Erkrankungen in der Bevölkerung*, Berlin: Springer 1990, S. 72-82

Gorris, L.: »Die deutsche Madonna. Schauspieler, Schwerenöter, Trinker – wie sich Entertainer Harald Juhnke selbst erfindet«, in: *Die Woche* vom 4.8.1995, S. 39

Gottwalt, C.: »Im Fernsehen gibt's zu viele Flaschen«, in: *Süddeutsche Zeitung Magazin*, Nr. 39 v. 27.9.1996, S. 18 ff.

Günthner, A.: »Sucht«, in: *Neurologie Psychiatrie*, H. 10/1996, S. 124-134

Hallmaier, R.: »Alkoholismus und Co-Alkoholismus«, in: *Suchtgefahren* H. 31/1985, S. 271-277

Hoyer, J.: »Kognitive Konflikte bei Alkoholpatienten und abstinenten Alkoholikern«, in: *Sucht* 41, H. 4/1995, S. 252-264

Hüllinghorst, R.: »Strukturen der Suchtkrankenhilfe in Deutschland«, in: *Pharmedicum* 2, H. 30/1994, S. 31 ff.

Keenan, J.: »The Japanese Tea Ceremony and Stress Management«, in: *Holistic Nursery Pract.*, H. 10/1996, S. 30-37

Kolitzus, H.: »Alkohol – Suchtgefahr Nummer eins«, in: Mohl, H. (Hrsg.): *Sucht*, München: Goldmann 1984

Ders.: »Alkohol am Arbeitsplatz – Konfrontation oder ›Verständnis‹«, in: *Behindertenrecht*, H. 2/1994, S. 32-37
Ders.: »›Christiane F. – Wir Kinder vom Bahnhof Zoo‹ – ein Drogenpräventionsfilm?« In: *Suchtgefahren* 34, 1988, S. 137-144
Ders.: »Mißbrauch von Alkohol, Medikamenten, illegalen Drogen und Tabak bei Jugendlichen«, in: *Sozialpädiatrie in Praxis und Klinik* 8, H. 11/1986, S. 790-796
Ders.: »Psychiatrie und Öffentlichkeit – ein schwieriges Kapitel«, in: *Deutsches Ärzteblatt* 84, H. 37 v. 10.9.1987, S. 2369-2373
Kolitzus, H. u.a. (Hrsg.): »Sucht im Film«, Sonderheft 7 der *Wiener Zeitschrift für Suchtforschung*, 1984, S. 3 f.
Kolitzus, H. u. Feuerlein, W.: »Zwei bis drei Jahre nach stationärer Krisenintervention: Weitere stationäre Behandlungen, momentane Befindlichkeit und subjektive Beurteilung der Indexbehandlung im Rückblick«, in: *Psychologische Praxis* 16, 1989, S. 71-77
Kolitzus, H. u. Wille, R.: »Suchtprobleme in der psychiatrischen Praxis«, in: Stolecke, H.: *Jugendmedizin*, Stuttgart: Enke 1990, S. 65-77
Lachner, G. u. Wittchen, H.-U.: »Familiär übertragene Vulnerabilitätsmerkmale für Alkoholmißbrauch und -abhängigkeit«, in: *Zeitschrift für Klinische Psychologie* 24 (2)/1995, S. 118-146
Lachnit, G. u. Kampe, H.: »Konsumorientierung und Suchtgefährdung«, in: *Sucht* 42, H. 1/1996, S. 6-19
Leesemann, S.: »Berufsstreß und hohe Drogenakzeptanz (Suchtkrankheiten bei Ärztinnen und Ärzten)«, in: *Deutsches Ärzteblatt* 92, H. 47 v. 24.11.1995, S. 3300-3305
Linden, M. u.a.: »Psychische Erkrankungen und ihre Behandlung in Allgemeinpraxen in Deutschland«, in: *Nervenarzt*, 67, 1996, S. 205-215
Löser, H.: »Alkoholembryopathie und Alkoholeffekte«, in: Deutsche Hauptstelle gegen die Suchtgefahren (Hrsg.): *Jahrbuch Sucht '96*, Geesthacht: Neuland 1995, S. 41-52
Lowenfeld, H. u. Y.: »Die permissive Gesellschaft und das Überich«, in: *Psyche*, H. 9/1970
Mäulen, B.: »Die gesundheitliche Situation von Ärzten«, in: *Deutsches Ärzteblatt* 93, H. 27 v. 5.7.1996, S. 1845 ff.

Maier, H.: »Chronischer Alkoholkonsum: Krebsrisiko«, in: *Deutsches Ärzteblatt* 88, H. 48 v. 28.11.1991, S. 4285 f.
Maier, H. u. Weidauer, H.: »Alkohol- und Tabakkonsum sind Hauptrisikofaktoren für HNO-Tumoren«, in: *Fortschritt Medizin* 113, H. 11/1995, S. 157-160
Michael, A. u.a.: »Morbid Jealousy in Alcoholism«, in: *British Journal of Psychiatry*, 1995, 167, S. 668-672
Neffe, J.: »Gestatten, mein Name ist Alkohol. Ein Molekül erzählt von seiner Geschichte – und von seiner Wirkung auf die Menschen«, in: *Süddeutsche Zeitung Magazin* vom 10.7.1992, S. 11-17
Olbrich, R.: »Alkoholismusforschung. Psychisch unauffällige Risikopersonen aus suchtkranken Familien in Expositionsstudien«, in: *Deutsches Ärzteblatt* 94, H. 5 v. 31.1.1997, S. 231-235
Rauchfleisch, U.: »Psychodynamik und Psychotherapie von Alkoholabhängigen mit dissozialen Tendenzen«, in: *Sucht* 37, H. 5/1991, S. 289-299
Richter, G.: »Who Knows Alcoholism Knows Medicine«, in: *Pharmedicum*, H. 3/1994, S. 20
Rüther, E.: »Depression im Alter weist deutliche Besonderheiten auf«, in: *Fortschritt Medizin* 114, H. 25/1996, S. 24 f.
Rust, H.: »Abschreckung, Überzeugung oder Bumerangeffekte?« In: *Wiener Zeitschrift für Suchtforschung* 7, H. 3/4, 1984, S. 13-19
Ders.: »Engagement allein genügt nicht«, in: *Medien* 4/5, 1982/1983, S. 55-62
Saß, H. u.a.: »Medikamentöse Unterstützung der Rückfallprophylaxe bei alkoholkranken Patienten mit Acamprosat«, in: *Sucht* 42, H. 5/1996, S. 316-322
Schmeling-Kludas, C. u. Odensass, C.: »Psychosomatik im allgemeinen Krankenhaus: Problemspektrum bei einer Zufallsstichprobe von 100 internistischen Patienten«, in: *Psychother. Psychosom. med. Psychol.* 44, 1994, S. 372-381
Serke, J.: »Das war Liebe, als ich von dir ging«, in: *Süddeutsche Zeitung* v. 22./23.6.1996, S. II

Soyka, M.: »Anti-Craving-Substanzen in der Therapie der Alkoholabhängigkeit – eine neue therapeutische Herausforderung«, in: *Sucht* 42, H. 5/1996, S. 308 f.

Ders.: »Glutamat- und Opiatantagonisten in der Therapie der Alkoholabhängigkeit«, in: *Sucht* 42, H. 5/1996, S. 310-315

Spanagel, R. u.a.: »Acamprosate and Alcohol: I. Effects on Alcohol Intake Following Alcohol Deprivation in the Rat«, in: *Eur. J. of Pharmacology* 305, 1996, S. 39-44

Spanagel, R. u. Zieglgänsberger, W.: »Alkohol und neuronale Plastizität: Interaktion von Alkohol mit opiodergen und glutamatergen Systemen«, in: Mann, K. u. Buchkremer, G. (Hrsg.): *Sucht. Grundlagen, Diagnostik, Therapie*. Stuttgart: Gustav Fischer 1996

Stein, B.v.d. u. Podoll, K.: »Borderline-Persönlichkeitsstörung bei Patienten mit chronischem Alkoholismus«, in: *Sucht* 40, H. 2/1994, S. 99-106

Stetter, F.: »Alkoholentzug«, in: *Neurologie Psychiatrie*, H. 10/1996, S. 135-140

Täschner, K.L.: »Es gibt keine weichen Drogen«, in: *Politische Studien* 343, 46. Jg., Oktober 1995

Toppmöller, H. u. Knöbel, H.D.: »Betriebliche Suchtkrankenhilfe als Chance einer frühzeitigen Rehabilitation für Beschäftigte mit Suchtproblemen«, in: *Behindertenrecht*, H. 2/1994, S. 38-43

Vosshagen, A.: »Männlicher Alkoholismus: Geschlechtsrolle und Sucht«, in: GIBACHT, II, Dezember 1995

Winkelmann, A.: »Risikogruppe: Erwachsene Kinder von Alkoholikern«, in: *Psychologie heute*, H. 10/1990, S. 54-60

Wittchen, H.-U. u.a.: »Lifetime and Six-Month Prevalence of Mental Disorders in the Munich Follow-Up Study«, in: *Eur. Arch. Psychiatry Clin. Neurosci.* 241, 1992, S. 247-258

Wittchen, H.-U. u. Bronisch, T.: »Alcohol Use, Abuse, and Dependency in West Germany: Lifetime and Six-Month Prevalence in the Munich Follow-Up Study«, in: Helzer, J.E. u. Canino, G.J.: *Alcoholism in North America, Europe and Asia*. New York: Oxford University Press 1992, S. 159-181

Ziegler, H.: »Unter dem Auge des Chefs. Alkohol am Arbeitsplatz«, in: *Suchtreport* 6, 1989, S. 18-21

Hilfreiche Adressen

Al-Anon Familiengruppen, Selbsthilfegruppen für Angehörige von Alkoholikern
Alateen, Selbsthilfegruppe für Kinder und jugendliche Angehörige von Alkoholikern, Emilienstr. 4, 45128 Essen,
Tel.: 02 01/77 30 07
Anonyme Alkoholiker (AA), Ingolstädter Str. 68a, 80939 München,
Tel.: 0 89/3 16 43 43
Arbeiterwohlfahrt, Bundesverband e.V. (AWO), Oppelner Str. 130, 53119 Bonn, Tel.: 02 28/66 85-1
Blaues Kreuz in der Evangelischen Kirche, Bundesverband e.V., Dieterichsstr. 17a, 30159 Hannover, Tel.: 05 11/3 63 18 15
Blaues Kreuz in Deutschland e.V., Freiligrathstr. 27, 42289 Wuppertal,
Tel.: 02 02/62 00 30
Bundesarbeitsgemeinschaft der Freundeskreise für Suchtkrankenhilfe in Deutschland e.V., Kurt-Schumacher-Str. 2, 34117 Kassel,
Tel.: 05 61/78 04 13
Bundeszentrale für gesundheitliche Aufklärung (BZgA), Ostmerheimer Str. 200, 51109 Köln, Tel.: 02 21/89 92-0
Deutsche Hauptstelle gegen die Suchtgefahren e.V. (DHS), Westring 2, 59065 Hamm, Tel. 0 23 81/90 15-0
Deutscher Caritasverband e.V., Referat Gefährdetenhilfe/Suchtkrankenhilfe, Karlstr. 40, 79104 Freiburg, Tel.: 07 61/2 00-0
Deutscher Guttempler-Orden (I.O.G.T.) e.V., Adenauerallee 45, 20097 Hamburg, Tel. 0 40/24 58 80
Gesamtverband für Suchtkrankenhilfe im Diakonischen Werk der Evangelischen Kirche in Deutschland e.V. (GVS), Kurt-Schumacher-Str. 2, 34117 Kassel, Tel.: 05 61/10 95 70
Gesellschaft gegen Alkohol- und Drogengefahren e.V. (GAD), Bundesgeschäftsstelle, Chemnitzer Str. 50, 04289 Leipzig,
Tel.: 03 41/8 62 90 36
IFA-Institut für Alkoholerkrankungen an der Universität Witten/Herdecke, Alfred-Herrhausen-Str. 44, 58455 Witten,
Tel.: 0 23 02/92 63 99

Kreuzbund e.V., Selbsthilfe- und Helfergemeinschaft für Suchtkranke, Münsterstr. 25, 59065 Hamm, Tel.: 0 23 81/6 72 72-0

Paritätischer Wohlfahrtsverband, Gesamtverband Referat Gefährdetenhilfe, Heinrich-Hoffmann-Str. 3, 60528 Frankfurt am Main, Tel.: 0 69/6 70 62 69

Synanon International e.V., Bernburger Str. 10, 10963 Berlin, Tel.: 0 30/25 00 01-0

Verband ambulanter Beratungs- und Behandlungsstellen für Suchtkranke/Drogenabhängige e.V., Karlstr. 40, 79104 Freiburg, Tel.: 07 61/20 03 63

HEILUNG FÜR KINDER VON SUCHTKRANKEN

173 Seiten. Kartoniert.
ISBN 3-466-30301-X

Ein Buch, das Mut macht, Erfahrungen aus der Kindheit in einer Suchtfamilie zu verarbeiten und das eigene Leben selbstbewusst und zuversichtlich zu gestalten.

143 Seiten. Kartoniert.
ISBN 3-466-30314-1

Die Autorin zeigt, wie wichtig es ist, von Unsicherheit und Schuldgefühlen loszukommen, die aus der Kindheit in einer Suchtfamilie stammen.

KÖSEL-VERLAG
München

ONLINE:
www.koesel.de

CO-ABHÄNGIGKEIT ÜBERWINDEN

230 Seiten. Kartoniert.
ISBN 3-466-30309-5

271 Seiten. Kartoniert.
ISBN 3-466-30310-9

Die Autorin zeigt, wo die Ursachen für Co-Abhängigkeit zu suchen sind und wie wir anfangen können, uns aus der damit verbundenen Verstrickung zu lösen.

Ein Selbsthilfebuch, das dazu anleitet, sich der Co-Abhängigkeit bewusst zu werden, ihre Wurzeln in der Kindheit zu erkennen und sich davon zu befreien.

KÖSEL-VERLAG
München

ONLINE:
www.koesel.de

ALKOHOLPROBLEME AM ARBEITSPLATZ BEWÄLTIGEN

Helmut Mühlbauer
Kollege Alkohol
Betreuung gefährdeter Mitarbeiter

Kösel

168 Seiten. Kartoniert.
ISBN 3-466-30248-X

Dieses Buch setzt klare Richtlinien für den Alltag. Es vermittelt Sicherheit im Umgang mit Arbeitskollegen, für die Alkohol zum Problem geworden ist, und weist Wege der Hilfe.

KÖSEL-VERLAG
München

ONLINE:
www.koesel.de